早期療育【第二版】

盧明、柯秋雪、曾淑賢、林秀錦　著

THE AUTHORS
作者簡介

盧　明（第一、三、五、七、九章）
　　　　學歷：美國南卡羅萊納大學幼兒教育博士
　　　　經歷：國立嘉義師範學院特殊教育學系副教授
　　　　　　　中原大學特殊教育學系副教授
　　　　現職：國立臺北教育大學幼兒與家庭教育學系副教授

柯秋雪（第二、六、八、十章）
　　　　學歷：德國烏茲堡大學特殊教育學系博士
　　　　經歷：國立新竹教育大學特殊教育學系兼任助理教授
　　　　現職：國立臺北教育大學特殊教育學系副教授

曾淑賢（第四、五、七、八章）
　　　　學歷：美國馬里蘭大學特殊教育博士
　　　　經歷：中原大學早期療育中心主任
　　　　　　　桃園縣南區早期療育社區資源中心主任
　　　　現職：中原大學特殊教育學系副教授

林秀錦（第六、十一章）
　　　　學歷：國立臺灣師範大學特殊教育學系博士
　　　　經歷：國立臺北教育大學特殊教育中心主任
　　　　現職：國立臺北教育大學特殊教育學系副教授

二版序

　　「老師，醫院不方便讓小孩去做語言治療，妳看看我們這樣做，有沒有需要調整的地方？」群組裡傳來一份為孩子在作息活動中規劃語言學習目標的引導策略和練習機會。「因為重新學一首（洗手）歌，他很難（學會）啊。我們試了很多首歌，終於找到他會自己唱、喜歡唱，又可以完成洗手步驟的歌。老師，我們每天都和他快樂過很多次生日喔。」群組中傳來老師和孩子一邊唱生日快樂歌，一邊認真洗手的影片。「……送老師一本防疫小書，這是我們做給班上（有需求）孩子的家長，讓他們回家也可以加強（孩子）了解防疫措施，尤其是戴口罩和洗手。」我高興地收下了幼兒園老師為孩子和家庭所做的防疫禮物。

　　過去的這一百多天，COVID-19疫情重創全世界，幼兒園的生活亦須在採取防疫行動之下，調適和解決隨著疫情而來的變動和問題。然而不變的是，身在教育第一線的老師們對孩子們付出的生活照顧和學習需求的關注。那份專業的誠懇和持守，點亮了所有看似平常的互動，常常讓我心中覺得非常溫暖。

　　《早期療育》這本書的誕生，源自於林敬堯總編輯看見教保專業的需求；七年後，第二版在文玲編輯的細膩校編中即將付梓出版。閱讀著沒有大幅度改變的二版篇章裡，彷彿看見了許許多多保有專業堅持的老師們，專注、穩定地支持孩子們的學習和成長。謝謝曾經、未來閱讀本書的讀者，

展讀本書的您們，讓同行於早療的我們，不斷重新思考和定義「早期療育」，提醒著我們如何「莫忘初衷」地和孩子及家庭繼續攜手前行。

盧　明

寫於 COVID-19 疫情趨緩的

2020 年 5 月 25 日

初版序

　　或許是個人特質，或許是有過美好的經驗，也或許是內化的專業知識已轉為行動的落實，「合作」對我而言是名詞，更是動詞；是過去式，也是進行式。因此當林敬堯總編輯因為關心台灣目前早期療育教學用書的需求，邀請我思考為幼保（科）系學生撰寫一本教科書時，我提議了在早期療育領域中理論與實務兼備的林秀錦老師、柯秋雪老師和曾淑賢老師成為本書的共同作者。

　　從開始討論書的架構和重點內容，到撰寫過程中互相建議與分工，我體驗了專業知識的交流與分享如同濾鏡一般，讓我們有機會看見、找出和自身專業相關的知識走向與應用範疇。而我們在課堂上諄諄而言的同儕合作、合作學習，在撰寫本書的行動中也有了不同的意義。「合作」讓我們這個小小的專業社群夥伴彼此學習，看見了他人的專業優勢，也思考了自身的專業成長空間。對我而言，共同參與的另一深層意義是——早療之路並不孤單。我們循著之前開路者的路基，繼續往前走，雖然有時得轉彎、有時須修路、有時要截彎取道，但是因為有夥伴，路總是走得較踏實和充實。

　　忙碌的學校生活讓寫書成為不易之事，我代表本書的作者群向林總編輯致上誠摯的感謝，若沒有他的提案邀請和耐心等待，我們不可能一起完成這本書；若是少了他從讀者和編輯角度的中肯建議，這本書的可讀性必

會有所影響。期望本書能讓讀者（學生）對早期療育領域的基礎架構與內涵有所了解，啟發讀者（學生）對早期療育服務的延伸思考和關注，再進一步從理論與實務中了解早期療育的做法與精神。

盧　明

於柯瓦歷斯，奧瑞崗州立大學

2012 年 9 月 28 日

CONTENTS

目次

第一章

緒論

盧明

　　柔柔是早產兒，出生時的體重只有 1,100 公克，在醫院保溫箱住了
將近兩個月才回家。1 歲時，到醫院注射預防針和健康檢查，醫生發現
其肌肉軟弱無力，粗大動作發展有落後現象，建議柔柔的父母帶她去復
健科做進一步的診斷，及早開始做必要的復健，以免影響日後的發展和
健康。

第一節 早期療育的意涵與重要性

　　受到西方教育思潮和趨勢的影響，以及法規制度和民間的努力，台灣的早期療育（early intervention）也日益受到重視。對於因生理、疾病、心理、環境、遺傳等因素，而導致發展遲緩（developmental delay）或發展障礙（developmental disability），以及可能會發展不利的高危險群（at-risk）嬰幼兒而言，因身處於發展快速的 6 歲之前，後天環境的支持與介入是改善發展不利的關鍵時機，因此早期療育對發展遲緩的嬰幼兒來說，更顯得重要而不容忽視。

一 早期療育的對象

　　兒童在成長的過程中，身高、體重和器官的體積增長，稱之為成長（growth），而智能、語言、動作、器官功能等的成熟和進步，則稱之為發展（development）。早期療育服務的主要對象即是從出生到 6 歲之前的嬰幼兒，其身體動作、認知、語言溝通、社會情緒等發展領域，有一種或多種遲緩、障礙，或是可能有遲緩的現象；其中，亦包括了明確的心理或生理功能損傷的特殊嬰幼兒，例如：自閉症、亞斯伯格症、肢體障礙、視覺障礙、聽覺障礙等。除了上述對象之外，特殊嬰幼兒的家庭也是早期療育服務的範圍。

　　早期療育的服務對象包括：

1. 發展遲緩嬰幼兒：這類嬰幼兒與同年齡嬰幼兒相較，發展有遲緩落後的現象；其有可能在一段時間後即可發展至一般嬰幼兒的發展程度，但也有可能持續存在發展落後的狀況，而形成一種身心障礙。
2. 身心障礙嬰幼兒：這類嬰幼兒具有明確的生理或心理（心智）功能

方面的障礙，例如：智能障礙、肢體障礙、語言障礙等。

3. 高危險群嬰幼兒：這類是指因文化刺激不利或未經介入，而可能導致發展遲緩或身心障礙的嬰幼兒，例如：早產兒、弱勢家庭社經條件嬰幼兒、受虐兒等。

4. 家庭：包含上述三者之家庭。

另外，凡符合「國際健康功能與身心障礙分類系統」（International Classification of Functioning, Disability and Health, ICF）的特殊嬰幼兒，也是早期療育服務的對象。ICF 分類系統經過世界衛生組織（World Health Organization, WHO）九年的修訂協調，在 2001 年 5 月 22 日批准了國際通用的版本。ICF 分類系統修正自 1980 年發展的「國際機能損傷、身心功能障礙與殘障分類」（International Classification of Impairments, Disabilities, and Handicaps, ICIDH），以及 1997 年發展的「國際機能損傷、活動與參與分類」（International Classification of Impairments, Activities and Participation, ICIDH-2）（維基百科，2020）。

ICF 分類系統提供了一個統一的架構，對組成健康要件的功能性狀態與失能程度進行分類。功能性狀態與失能程度，可視為是個體的健康狀況、環境背景因素，以及個人因素之間的複雜互動關係。個體的健康圖像是由其「所處的生活世界」中的許多因素與面向組合而成，ICF 主張這些因素與面向組成了一種互動性的動態過程，並非是線性或靜態的。另外，ICF 也主張透過評量的方式來判斷障礙程度（王顏和譯，2011）。

不論個體的健康狀況如何，ICF 分類系統都能適用。ICF 以中性字眼來描述醫學病因，關注於個體的功能性狀態，而非個體的病症或疾患。此外，ICF 是一套考量到跨文化、年齡與性別變項的健康分類工具，這使 ICF 分類系統適合在不同的人口背景下操作（王顏和譯，2011）。

ICF 分類系統主要是由下列幾項概念所組成（王顏和譯，2011）：

1. 身體功能（Body Functions，代碼 b）：是指身體系統的生理、心理功能。

2. 身體構造（Body Structures，代碼 s）：是指身體的解剖部位，例如：肢體、器官組織和其組成單位。

3. 活動與參與（Activities and Participation，代碼 d）：活動是指可由單獨的個人執行之工作或任務；參與則是指存在於兩人以上的生活情境之參與。

4. 環境因素（Environmental Factors，代碼 e：是指與人們日常生活和居住相關之自然、社會和態度的環境），以及個人因素（Personal Factor）。

「國際健康功能與身心障礙分類系統：兒童與青少年版」（International Classification of Functioning, Disability and Health for Children and Youth, ICF-CY），是以「國際健康功能與身心障礙分類系統」（ICF）的概念架構作為基礎。雖然採用 ICF 的架構與類別，但 ICF-CY 擴大了 ICF 的範圍，並且增加了 ICF 中沒有的附加細節，以統一與標準化的語言，記錄嬰幼兒、兒童與青少年在身體功能、構造與其相關環境因素的活動限制（Activity Limitations）與參與侷限（Participation Restrictions）（維基百科，2020）。

ICF-CY 是針對出生至 18 歲以內的兒童與青少年為主，它能幫助醫生、教育人員、研究人員、行政人員、政策制定者以及父母們，為兒童與青少年記錄對其促進成長、健康和發展相當重要的特徵。兒童的成長與發展，是構成 ICF-CY 的鑑定與適用內容之核心議題，包含了發展中兒童的認知、語言、遊戲、性格與行為的特質（維基百科，2020）。

依據教育部特殊教育統計年報資料顯示，106 學年度學前教育階段，身心障礙幼兒就學人數共 18,479 人。就讀一般幼兒園普通班有 15,833 人（85.7%），其中接受巡迴輔導服務的幼兒共 12,732 人，接受諮詢、輔具、助理人員等服務的幼兒共 2,902 人。接受其他特殊教育服務型態的幼兒包括：1,055 人（5.7%）安置於集中式特教班，222 人（1.2%）在特殊教育學校就讀，1,369 人在早期療育機構接受服務（7.4%）（引自教育部，2019）。

三 早期療育的意涵

　　早期療育的立論，乃基於嬰幼兒生理與心理發展因受到環境影響，需藉由持續性與系統化的醫療復健、教育、家庭服務和社會福利綜合服務之介入和努力，協助出生至 6 歲前的障礙、高危險、發展遲緩幼兒與家庭，發展其最大的潛能和優勢（Meisels, 1989），以減低家庭負擔和長期的社會成本與醫療支出。Dunst 與 Bruder（2002）則指出，早期療育為提供服務、支持、資源，以符合特殊嬰幼兒發展的需求，而家庭的參與應結合服務、支持、資源，才能有效增進特殊嬰幼兒的身心發展和學習。

　　預防的觀念也是常見的早期療育概念。萬育維與莊凰如（1995）認為，早期療育是指為 0 至 6 歲具有特殊需求的嬰幼兒和其家庭所提供的專業整合服務，期以預防性觀點及早培養特殊嬰幼兒的生活適應能力。

　　根據世界衛生組織（WHO, 2001）的定義，早期療育應被視為預防工作，其程度分為：初級、次級和第三級預防。初級預防是指，預防因環境或疾病所造成的障礙，例如：為女性施打德國麻疹疫苗，以預防日後懷孕時遭病毒感染，而影響胎兒的正常發展；提供懷孕婦女營養補充餐食，以

預防因營養失衡而造成胎兒日後認知發展的障礙。

　　一旦發現障礙形成，則須以次級預防加以處遇。次級預防主要是為了預防主障礙之外的障礙發生，例如：聽覺障礙的嬰幼兒若是沒有早期療育的介入，則會導致永久性的溝通障礙；腦性麻痺的嬰幼兒若無物理治療或輔具的處遇，則可能影響其日後行動功能的發展。

　　第三級預防則是指，為了減低特定障礙所造成的生活影響，亦即減少障礙嬰幼兒機構化的安置，朝向融合社區生活的方向努力，支持家庭在家照顧，並提供障礙嬰幼兒融合教育和社區活動。

　　總而言之，早期療育的重要性乃是為了預防或補償影響嬰幼兒發展的不利因素，提供嬰幼兒及其家庭直接或間接的支持，以增進與提升嬰幼兒的發展，避免造成日後更嚴重的發展和學習困難（Heckman & Masterov, 2004; Shonkoff & Phillips, 2000）。研究顯示，早期的學習是累積日後學習的基礎（Heckman, 2000; Landry, 2005），嬰幼兒腦神經發展的研究亦支持早期療育可幫助特殊嬰幼兒發展未來學校學習的適應能力，甚至影響他們的就學和職業發展（Shonkoff & Phillips, 2000）。此外，早期療育亦可預防日後因障礙而衍生出更多資源與社會成本的付出（Barnett, 2000）。

　　立法的精神乃是提供特殊幼兒和其家庭早期療育服務的保障，從法令的內涵中，亦可得見早期療育的重要性已在國內外獲得正視的趨勢，而修法的歷程和結果，顯示了法令與時俱進的服務觀念和措施；目前已通過修訂的《特殊教育法施行細則》（2013）即是一個具有代表性的修法案例。以下分別說明台灣關於早期療育之重要法令。

（一）《兒童及少年福利與權益保障法》（2020）

條文規定	說明
第 4 條：政府及公私立機構、團體應協助兒童及少年之父母、監護人或其他實際照顧兒童及少年之人，維護兒童及少年健康，促進其身心健全發展，對於需要保護、救助、輔導、治療、早期療育、身心障礙重建及其他特殊協助之兒童及少年，應提供所需服務及措施。	明定政府及民間應提供需要的兒童早期療育、身心障礙重建服務及措施。
第 7 條：本法所定事項，主管機關及目的事業主管機關應就其權責範圍，針對兒童及少年之需要，尊重多元文化差異，主動規劃所需福利，對涉及相關機關之兒童及少年福利業務，應全力配合之。 主管機關及目的事業主管機關……；其權責劃分如下：…… 二、衛生主管機關：主管婦幼衛生、生育保健、早產兒通報、追蹤、訪視及關懷服務、發展遲緩兒童早期醫療、兒童及少年身心健康、醫療、復健及健康保險等相關事宜。……	明定主管機關早期療育相關工作之權責範圍。
第23條：直轄市、縣（市）政府，應建立整合性服務機制，並鼓勵、輔導、委託民間或自行辦理下列兒童及少年福利措施： 一、建立早產兒通報系統，並提供追蹤、訪視及關懷服務。 二、建立發展遲緩兒童早期通報系統，並提供早期療育服務。…… 八、早產兒、罕見疾病、重病兒童、少年及發展遲緩兒童之扶養義務人無力支付醫療費用之補助。……	明定地方政府規劃遲緩兒童的通報系統。

條文規定	說明
第31條：政府應建立六歲以下兒童發展之評估機制，對發展遲緩兒童，應按其需要，給予早期療育、醫療、就學及家庭支持方面之特殊照顧。 父母、監護人或其他實際照顧兒童之人，應配合前項政府對發展遲緩兒童所提供之各項特殊照顧。 第一項早期療育所需之篩檢、通報、評估、治療、教育等各項服務之銜接及協調機制，由中央主管機關會同衛生、教育主管機關規劃辦理。	明定政府及父母應提供遲緩兒童特殊照顧及早期療育服務，並由跨部門規劃辦理。
第33條：兒童及孕婦應優先獲得照顧。 交通及醫療等公、民營事業應提供兒童及孕婦優先照顧措施。 國內大眾交通運輸、文教設施、風景區與康樂場所等公營、公辦民營及民營事業，應以年齡為標準，提供兒童優惠措施，並應提供未滿一定年齡之兒童免費優惠。……	明定公、民營單位應優先提供兒童的照顧措施。
第75條：兒童及少年福利機構分類如下： 一、托嬰中心。 二、早期療育機構。 三、安置及教養機構。 四、心理輔導或家庭諮詢機構。 五、其他兒童及少年福利機構。 前項兒童及少年福利機構之規模、面積、設施、人員配置及業務範圍等事項之標準，由中央主管機關定之。 第一項兒童及少年福利機構，各級主管機關應鼓勵、委託民間或自行創辦；其所屬公立兒童及少年福利機構之業務，必要時，並得委託民間辦理。 直轄市、縣（市）主管機關為辦理托嬰中心托育服務之輔導及管理事項，應自行或委託相關專業之機構、團體辦理。	

（二）《兒童及少年福利與權益保障法施行細則》（2020）

條文規定	說明
第 8 條：本法所稱早期療育，指由社會福利、衛生、教育等專業人員以團隊合作方式，依未滿六歲之發展遲緩兒童及其家庭之個別需求，提供必要之治療、教育、諮詢、轉介、安置與其他服務及照顧。 經早期療育後仍不能改善者，輔導其依身心障礙者權益保障法相關規定申請身心障礙鑑定。	界定早期療育的定義。
第 9 條：本法所稱發展遲緩兒童，指在認知發展、生理發展、語言及溝通發展、心理社會發展或生活自理技能等方面，有疑似異常或可預期有發展異常情形，並經衛生主管機關認可之醫院評估確認，發給證明之兒童。 發展遲緩兒童再評估之時間，得由專業醫師視個案發展狀況建議之。	明定發展遲緩的定義及年度追蹤評估發展遲緩兒童之必要性。

（三）《身心障礙者權益保障法》（2015）

條文規定	說明
第18條：直轄市、縣（市）主管機關應建立通報系統，並由下列各級相關目的事業主管機關負責彙送資訊，以掌握身心障礙者之情況，適時提供服務或轉介： 一、衛生主管機關：疑似身心障礙者、發展遲緩或異常兒童資訊。 二、教育主管機關：疑似身心障礙學生資訊。 三、勞工主管機關：職業傷害資訊。 四、警政主管機關：交通事故資訊。 五、戶政主管機關：身心障礙者人口異動資訊。 直轄市、縣（市）主管機關受理通報後，應即進行初步需求評估，並於三十日內主動提供協助服務或轉介相關目的事業主管機關。	直轄市、縣（市）主管機關應建立發展遲緩或異常兒童通報系統。

（續下頁）

條文規定	說明
第31條：各級教育主管機關應依身心障礙者教育需求，規劃辦理學前教育，並獎勵民間設立學前機構，提供課後照顧服務，研發教具教材等服務。 公立幼兒園、課後照顧服務，應優先收托身心障礙兒童，辦理身心障礙幼童學前教育、托育服務及相關專業服務；並獎助民間幼兒園、課後照顧服務收托身心障礙兒童。	各級教育主管機關應提供早期療育教育服務。

（四）《特殊教育法》（2019）

條文規定	說明
第10條：特殊教育之實施，分下列四階段： 　一、學前教育階段：在醫院、家庭、幼兒園、社會福利機構、特殊教育學校幼兒部或其他適當場所辦理。 　二、國民教育階段：在國民小學、國民中學、特殊教育學校或其他適當場所辦理。 　三、高級中等教育階段：在高級中等學校、特殊教育學校或其他適當場所辦理。 　四、高等教育及成人教育階段：在專科以上學校或其他成人教育機構辦理。 前項第一款學前教育階段及第二款國民教育階段，特殊教育學生以就近入學為原則。但國民教育階段學區學校無適當場所提供特殊教育者，得經主管機關安置於其他適當特殊教育場所。	明定特殊教育學前階段的實施場所。
第15條：為提升特殊教育及相關服務措施之服務品質，各級主管機關應加強辦理特殊教育教師及相關人員之培訓及在職進修。	明定學前早期療育的師資培訓及在職訓練之制度。

（續下頁）

條文規定	說明
第23條：身心障礙教育之實施，各級主管機關應依專業評估之結果，結合醫療相關資源，對身心障礙學生進行有關復健、訓練治療。 為推展身心障礙兒童之早期療育，其特殊教育之實施，應自二歲開始。	明定學前特殊教育自二歲開始。
第24條：各級主管機關應提供學校輔導身心障礙學生有關評量、教學及行政等支援服務，並適用於經主管機關許可在家及機構實施非學校型態實驗教育之身心障礙學生。 各級學校對於身心障礙學生之評量、教學及輔導工作，應以專業團隊合作進行為原則，並得視需要結合衛生醫療、教育、社會工作、獨立生活、職業重建相關等專業人員，共同提供學習、生活、心理、復健訓練、職業輔導評量及轉銜輔導與服務等協助。……	明定早期療育的服務是由跨部會局處規劃及辦理。

（五）《特殊教育法施行細則》（2013）

條文規定	說明
第 7 條：本法第二十三條第一項所稱結合醫療相關資源，指各級主管機關應主動協調醫療機構，針對身心障礙學生提供有關復健、訓練治療、評量及教學輔導諮詢。 為推展本法第二十三條第二項身心障礙兒童早期療育，直轄市、縣（市）政府應普設學前特殊教育設施，提供適當之相關服務。	明定學齡前身心障礙幼兒之安置應以普通教育環境為原則。

（六）《幼兒教育及照顧法》（2018）

條文規定	說明
第13條：直轄市、縣（市）主管機關應依相關法律規定，對接受教保服務之身心障礙幼兒，主動提供專業團隊，加強早期療育及學前特殊教育相關服務，並依相關規定補助其費用。 中央政府為均衡地方身心障礙幼兒教保服務之發展，應補助地方政府遴聘學前特殊教育專業人員之鐘點、業務及設備經費，以辦理身心障礙幼兒教保服務，其補助辦法，由中央主管機關定之。	直轄市、縣（市）主管機關應加強早期療育及學前特殊教育相關服務。
第36條：父母或監護人應履行下列義務： 一、依教保服務契約規定繳費。 二、參加教保服務機構因其幼兒特殊需要所舉辦之個案研討會或相關活動。 三、參加教保服務機構所舉辦之親職活動。 四、告知幼兒特殊身心健康狀況，必要時並提供相關健康狀況資料，並與教保服務機構協力改善幼兒之身心健康。	明定幼兒父母或監護人之義務。
第39條：直轄市、縣（市）主管機關對主管之教保服務機構，其優先招收離島、偏遠地區，或經濟、身心、文化與族群之需要協助幼兒，應提供適切之協助或補助。	優先招收特殊幼兒及提供適切之協助或補助。

第二節
早期療育的特質

Karoly、Kilburn 與 Cannon（2005）認為，「多元化」是早期療育的特質，並將早期療育的特質整理成以下九項：

1. 結果導向的服務——重視服務的成效：以增進嬰幼兒能力的進步狀況（如生活自理技能），或是父母能力的提升（如教養技巧）為服務重點。

2. 不同的服務對象——以服務對象為規劃服務的中心：有些早期療育課程以嬰幼兒或學齡前幼兒為主要的服務對象，有些則是以父母的訓練為課程內容；另外也有同時提供父母和孩子共同參與的親子課程。

3. 不同的標準——進入服務系統的標準具有差異性：以家庭來看，低收入或是文化刺激不利的條件，通常是接受服務的標準；嬰幼兒發展的評量結果，則是提供服務嬰幼兒的鑑定標準。另外，針對父母而言，則會以父母本身的狀況（如虐待子女、毒品或酒精成癮者）為是否提供服務的衡量條件。

4. 嬰幼兒的年齡：出生前至 6 歲的特殊或高危險群嬰幼兒，均是早期療育服務的對象。

5. 服務的地點：包含家庭、學前機構、醫院、發展中心、學校等，都有可能是早期療育的服務地點。

6. 服務的內容：包含教育性、醫療性、教育和醫療綜合性、家庭功能的支持性服務等不同的服務內容。

7. 服務的時間：不同類型服務的頻率和期程有所不同，例如：有半天或全天的學前課程、一星期一次或數次的到宅服務，也有些療育服

第一章　緒論　　013

務是為期半年或一年（以上）的課程。

8. 個別化的服務：不論服務的對象是以嬰幼兒、家長（主要照顧者）或是家庭為主，個別化都是必要的服務準則。

9. 服務的範圍：美國的 Head Start 方案提供全國不同地區的文化不利幼兒教育性服務，而非營利組織的早期療育服務可能會以發展中心的型態為服務據點。

Williams（2003）強調，個別化的療育服務是未來的方向，而其服務原則和特質包括以下幾項：

1. 每位幼兒的能力和需求皆具獨特性和個殊性。

2. 每位幼兒發展和學習的正向效果，有賴於照顧者、家庭和專業人員所提供的互動、治療及教育品質。

3. 提供多樣性的服務和安置選擇，讓幼兒獲得適合其需求的服務。

4. 早期療育的服務焦點，必須以達成每位幼兒及其家庭的需求為目標，並以提供最大化的學習機會為原則。

5. 家長的決定需被尊重，他們的家庭價值觀、優先順序及需求應被視為重要。

6. 周全的關照乃奠基於社區完全支持的承諾。

台灣早期療育的服務方案橫跨衛生、教育和社政等三大部門，透過通報和篩檢達到早期發現，並依個別差異提供適當的多專業整合早期療育服務，以支持家庭和發展遲緩嬰幼兒解決其醫療、教育、家庭、社會資源等問題和需求。

❤ 專 欄

　　「先天聽力聽損」是臨床上相當常見的一種疾病，傳統的新生兒聽力篩檢普及率低，且無法偵測到輕度及晚發性聽損。台大醫院率先結合耳聾基因變異篩檢，由耳鼻喉部、基因醫學部與小兒部新生兒科，共同建立跨科部的新生兒耳聾基因篩檢平台。這項基因篩檢技術是採用新生兒的腳跟血製成血片，利用血片中的細胞核檢驗，就能偵測出個案是否為輕度或晚發性聽損高危險群，再透過定期追蹤，早期介入加以治療。

第三節
早期療育的服務流程與專業人員

　　早期療育的服務透過以下幾項流程（Bredekamp, 1991），提供發展遲緩、身心障礙或高危險群嬰幼兒及其家庭所需的服務：

1. 發現：透過新生兒篩檢、嬰幼兒定期健康檢查和篩檢，以及公共衛生教育的推廣和宣導等，醫生、護士、保母、保育員、社工員等都可能是發覺嬰幼兒發展異常的人；而對於如早產兒、文化刺激不利兒、受虐兒、父母（或其中一人）有精神疾患等高危險群嬰幼兒，以預防的概念及早追蹤他們的身心發展情形。

2. 通報轉介：《兒童及少年福利與權益保障法》（2020）第 32 條規定：「各類社會福利、教育及醫療機構，發現有疑似發展遲緩兒童，應通報直轄市、縣（市）主管機關。直轄市、縣（市）主管機關應將接獲資料，建立檔案管理，並視其需要提供、轉介適當之服務。

……」目前各縣市政府都設有早期療育通報轉介中心，協助家長和孩子獲得轉介、評量及療育或福利的服務。

3. 評量：專業的評量有助於了解嬰幼兒的身心發展現況，並判斷發展落後的影響因素，以作為後續規劃早期療育方向和重點的參考依據。嬰幼兒的評量，包括：神經生理、動作、認知、語言溝通、社會情緒發展，以及家庭功能等面向，必要時應包括聽力、視力、新陳代謝等檢查。

4. 療育服務：早期療育的服務內容，包括：醫療、復健、教育訓練、家長的親職教育等。療育的重點在於提升嬰幼兒的基本發展能力和功能性技能，並增進家長的教養知識與技能，是早期療育服務中的重點工作。

5. 追蹤與結案：透過社工人員的定期追蹤，早期療育通報轉介中心或個案管理中心可持續追蹤家庭使用服務的狀況，以及嬰幼兒接受療育的成效。若是家庭不再需要服務、嬰幼兒已無發展遲緩的現象，或是嬰幼兒死亡、轉銜進入小學階段等，則相關服務即會停止並結案。

嬰幼兒早期療育服務乃是專業團隊合作的整合性服務，單一專業服務往往無法滿足特殊嬰幼兒的需求，例如：嬰幼兒肌肉發展的問題，須有物理治療師、職能治療師的介入；罕見疾病嬰幼兒的醫療介入，則須有新生兒科、小兒科、基因醫學科、病理科等醫師的參與。以下分別臚列不同專業的服務內容（中華民國智障者家長總會，1997）：

1. 家長：家長的正面態度和積極配合療育的進行，對嬰幼兒的療育成效有直接的影響。

2. 小兒科、小兒神經科、復健科醫師：能診斷嬰幼兒的生理疾病、遺傳問題、神經系統問題、肢體動作和語言溝通等問題。

3. 兒童心智科醫師：能提供嬰幼兒動作、認知、語言溝通、社會情緒的整體發展評量，並和其他專業人員合作，提供嬰幼兒學習、過動、自閉、情緒行為問題等方面的診斷和諮詢。

4. 臨床心理師：臨床心理師的專業可提供對嬰幼兒行為和學習歷程的了解，透過標準化測驗（如智力測驗、注意力測驗等）和直接觀察，來了解嬰幼兒的能力和行為特質。臨床心理師也可提供認知訓練、注意力訓練、遊戲治療、行為問題矯治等專業服務。

5. 物理治療師：能提供嬰幼兒粗大動作發展（如坐、爬、站、走、肌肉力量、平衡協調）、擺位，以及輔具的評量和諮詢。根據嬰幼兒的發展需求，物理治療師也可設計活動，以增強或改善動作發展遲緩或障礙的情形。

6. 職能治療師：能提供各種物件操作、手眼協調、口腔動作、感覺統合、日常生活動作功能的評量、諮詢和訓練，也提供「副木」等輔具的製作和諮詢。

7. 語言治療師：能提供口腔功能、構音、語言理解、語言表達、社交溝通等方面的評量、諮詢和訓練。

8. 社會工作師：能協助家庭連結所需的社會資源，協助發展遲緩、身心障礙、高危險群嬰幼兒及其家庭，獲得經濟、心理、教養等相關服務的支持。

9. 幼兒園教師：能根據嬰幼兒的需求，設計個別化、多元化的發展活動，幫助嬰幼兒發展和學習適應，並提供家長親職教養的技巧以及教育安置的諮詢。

10. 其他：在必要時，其他相關專業人員亦須加入專業團隊共同進行評量、諮詢、療育等工作，例如：耳鼻喉科醫師、聽力檢查師、眼科醫師、營養師等。

「地中海型貧血」除了好發於地中海沿岸的居民外，也常見於中國大陸的長江以南、東南亞和台灣地區；近年來，臨床發現不少地中海型貧血兒，是由外籍配偶所生。此症為單一基因自體隱性遺傳疾病，若夫妻為同型地中海型貧血的帶因者，每次懷孕時，其子女有四分之一的機會為正常，二分之一的機會為帶因者，另四分之一的機會為重型地中海型貧血患者；因此，遺傳諮詢及產前基因檢查是預防與治療地中海貧血的重要工作。

　　早期療育的服務是人性化的跨領域專業服務，其最重要的目的在於提供嬰幼兒個別化的療育，以增進或改善其發展和學習，建立其優勢能力，同時提供家庭陪伴孩子成長的資源支持與教養協助。早期療育在預防、減輕嬰幼兒遲緩或障礙的程度上，有實質與重要的意義。

第四節
我國早期療育發展的重要紀事

　　上述說明了早期療育的意涵、重要性、特質、服務流程與專業人員的服務等，以下簡介我國早期療育的重要紀事：

1. 中華民國智障者家長總會成立，倡導對發展遲緩兒童應有明確及完善的照顧與協助（1992 年）。

2. 《兒童福利法》及《兒童福利法施行細則》修訂，增加發展遲緩兒童福利措施的相關條文（1993 年、1994 年）。

3. 早期療育服務獲得官方、學界和民間組織的重視，政府增加預算的編列及修訂相關法規，積極推動與執行早期療育服務（1996 年迄今）。

4. 教育部修訂頒布《特殊教育法》，明訂特殊教育的服務年齡層於六年內，逐步向下延伸至3歲，保障3歲特殊幼兒的特殊教育、安置、轉銜服務等權益（1997 年）。

5. 內政部頒布「發展遲緩兒童早期療育服務實施方案」，訂定發展遲緩兒童早期療育通報、轉介、評估暨安置服務流程（1997 年）。

6. 官方與學界合力開始推動學前融合教育（1998 年）。

7. 教育部建置特殊教育通報網（http://www.set.edu.tw/）（1998 年）。

8. 內政部成立兒童局，推動早期療育之政策與服務（1999 年）。

9. 行政院通過「身心障礙者生涯轉銜服務整合實施方案」，明訂發展遲緩幼兒從學前教育機構到國民教育學校的相關轉銜工作，保障發展遲緩幼兒接受學前特殊教育的權益（2002 年）。

10. 內政部兒童局訂定「發展遲緩兒童學前轉銜安置服務流程」（2002 年）。

11. 《兒童福利法》與《少年福利法》合併修訂為《兒童及少年福利法》（2003 年）。

12. 內政部兒童局建置「發展遲緩兒童早期療育個案管理系統」（2003 年）。

13. 內政部兒童局頒訂「發展遲緩兒童早期療育資源整合實施計畫」，結合地方政府教育、衛生、社政等相關單位的資源，推動縣市間資源共享，合作辦理在職訓練、親職教育、巡迴輔導等，具體推動早期發現、早期介入，逐步落實早期療育服務之功能（2003 年）。

14. 行政院衛生署國民健康局實施「兒童發展篩檢及異常個案追蹤管理計畫」，提供 0 至 6 歲幼兒的預防保健服務（2003 年）。

15. 教育部修正頒布《特殊教育法》，明訂學前階段的幼兒為特殊教育法保障和服務的對象，為推展身心障礙兒童之早期療育，其特殊教育之實施，應自 3 歲開始。對於就讀私立學前機構之身心障礙幼兒，得發給教育補助費，並獎助其招收單位（2009 年）。

16. 依據《特殊教育法》第 32 條第 2 項之規定，訂定《就讀私立幼稚園托兒所社會福利機構之身心障礙幼兒及招收單位獎補助辦法》，其中第 3 條規定：身心障礙幼兒每人每學期補助新臺幣 7,500 元，招收單位每招收身心障礙幼兒一人，每學期獎助新臺幣 5,000 元（2010 年）。

17. 《幼兒教育及照顧法》頒布實施，其中第 13 條規定：直轄市、縣（市）主管機關應依相關法律規定，對接受教保服務之身心障礙幼兒，主動提供專業團隊，加強早期療育及學前特殊教育相關服務，並依相關規定補助其費用（2011 年）。

18. 《兒童及少年福利法》修正更名為《兒童及少年福利與權益保障法》，第 23 條規定：直轄市、縣（市）政府應建立整合性服務機制，並鼓勵、輔導、委託民間或自行辦理相關的兒童及少年福利措施，其中之一為「建立發展遲緩兒童早期通報系統，並提供早期療育服務」（2011 年）。

19. 教育部修正頒布《特殊教育法施行細則》，第 10 條規定：身心障礙學生的個別化教育計畫，學校應於新生及轉學生入學後一個月內訂定；其餘在學學生之個別化教育計畫，應於開學前訂定。第 7 條規定：為推展身心障礙兒童早期療育，直轄市、縣（市）政府應普設學前特殊教育設施，提供適當之相關服務（2012 年）。

20. 依據《特殊教育法》第 23 條之規定，推展身心障礙兒童之早期療育。其特殊教育之實施，應自 2 歲開始（2014 年）。

21. 依據《特殊教育法》第 32 條之規定，對於就讀學前私立幼兒園或社

會福利機構之身心障礙幼兒，得發給教育補助費，並獎助其招收單位（2014 年）。

22. 衛生福利部社會及家庭署依據《兒童及少年福利與權益保障法》、《特殊教育法》、《幼兒教育及照顧法》及《身心障礙者權益保障法》，頒布《發展遲緩兒童早期療育服務實施方案》，結合社政、衛生、教育、警政等相關單位資源，落實推動兒童發展早期發現與篩檢、通報轉介、聯合評估、療育服務、追蹤輔導及家庭支持等相關工作（2016 年）。

23. 教育部推動公共化幼兒園，自 106 年至 113 年逐年增加公立及非營利幼兒園 3,000 班，增加提供 8.6 萬個就學名額。

問題與討論

1. 試說明早期療育的意義和服務範疇。
2. 請列舉說明早期療育的服務對象。
3. 請說明早期療育服務的特質和流程。
4. 請列舉說明參與早期療育服務的專業人員和其工作內容。

參考文獻

【中文部分】

中華民國智障者家長總會（1997）。**寶寶你一切都好嗎？**台北市：作者。

王顏和（譯）（2011）。**兒童和少年國際機能、失能和健康分類**。取自 http://pmr.org.tw/icf/download/ICF-CY.pdf

幼兒教育及照顧法（2018 年 6 月 27 日修正公布）。

身心障礙者權益保障法（2015 年 12 月 16 日修正公布）。

兒童及少年福利與權益保障法（2020 年 1 月 15 日修正公布）。

兒童及少年福利與權益保障法施行細則（2020 年 2 月 20 日修正發布）。

特殊教育法（2019 年 4 月 24 日修正公布）。

特殊教育法施行細則（2013 年 7 月 12 日修正發布）。

教育部（2019）。**108-112 學年度學前特殊教育推動計畫－第四期五年計畫**。台北市：作者

萬育維、莊凰如（1995）。從醫療與福利整合的角度探討我國發展遲緩兒童之早期療育制度規劃。社區發展季刊，**72**，48-61。

維基百科（2020）。國際健康功能與身心障礙分類系統。取自 http://zh.wikipedia.org/zh-hk/國際健康功能與身心障礙分類系統

【英文部分】

Barnett, W. S. (2000). Economics of early childhood intervention. In J. P. Shonkoff & S. J. Meisels (Eds.), *Handbook of early childhood intervention* (2nd ed.). New York, NY: Cambridge University Press.

Bredekamp, S. (1991). *Guidelines for appropriate curriculum content and assessment in programs serving children ages three through eight*. Washington, DC: NAEYC.

Dunst, C. J., & Bruder, M. B. (2002). Valued outcomes of service coordination, early intervention, and natural environment. *Exceptional Children, 68*(3), 361-375.

Heckman, J. J. (2000). Policies to foster human capital. *Research in Economics, 54*(1), 3-56.

Heckman, J. J., & Masterov, D. V. (2004, October). *The productivity argument for investing in young children* (Working paper 5, Invest Kids Working Group). Washington, DC: Committee for Economic Development.

Karoly, L. A., Kilburn, M. R., & Cannon, J. S. (2005). *Early interventions: Proven results, future promise*. Santa Monica, CA: Rand Corporation.

Landry, S. H. (2005). *Effective early childhood programs: Turning knowledge into action*. Houston, TX: University of Texas Health Science Center at Houston.

Meisels, S. T. (1989). Early childhood intervention in the nineties. *American Journal of Orthopsychiatry, 59*, 451-460.

Shonkoff, J. P., & Phillips, D. A. (Eds.) (2000). *From neurons to neighborhoods: The sci-*

ence of early child development. Washington, DC: National Academy Press.

Williams, B. F. (Ed.) (2003). *Direction in early intervention and assessment*. Spokane, WA: Spokane Guides' School.

World Health Organization. [WHO] (2001). *International Classification of Functioning, Disability and Health (ICF)*. Geneva, Switzerland: Author.

早期療育

第二章

早期療育的理論基礎

柯秋雪

　　所謂「工欲善其事，必先利其器」，教導特殊幼兒的成功之鑰，不僅在於知道如何使用有效的教學方法，而且也要知道是使用何種理論，以及其根據為何。現場的教師通常都非常認真教學，也願意嘗試有效的方法來教導特殊幼兒，但是並沒有很多老師真正思考過自己所使用的方法是來自於哪一種理論？筆者上「早期療育理論基礎」這門課時，最常問學生的問題是，他們在實務工作中所使用的方法或模式是從何而來？其理論的根據為何？每一種理論基礎都有其哲學的視框與運用的原理，需融入自己的教學特質，方能成為自己教學的一部分，也才能得心應手的使用。

整體而言，理論模式提供實務工作者方向與基礎，並進一步能培養專業人員的反思能力與專業成長。以下將介紹一些重要的早期療育理論，例如：生態系統理論（ecological systems theory）、發展心理分析論（developmental psychoanalytic perspective）、行為學習理論（behavioral learning theory）、認知發展理論（theory of cognitive development）、人本主義理論（humanistic theory），以及神經生物理論（neurobiological theory）。

第一節　生態系統理論

　　生態（ecology）是有機體或生命和環境的交互作用關係，Plato 與 Aristotle 的著作已具有生態的概念（Bubolz & Sontag, 1993）。19 世紀的生態系統（ecosystem）開始為科學研究所重視（Bubolz & Sontag, 1993），而此概念最早是由英國劍橋大學的生態學教授 A. G. Tansley 於 1935 年所提出（Golley, 1993; Gutsell & Hill, 2005）。Tansley 主張，生物和所生存的環境是一個密不可分的有機整體，它們彼此之間相互影響、相互制衡，同時也在不斷地改變（Golley, 1993），而人類生態系統理論（human ecology system）也就是人類作為生物有機體與社會個體和環境交互的關係（Bubolz & Sontag, 1993）。

　　1970 年代，Urie Bronfenbrenner（1979）在《人類發展生態學》（*Ecology of Human Development*）一書中，提出了生態系統理論，他也是 Head Start 方案的創始人之一。Bronfenbrenner 的理論受到 Kurt Lewin 的影響；Lewin 的經典方程式為 B = f（P, E），亦即行為的演變是個體與其環境之間相互作用的函數，如果我們想要改變行為，就必須先改變環境（Bronfenbrenner, 1979）。Bronfenbrenner 在生態系統理論的定義中指出，發展中的個體並非僅僅被視為一張潔淨的白紙、完全受到環境的影響，而是一個能重新建構所處環境的成長與動態的實體（growing, dynamic entity）。個體與環境之間的互動被視為是雙向的，也就是相互性（reciprocity）。與發展過程相關的環境，不是僅限於一個單一的、直接的環境，而是可以延伸，包含這些直接環境的相互連結，以及從較大環境所散發出來的外在影響。

Bronfenbrenner（1979）從生物和生態的角度來看待人類發展，該理論強調，生物習性和環境作用會交互影響人類的成長，而人類會不斷地調適與維持平衡的狀態。生態環境如同層層套疊的結構（nested structure），一層包著一層，就如同俄羅斯娃娃（Russian nesting dolls），且分為四個系統：（1）微系統（microsystem）；（2）中系統（mesosystem）；（3）外系統（exosystem）；（4）大系統（macrosystem）（柯秋雪，2010；Bronfenbrenner, 1979）（如圖 2-1 所示）。

微系統是指，在具有特定物理與物質特質的環境（setting）中，發展中個體所經驗到的活動、角色與人際關係之模式。環境是指，人們可以自然地面對面互動的地方，例如：家庭、托育中心、遊樂場等；活動、角色與人際關係是組成微系統的成分或是構成要素。在此定義中的關鍵詞：「經驗」（experienced），不僅指客觀的特質，也包含了環境中個人「覺知」（perceived）到這些特質的方式；而「環境」是塑造心理成長軌跡最有力的面向，大部分是在特定情境中對個體有意義的部分。

中系統包含了發展中個體積極參與兩個或更多個環境之間的相互關係，例如：家庭與學校之間的關係。一個中系統是由幾個微系統所組成的系統，當發展中個體進入一個新的環境時，就形成或延伸了一個中系統。

外系統是指，發展中個體未積極參與其中的一個或多個環境，但是這些環境中所發生的事件會影響發展中個體，或被其所影響。對幼兒而言，外系統可能包含父母工作的場所、兄姊上課的班級、父母的社交圈、地方

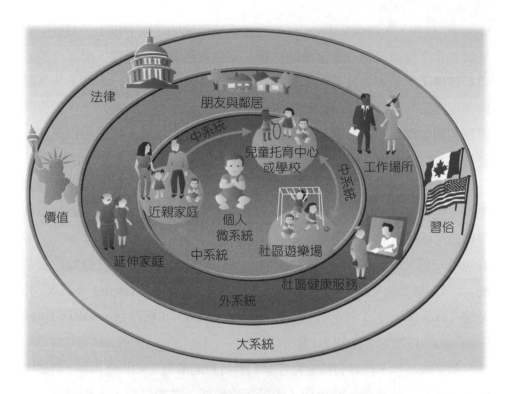

圖 2-1 ▶ 生態系統理論中的環境結構

資料來源：古黃守廉等人（譯）（2015）。

學校委員會的活動等。

　　大系統是指，在較低層系統（微、中、外系統）中，形式與內涵的一致部分，是在次文化或文化層次上的信念系統（belief systems）或意識形態（ideology）。大系統的現象，對不同的社經地位、種族、信仰，以及其他次文化族群的系統藍圖是不同的，也確立了每一族群獨特的生態環境。Bronfenbrenner 在此使用「可能存在」，是希望能超越目前大系統的概念，並將其延伸，以包含未來可能的藍圖。

　　Bronfenbrenner（1979）也指出，轉銜是生物轉變與環境情況變化之間的共同作用；生態轉銜（ecological transition）則是發生於個體的位置在生

態環境中，因角色、環境或兩者同時轉換而被改變的時候。生態轉銜可以在整個生命的歷程中發生，例如：母嬰從醫院回家、保母的更換、孩子進入日托中心、弟妹出生、孩子上學、升級、畢業（也可能被退學），然後找到工作、換工作、失業、結婚、決定有孩子……搬家、離婚、再婚、換工作、移民、生病、就醫、康復、回到工作崗位、退休，最後是沒有例外的轉銜：死亡。

　　除了上述四個系統之外，Brofenbrenner（1986）還提出了第五個系統：時間系統（chronosystem）。他指出，當個體生命發展時，不僅會受到環境脈絡的影響，它更是一個歷程；時間系統是一種研究模式，可以檢視在個體生活的環境中，隨著時間影響個體發展的變化（以及持續性）。時間系統可以經由縱貫設計的研究而達成，而縱貫設計可以檢視在個體生命歷程（life course）中，一系列發展轉銜（developmental transitions）的累積效應；因此，個人的特質可以透過發展的面向被覺知與解釋。Bronfenbrenner（1995）進一步指出，個體與其所處環境的多元互動關係，應結合四個面向，包含：個體、個體與環境互動的過程、所處的環境脈絡，以及時間（Person-Process-Context-Time, PPCT），來了解兒童的發展，稱為生物生態發展思維模式（Bioecological Model），簡稱 PPCT 模式。在 PPCT 模式中，中介機制（mediation mechanism）指的是間接影響個體發展的因素（父母價值觀、期望）；而趨近過程（proximal process）是發展中個體和他人在每天日常生活中的互動（親子互動、兒童之間的互動等）。

　　在早期療育服務中，直接影響特殊幼兒發展的微系統，例如：家庭與早療機構或是醫院，扮演著非常重要的角色，尤其是家庭在整個系統中具有恆定的地位，對特殊幼兒的發展與學習影響深遠（請見第十章）。中系統主要是指早療人員與家庭的合作關係、專業人員之間的關係、家庭和提供早療服務的機構之間的關係。外系統為影響其家庭功能的社會結構，例如：鄰居、社區組織等。大系統則是指，影響早療服務的社會態度、文化

價值與信念。時間系統則包括家庭的生命週期轉變，或是家庭成員在不同時間內的角色變遷對兒童發展的影響。在這些不同系統中，生態轉銜扮演了一個不可忽視的角色，可在特殊幼兒整個生命歷程中發生；而在早療階段中重要的轉銜，是轉銜進入幼兒園與幼小轉銜。

♥ 專 欄

從 Sameroff 的「傳動模式」談「危險因子」與「保護因子」

Sameroff（1975）提出「傳動模式」（transactional model），此模式介入過程之概念架構圖，是將兒童發展的行為結果解讀為環境和兒童的交互影響。

環境是影響幼兒早期發展的主要力量之一，不過這個主要力量會受到幼兒的狀況和潛能所限制（Sameroff & Fiese, 2000）。因此，幼兒發展的問題並非存在於幼兒本身，而是來自於幼兒與環境之間的互動，而此交互關係非常複雜且不斷地進行，種種因素結構皆影響了「危險因子」（risk factors）與「保護因子」（protective factors）架構的發展。

「危險因子」可分為生理危險因子與環境危險因子，前者如早產、出生體重過低、出生前母體濫用藥物、受傷或是重病等，而後者則是對幼兒發展不利的社會文化因素，如貧窮、父母低教育程度等。「保護因子」可以緩和「危險因子」之不利狀況，是能夠增進良好發展結果的因素，可分為幼兒內在的保護因子（如具社會能力、低情緒起伏、平均／平均以上的智力，具有語言和問題解決技巧等）、家庭中的保護因子（如母親的教育與能力、與主要照顧者的親近關係、祖父母的支持、手足的支持等），以及社區中的保護因子（如朋友、學校、教師的支持等）（Werner, 2000）。

早期療育人員應了解家庭的危機群集（clusters of risks），善用其保護因子，以提升家長參與和教養技巧，增進親子互動，促進特殊幼兒的發展。

第二節
發展心理分析論

心理分析理論最著名的兩位學者為 Freud 與 Erikson。Freud 的精神分析學派較重視早期人格發展偏歧的現象，而 Erikson 則是從心理社會發展的觀點出發，將 Freud 人格發展的階段延伸擴大到整個人類的生命歷程。

從發展的觀點而言，兒童身心特質的發展領域（如動作、語言、認知、社會情緒等），均依循著一套普遍的發展程序。美國發展心理學家 Arnold Gesell 主張，經過系統的、科學的觀察與測量後，可以獲得個體的發展里程碑，依據此發展的常模，可以提供個體適當的環境因素，以促進其身心的成熟度（許天威，2004）。早期療育人員與學前教師運用「發展合宜的實務」（developmental appropriate practice, DAP）之策略，應考慮幼兒個人身心不同的特質與能力，以進行符合幼兒年齡與個別差異的教育與訓練（Allen & Cowdery, 2015）。

發展心理分析論是整合傳統心理分析（psychoanaysis）和現代發展科學（developmental sciences）觀點而形成的一套理論系統（何華國，2006）。這個理論主要協助嬰幼兒在不同發展階段中，依其自然的反應而反應，使人格順利且健康地發展，避免人格固著或過度偏歧發展（Emde & Robinson, 2000），而幼兒個人的優勢與意義逐漸受到重視（何國華，2006）。

發展心理分析論和早期療育工作的特定領域直接相關，值得一提的是，照顧（依附）關係（Bowlby、Spitz）的重要性。特殊嬰幼兒和其主要照顧者常有依附關係的困難，因此在許多早期療育方案與學前特殊幼兒方案中，強調建構和增強嬰幼兒與其主要照顧者的關係與互動，以及幼兒的社會情緒發展（Odom & Wolery, 2003）。家長與早療人員、早療人員與幼兒之間互信關係的建立，則是早期療育實施成功的基石。

此外，發展心理分析論的觀點強調個性與其意義、動機和道德的重要性，重視積極的預防工作，避免發展中的危害和適應問題，並強化個人的發展路線，增進個人的健康（Emde & Robinson, 2000）。早期療育長期發展的重要性逐漸受到重視，Emde 與 Robinson（2000）指出，應以長期成果作為療育成效的評鑑指標，強調要把眼光放在未來，以早期療育的工作為未來的導向，並以替代方案為目標，在日常生活的挑戰中，發現各種替代的解決方法，並利用自己選擇的方式來增加經驗。

 專欄

從發展心理分析論談幼兒園教師與家長之溝通與合作

Emde 與 Robinson（2000）提出了早期啟蒙教育（Early Head Start）之代代傳承教養的發展觀點（如圖 2-2），從出生到成年的發展轉銜，以幼兒的學習與社會能力為取向，提升個人發展與預防個人發展中的危害及適應問題。

在教育的現場中，幼兒園教師談到與家長合作的困難之處，常在於家長的期待超過特殊幼兒的能力，或是家長不能接受自己的孩子有發展的障礙或學習問題。若以 Emde 與 Robinson（2000）代代傳承教養的發展觀點為例，幼兒園教師應該同理家長，與家長真誠地溝通，引導家長把眼光放在未來，了解孩子的能力，在不同的發展階段中，預防個人發展中的危害及適應問題，提升個人的發展，以達到其早期療育長期發展的成果。

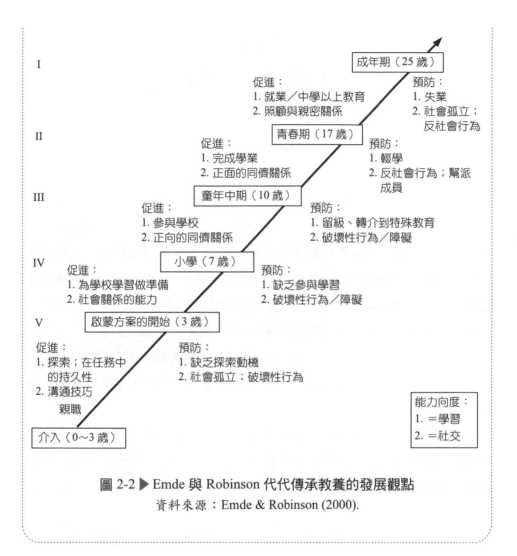

I　　　　　　　　　　　　　　　　　　　成年期（25 歲）

　　　　　　　　　　　　　促進：　　　　　　　　預防：
　　　　　　　　　　　　　1. 就業／中學以上教育　1. 失業
　　　　　　　　　　　　　2. 照顧與親密關係　　　2. 社會孤立；
　　　　　　　　　　　　　　　　　　　　　　　　　　　反社會行為

II　　　　　　　　　　　青春期（17 歲）

　　　　　　　　促進：　　　　　　　　　　預防：
　　　　　　　　1. 完成學業　　　　　　　　1. 輟學
　　　　　　　　2. 正面的同儕關係　　　　　2. 反社會行為；幫派
　　　　　　　　　　　　　　　　　　　　　　　成員

III　　　　　　童年中期（10 歲）

　　　　　促進：　　　　　　　　　　　預防：
　　　　　1. 參與學校　　　　　　　　　1. 留級、轉介到特殊教育
　　　　　2. 正向的同儕關係　　　　　　2. 破壞性行為／障礙

IV　　　小學（7 歲）

　　促進：　　　　　　　　　　預防：
　　1. 為學校學習做準備　　　　1. 缺乏參與學習
　　2. 社會關係的能力　　　　　2. 破壞性行為／障礙

V　　啟蒙方案的開始（3 歲）

促進：　　　　　　　　　　預防：
1. 探索；在任務中　　　　　1. 缺乏探索動機
　的持久性　　　　　　　　　2. 社會孤立；破壞性行為
2. 溝通技巧
　　親職
　　　　　　　　　　　　　　　　　　　　　　　能力向度：
　　　　　　　　　　　　　　　　　　　　　　　1. ＝學習
介入（0～3 歲）　　　　　　　　　　　　　　　2. ＝社交

圖 2-2 ▶ Emde 與 Robinson 代代傳承教養的發展觀點
資料來源：Emde & Robinson (2000).

第三節 行為學習理論

　　行為主義的觀點關注於行為（例如：兒童行為）與環境或環境中刺激的關係，個體的適應現象乃是個體與其生活環境互動的過程。行為模式根源於 Skinner 於 1953 年所主張的人類行為實驗分析論。他在哈佛大學最典型的研究，即是用一般人稱為「史基納箱」（Skinner box）所做的實驗；Skinner 稱這種「因為食物緊接著出現，而使老鼠更常壓桿子」的現象為「增強作用」（reinforcement）（許天威，2004）。近年來，行為主義受到諸多批評，茲舉例如下：（1）行為主義是簡單的刺激─反應取向，提供了人類行為的機械模式，沒有辦法解釋個別差異，以及個人行為的多樣性；（2）行為主義提供了過度強調行為外在控制的世界觀，因此較非人性化；（3）行為主義的應用呆板與制式，不能處理一些真實世界的問題（Strain et al., 1992）。

　　值得一提的是 Bandura 的社會學習理論。在他的理論中，人對增強與懲罰之機械反應，已被主動的社會認知「人」所取代。Bandura 強調，楷模行為（或稱為模仿或觀察學習）是發展最強而有力的來源（古黃守廉等人譯，2015）。

　　許多早期療育與學前特殊教育的教學原則與策略，常運用行為主義的理論來評量與介入，如運用增強、報酬、可觀察行為的詳細了解，以及技能基準線的測量來安排結構性的活動（structural activities），以進行兒童的教育與訓練，促進幼兒的發展（Odom & Wolery, 2003）。在介入行為的互動過程中，可以改變兒童發展的軌跡（Strain et al., 1992）。行為主義的實務有實證性之基礎，例如：隨機教學（incidental teaching）、功能性評量、正向行為支持，以及系統化的教學（Odom & Wolery, 2003）。功能性評量

和生態行為分析類似，目的都是要找出兒童行為與環境事件之間的關係，不過生態行為分析較為尋求影響兒童行為更廣泛的脈絡或環境事件（Strain et al., 1992）。行為主義者也注意到，以個別化評量來監控方案對兒童的影響，並了解影響兒童行為的因素（Strain et al., 1992）。此外，還可以透過有效的行為介入策略，例如：塑造（shaping）、示範（modeling）、提示（prompting）、褪除提示（fading prompting）等，逐步養成幼兒的適當行為，並消除其不適當的行為。從社會學習理論的觀點而言，在塑造行為的過程中，環境扮演著重要的角色，因此父母、老師和其他照顧者，有責任對幼兒提供正向楷模的學習機會。

第四節 認知發展理論

認知是心智內在運作的過程和產物，並且能夠帶出「理解」（古黃守廉等人譯，2015），是個人心智活動與心理狀態結合運作的複雜過程（陳李綢，1999）。

認知發展理論在早期療育與學前特殊教育中，有其重要的影響力，以下主要介紹 Piaget 與 Vygotsky 的理念，他們兩位是認知發展理論的主要代表。

Piaget 認為，個人是透過自身的活動，主動建構有關世界所有知識，因而其理論被視為個人建構主義取向（古黃守廉等人譯，2015）；Vygotsky（1978）的理論則強調個人知識是在社會文化的環境下所建構的，因而被視為社會建構主義取向。

建構主義理論是美國幼兒教育協會（National Association for the Education of Young Children, NAEYC）在早期教育中，發展合宜實務引導方針的基礎，一般幼兒與特殊幼兒的課程架構是基於建構主義的理論框架（Odom & Wolery, 2003）。

Piaget 提出了兒童認知作用發展階段與認知運用原理，他的「認知發展論」是指人類智力的發展，而智力是一種生物適應環境的結果，是一種有機的、動態的、具有發展性的結構，會隨著個體與環境的互動，而有著發展性的變化（張春興，2009）。按照 Piaget 的說法，個體出生不久後，即開始主動運用與生俱來的一些基本行為模式，並對於環境中的事物做出反應，此可視之為個體用以了解周圍世界的「認知結構」（cognitive structure；即個體對該事物的認識或經驗）（張春興，2009）。個體用以認識周圍世界的基本模式，稱之為「基模」（schema）；基模為人類吸收知識的基本架構，隨著年齡的增加，基模也更加複雜化，而認知發展或智力發展即為個體的基模隨著年齡增長而產生的改變（張春興，1998，2009）。

Piaget 所謂的「認知發展」，不僅是量變，也包括了質變。「組織」是內在發生的過程，不同於與環境的直接接觸，為內在重新配置基模，以形成相互連結性很強的認知系統，能統合運用其身體與心智的各種功能，從而達到目的的一種身心活動之歷程，例如：寶寶將「掉落」與「投擲」基模連結在一起，同時也會發展對「遠」和「近」之連結與理解（古黃守廉等人譯，2015）。智力是一種生命適應的形式，Piaget 以適應的歷程來解釋兒童內在心理歷程的改變；其中「適應」（adaption）是指，個體的認知結構或基模因環境的限制，而主動改變的心理歷程（張春興，1998）。適應是由「同化」（assimilation）和「調適」（accommodation）兩種互補的活動所組成。「同化」是指利用現有的基模去詮釋外在世界；「調適」則是指既有認知結構不能對新事物產生認知作用，而形成心理上的失衡狀態；為了免除失衡狀態，而創造出新的基模或是調整舊的基模，俾能適應新的

情境（古黃守廉等人譯，2015）。「適應」便是在「同化」與「調適」這兩種心理歷程的波動中取得平衡（equilibration）的結果，而個體經過適應的歷程後，其智力、認知能力會明顯提升。

　　Piaget 認為，人類自出生至青少年期，其認知發展過程乃是在連續中呈現出階段性的重要特徵，各階段是固定順序出現，而且具有普遍性，可以說明各地兒童的特徵（Piaget & Inhelder, 1969）。Piaget 的理論擴展了對兒童發展的認識，不過卻低估了兒童的思維能力。認知功能的改變較少屬於突然性的發生，而且不是如 Piaget 發展階段性模式所指的，是以全面性改變來進行（任凱、陳仙子譯，2006）。Flavell（1992）指出，成長過程並非如 Piaget 所謂的那麼容易預測（引自周念縈譯，2005）。此外，新皮亞傑主義者認為，認知發展理論高估了青少年的思維能力，而且從生命全程的觀點，Piaget 的四階段理論並不能涵蓋人類認知發展的全部歷程，當成年人在日常生活中遇到缺乏固定答案的問題時，其思維過程並非經過形式邏輯的歷程來找尋唯一的答案，而是採用辯證思維（dialectical thinking）的歷程，從問題的正反兩面去分析答案，權衡得失後選出較好的答案，因此主張要增加第五個階段：「後形式思維」（postformal thinking），以作為第五階段成人思維的特徵（張春興，2009）。Vygotsky（1978）也批評 Piaget 的理論，認為 Piaget 未將兒童視為社會整體的一部分或是社會的主體，社會是獨立於兒童之外的系統。

　　Piaget 認為，兒童的思考與成人不同，兒童是主動的學習者，智能的發展是持續進行的，多變的環境可以開啟兒童的學習（張春興，2009）。早期療育人員應按照嬰幼兒認知發展階段的順序設計課程，並將遊戲融入教學中。嬰幼兒的認知發展在感覺動作期與運思前期，早期療育教學應提供嬰幼兒具體實務操作或在實際情境運用的機會，並布置多元學習環境，滿足其學習的個別需要。

Vygotsky 和 Piaget 同年出生，不過 Vygotsky 之社會認知發展理論直到晚近才受到歐美的重視。如同 Piaget 的理論，Vygotsky 也認為兒童扮演著主動的角色；但是和 Piaget 不同的是，他強調兒童是社會文化的一部分，而且兒童自我中心的語言並非完全是「自我中心」，而是具有「自己對自己溝通」的意義（任凱、陳仙子譯，2006；張春興，2009）。Vygotsky 主張，社會文化是影響兒童認知發展的要素，不過未詳加說明兒童個人因素（如遺傳基因差異）對學習與發展的影響，而且也比較沒有考慮到情緒層面，例如：他未曾說明兒童學習上的掙扎、失敗的挫折和成功的喜悅（任凱、陳仙子譯，2006；古黃守廉等人譯，2015）。

Vygotsky 特別重視「近側發展區」（亦翻譯為「可能發展區」、「最近發展區」）（zone of proximal development, ZPD）的觀念。所謂「近側發展區」是指，兒童實際認知發展水準（實際發展層次）以及其在引導下可能的認知發展水準（潛在發展層次）之間的差距。Wood、Bruner 與 Ross（1976）早已指出鷹架指導的重要性。在從事兒童的發展與工作時，不應只重視兒童的實際發展區，而是應該特別重視其近側發展區；透過成人或同儕的鷹架作用（scaffolding），協助兒童解決問題，以語言等符號或工具為媒介，並視兒童表現水準來調整協助的類型和分量之過程，以達到可能的認知發展水準（引自任凱、陳仙子譯，2006）。

早期療育應依據此理論基礎，了解幼兒的社會文化脈絡與實際能力，並重視近側發展區，掌握可能的認知潛能發展水準，以設計符合幼兒能力現況的學習目標，提升其下一階段的能力。值得一提的是，根據 Vygotsky 理論中「近側發展區」所發展出的動態評量，依據評量（前測）、介入（教學）、再評量（後測）的程序，以了解兒童學習歷程的改變（古黃守廉等人譯，2015）。早療人員與學前教師可以運用動態評量，在介入前、介入中、介入後對幼兒學習改變的情形進行持續性的多元評量，以了解所使用的教學或介入策略對幼兒學習的改變。除了透過成人的指導，早療人員與

學前教師也可運用合作學習（collaborative learning）與同儕教導（peer tu-toring）的教學策略來協助幼兒的學習與發展。

 專 欄

「近側發展區」是「集體的活動」或「共同的活動」：
對學前融合教育的意涵

　　Newman 與 Holzman（2014）將「近側發展區」視為集體的活動（collective activity），在共同的活動中一起參與以及合作，同時形成集體的學習與發展。在幼兒園的融合環境中，「近側發展區」就是集體或是共同活動的思維下，幼兒園教師運用集體互動的關係，與全體幼兒、家長以及相關團隊的成員合作，建構接納彼此的氛圍與環境，進行融合的活動。在此融合的共同活動中，教師透過成人或同儕的「鷹架作用」，協助特殊幼兒解決問題，並視其發展與潛能，由依賴他人到獨立自主，以達到「近側發展區」可能的認知發展水準。

第五節
人本主義理論

　　人本主義心理學於 1960、1970 年代迅速發展，具有人道主義與人性論的傳統，重視研究人的本性、動機、潛能、經驗與價值。以下主要介紹 Maslow 與 Rogers 的教育觀，及其在早期療育上的運用。

　　Maslow 從性善論的觀點出發，認為人具有一種與生俱來的內在潛能，

而這種積極向善的潛能是人內在價值的核心，將自我實現視為教育的終極目標，以開發潛能、完美人性、完善人格，成為世界公民（車文博，2001）。Maslow 的需求層次理論包含下列幾項：（1）生理需求；（2）安全需求；（3）愛與歸屬需求；（4）尊重需求（自我與他人）；（5）自我實現需求；（6）知識與理解需求；（7）審美需求（Maslow, 1987）。前四層為基本需求（basic needs）或稱為匱乏需求（deficiency needs），後三層則為衍生需求（metaneeds）或稱為成長需求（growth needs）。Maslow 反對行為主義外在學習（external learning）之被動的、機械的、傳統的教育模式，而倡導內在動機（internal motivation），能經由學生自己內在驅動之自覺的、主動的與創造性的學習方式，充分開發潛能，以達到自我實現的境界（車文博，2001）。

Rogers 也和 Maslow 相同，從成長的假設出發，教育的根本目標是學會學習，學會適應變化，以適應社會，達到自我實現，成為充分發揮作用的人（車文博，2001）。有別於行為主義機械化的學習理論，Rogers 主張有意義的學習（significant learning），學習投入自我組織或是自我覺知的改變（Patterson, 1977）。此學習理論和認知心理學的有意義學習（或意義化學習）並不相同，指的是所學的知識能夠引起變化，全面性地滲入人格和行動之中的學習，也就是「智德融為一體」的人格教育和價值觀的薰陶（車文博，2001）。

Rogers 在 1951 年出版的《以當事人為中心的治療》（*Client-Centered Therapy*）一書中，提出教學必須「以學生為中心」（student-centered）的論點，以協助學生自我實現的發揮，學生的經驗成為課程的核心。Rogers 後來以「以人為中心」（person-centered）取代「以學生為中心」的說法，因為在「以學生為中心」的觀點之下，教師宛如是一位治療師，學生則是他的當事人，二者之間隱含有上下關係；而「以人為中心」，則說明了學生和老師之間的地位並沒有高下之分，要協助學生了解自己、接納自己與

做自己，教師就必須呈現「真誠」（genuineness）、「接納」（acceptance）與「同理心」（empathy）（潘世尊，2001）。也就是說教師是學習的促進者（facilitator）（Patterson, 1977）。人本教育強調教學活動中「人」的重要性，學校中的教師須尊重學習者，在教學活動中，教師不是權威人物與決定者，而是把學生視為學習活動的主體；教學的成功關鍵在於師生關係，而師生關係取決於教師是否具有真誠、接納與同理心的態度（車文博，2001）。有鑑於師生關係的重要性，Patterson 早在 1977 年，即針對師資培育應連結教育中之認知與情感的要素做說明，而且焦點要放在人際關係上，以促進有意義的學習。

早期療育依據此理論基礎，教師均相信特殊幼兒有其能力與潛力。此外，早期療育也重視家長參與，學前教師以人為中心，認知與尊重每個孩子的獨特性，能考量幼兒與家長，以及家庭的需求與價值，能具有真誠、接納與同理心的態度，建立良好的師生與親師關係，增進幼兒學習的動機與進步。

第六節　神經生物理論

生命早期的腦神經發展是獨一無二的，並深深影響往後的發展。腦是由「神經細胞」（nerve cell）（神經元 neuron）和「神經膠細胞」（glial cell）所組成。腦活動的主角為神經細胞，由神經細胞本體（cell body）與神經纖維（nerve fiblers）兩大部分所構成，神經細胞會從本體處長出觸手狀的組織，稱為軸突（axons）和樹突（dendrites），樹突負責將資訊帶回細胞，而軸突則是負責將訊息傳遞出去（鍋倉淳一等人，2010）。神經細

胞之間有微小的空隙，此稱為突觸（synapses），來自不同神經細胞（神經元）的纖維彼此靠近但不接觸的狀態；藉由釋放神經傳導介質（neurotransmitters）的化學物質穿越突觸，神經細胞可以傳導訊息給其他神經細胞（古黃守廉等人譯，2015）。神經細胞的周圍是神經膠細胞，以輔助神經細胞活動的其他細胞之統稱，數目是神經細胞的十到五十倍，提供了神經細胞活動時所需的適當環境，可形成髓鞘以維持絕緣的效果，或是摧毀病原體，並可以除去無法正常運作的神經細胞，會因環境的刺激而增加數量（鍋倉淳一等人，2010）。腦內的神經細胞多達 1,000 億個以上，而大腦的複雜性主要源自神經元的連結，軸突和樹突使神經元進行令人咋舌的連結，每個神經元可以與數個、數千個到數萬個神經元相連，彼此傳達資訊（張美惠譯，2003）。

鍋倉淳一等人（2010）指出，在母親的子宮內，胎兒腦部就已經具有基本的「型態」，從受精後大約 5 個月開始，腦（大腦皮質）的皺摺開始形成；受精後 9 個月左右，充滿皺摺的「人腦」便完成了。出生後的腦部重量也在剛開始的數年內快速成長，出生時大約 400 公克的腦部，1 歲時已經成長到 800 公克，到了 4 至 5 歲時，變成了 1,200 公克（約為成人的80%）（鍋倉淳一等人，2010）。

腦部細胞的發展是從胚胎的前幾週一直持續到青春期，不過比較重要的構造像是腦迴、腦溝等，則已在生命的前幾年就已經發展（Nelson, 2000）。從最初的神經管、初始神經元的形成和移動、皮質和成熟的神經元發展，包含樹突和軸突的產生，經過局部和遠端的突觸，連結整個神經通路，形成一個類似「電路板」的系統，腦部的功能得以發展完全（Nelson, 2000）。神經連接在出生時很稀疏，不過在嬰兒期時長得非常快，到了 6 歲時已經達到最大密度，此後神經密度開始減弱，因為不需要的連結開始死亡（洪蘭譯，2002）。具體而言，在人生的前兩、三年，腦神經正處於突觸伸展的巔峰期，不斷在形成突觸的連結與精煉，腦部生長敏感時期在

此時期產生，因此腦部具有高度的可塑性（Balbernie, 2001）。此外，環境與經驗也會影響腦部的發展，在發育早期，胚胎對於環境相當敏感。Nelson（2000）指出，不同的環境因素對於產前或產後胎兒早期的腦部發展，扮演著重要的角色，例如：胎兒母體營養失調、酒精和藥物的使用（如海洛因、古柯鹼）、母體健康情況（如糖尿病）、胎兒的狀況（如子宮內發展遲緩）。

大腦的發展其實有其順序性，負責感覺的部分發展最快，再來是運動方面的部分；在中央神經系統中，感覺區比運動區早完成，因此幼兒在感覺方面的能力是先於運動方面的能力（Nelson, 2000）。相關研究顯示，雖然幼兒時期的「神經網絡」變化最大也最快，但是成人的大腦仍舊會變化，適當的訓練可以強化大腦功能（張美惠譯，2003；Nelson, 2000）。學習可加強神經元之間的連結，一方面能創造更多的連結，另一方面也能強化它們之間的溝通能力。這些變化把涉及某個動作、感受或者念頭的神經元串接在一起，這種「可塑性」可視為神經細胞的重生或者是功能的重建（張美惠譯，2003）。嬰幼兒時期較成人時期的大腦具有可塑性，但是如果大腦受損到相當嚴重的地步，縱使是嬰幼兒時期的大腦，也無法完全恢復功能（張美惠譯，2003）。

大腦的結構與神經的數量，雖然是先天就設定好的，但是神經的迴路與密度分布卻受到後天的影響，影響的時間主要是在發育的初期。在腦部發展時期，外界的感覺刺激與經驗是非常重要的，它決定了神經細胞的神經網絡之連結（Nelson, 2000）。在嬰幼兒生命早期，其腦部經歷快速發展，未成熟的腦部具有高度的可塑性，經由各式各樣的經驗，腦部得以分化功能並促進其發展（Balbernie, 2001; Nelson, 2000）。

在腦部的關鍵成長時期，需要環境提供的刺激，以促進其發育和成長。早期療育對於發展遲緩的幼兒十分重要，應掌握大腦可塑性的黃金時間，依據先天的特性，布置適當的環境與給予充分的刺激。大腦是有可塑性的，

若等到孩子大一點之後再做治療，可能會錯失了矯正及發展的最佳時機。早期的誘發與刺激能加強嬰幼兒腦部的發展，若能早期診斷、早期治療，就能充分開拓其發展的潛能，使其免於障礙或降低其障礙的程度。

 專欄

大腦之「神經可塑性」

　　Doidge（洪蘭譯，2008）在《改變是大腦的天性：從大腦發揮自癒力的故事中發現神經可塑性》（*The Brain that Changes Itself: Stories of Personal Triumph from the Frontiers of Brain Science*）一書中提到，「神經可塑性」（neural plasticity）是近期神經科學最大的突破，這個革命性的發現，推翻了幾百年來認定大腦在成年後不能改變的看法。事實上，神經細胞可以重新生長、產生新的連結，例如：天生只有半邊大腦的米雪兒，可以重新組織她的腦，而像正常人一樣工作。

　　國家地理頻道的紀錄片「Science of Babies」（新生兒身體密碼）曾報導，有一位 14 歲男孩在他 5 個月大的嬰兒期時發生了罕見的中風，痙攣發作頻率一天高達五十多次，在接受斷層掃描後發現右腦有四分之三壞死，醫生建議切除右腦，避免壞死的腦部影響正常的左腦組織。手術後，這位男孩快速復原，停止痙攣，雖然無法使用左手，周邊的視力也不好，但是他的發展開始和一般孩子差不多，運動、感官和語言功能都恢復正常。他後來就讀於一般學校，雖然閱讀能力落後同儕兩年，但在數學方面表現突出。上述例子說明了幼兒大腦的「神經可塑性」，也說明了早期療育關鍵時期的重要性。

第七節
結語

　　本章介紹了早期療育不同的理論基礎，各有其特色。綜合言之，早期療育不僅重視兒童本身的發展，運用不同的行為與學習策略，也強調與環境之互動經驗和生態因素的重要性，其中家長與家庭扮演著關鍵性的角色（相關論述請參見本書第十章）。幼兒園的教師唯有了解自己所使用的理論，將其作為教學之基本原理與根據，方能跨越理論與實務的橋梁，掌握教導特殊幼兒方法的精髓，在教學現場合宜的運用，並能針對不同特質與類型的特殊幼兒，按照他們的個別差異，反思調整教學，才能真正達到知、行、思三者交融的教學。

問題與討論

1. 試述生態系統理論的觀點，以及該觀點對早期療育的啟示為何。
2. 試述發展心理分析論的觀點，以及該觀點對早期療育的啟示為何。
3. 請比較 Piaget 與 Vygotsky 理論中對早期療育的啟示。
4. 試述行為學習理論的觀點，以及該觀點對早期療育的啟示為何。
5. 請比較 Maslow 與 Rogers 的教育觀及其在早期療育的運用。
6. 在早期療育的理論基礎中，神經生物理論為何受到重視？在早期療育中的意涵為何？

參考文獻

【中文部分】

古黃守廉、姜元御、曾幼涵、陳亭君、李美芳、黃立欣（譯）（2015）。**發展心理學：兒童發展（二版）**（原作者：L. E. Berk）。台北市：雙葉書廊。（原著出版年：2013）

任凱、陳仙子（譯）（2006）。**兒童發展心理學**（原作者：H. R. Schaffer）。台北市：學富。（原著出版年：2003）

車文博（2001）。**人本主義心理學**。台北市：東華。

何華國（2006）。**特殊幼兒早期教育**。台北市：五南。

周念縈（譯）（2005）。**人類發展學：兒童發展**（原作者：J. W. Vander Zanden）。台北市：麥格羅希爾。（原著出版年：2000）

柯秋雪（2010）。談德國早期療育到宅服務。**教育研究月刊，200**，113-122。

洪蘭（譯）（2002）。**大腦的祕密檔案**（原作者：R. Carter）。台北市：遠流。（原著出版年：1998）

洪蘭（譯）（2008）。**改變是大腦的天性：從大腦發揮自癒力的故事中發現神經可塑性**（原作者：N. Doidge）。台北市：遠流。（原著出版年：2007）

陳李綢（1999）。**認知發展與輔導**。台北市：心理。

張春興（1998）。**張氏心理學辭典**。台北市：東華。

張春興（2009）。**現代心理學（重修版）**。台北市：東華。

張美惠（譯）（2003）。**重塑大腦**（原作者：J. M. Schwartz & S. Begley）。台北市：時報。（原著出版年：2002）

許天威（2004）。特殊幼兒早期療育模式。載於許天威等人著，**早期療育概論**（頁2-1～2-32）。台北市：群英。

潘世尊（2001）。羅吉斯的人本教育觀：理論、實踐與反省。**屏東師院學報，15**，203-230。

鍋倉淳一、松崎政紀、河西春郎、銅谷賢治、入來篤史、定藤規弘、神谷之康、下條信輔（2010）。最尖端的腦科學研究。**Newton 量子科學雜誌，32**，16-45。

【英文部分】

Allen, K. E., & Cowdery, G. E. (2015). *The exceptional child: Inclusion in early childhood education* (8th ed.). Stamford, CT: Cengage Learning.

Balbernie, R. (2001). Circuits and circumstances: The neurobiological consequences of early relationship experiences and how they shape later behaviour. *Journal of Child Psychotherapy, 27*(3), 237-255.

Bronfenbrenner, U. (1979). *Ecology of human development.* Cambridge, MA: Harvard University Press.

Bronfenbrenner, U. (1986). Ecology of the family as a context for human development: Research perspectives. *Developmental Psychology, 22*, 723-742.

Bronfenbrenner, U. (1995). Developmental ecology through space and time: A future perspective. In P. Moen & G. H. Elder Jr. (Eds.), *Examining lives in context: Perspectives on the ecology of human development* (pp. 619-647). Washington, DC: American Psychological Association.

Bubolz, M. M., & Sontag, M. S. (1993). Human ecology theory. In P. G. Boss, W. J. Doherty, R. LaRossa, W. R. Schumm & S. K. Steinmetz (Eds.), *Sourcebook of family theories and methods: A contextual approach* (pp. 419-448). New York, NY: Plenum Press.

Emde, R., & Robinson, J. (2000). Guiding principles for a theory of early intervention: A developmental-psychoanalytic perspective. In J. Shonkoff & S. Meisels (Eds.), *Handbook of early childhood intervention* (2nd ed.) (pp. 160-179). New York, NY: Cambridge University Press.

Golley, F. B. (1993). *A history of the ecosystem concept in ecology: More than the sum of the parts.* New Haven, CT: Yale University Press.

Gutsell, S., & Hill, D. (2005). *Ecology connections.* Ecosystem Ecology Research Connections. Retrieved from http://www.ecologyconnections.ca/ecoresearch.php

Maslow, A. H. (1987). *Motivation and personality* (3rd ed.). New York, NY: Harper and Row.

Nelson, C. A. (2000). The neurobiological bases of early intervention. In J. P. Shonkoff &

S. J. Meisels (Eds.), *Handbook of early childhood intervention* (2nd ed.) (pp. 204-227). Cambridge, UK: Cambridge University Press.

Newman, F., & Holzman, L. (2014). *Lev Vygotsky: Revolutionary scientist*. New York, NY: Psychology Press.

Odom, S. L., & Wolery, M. (2003). A unified theory of practice in early intervention / early childhood special education: Evidence-based practices. *Journal of Special Education, 37*, 124-133.

Patterson, C. H. (1977). *Foundations for a theory of instruction and educational psychology*. New York, NY: Harper & Row.

Piaget, J., & Inhelder, B. (1969). *The psychology of the child*. New York, NY: Basic Books.

Rogers, C. (1951). *Client-centered therapy: Its current practice, implications and theory*. London, UK: Constable.

Sameroff, A. J. (1975). Early influences on development: Fact or fancy. *Merrill-Palmer Quarterly, 21*, 267-294.

Sameroff, A. J., & Fiese, B. H. (2000). Transactional regulation: The developmental ecology of early intervention. In J. P. Shonkoff & S. J. Meisels (Eds.), *Handbook of early childhood intervention* (pp. 135-159). New York, NY: Cambridge University Press.

Strain, P. S., McConnell, S. R., Carta, J. J., Fowler, S. A., Neisworth, J. T., & Wolery, M. (1992). Behaviorism in early intervention. *Topics in Early Childhood Special Education, 12*(1), 121-141.

Vygotsky, L. S. (1978). *Mind in society: The development of higher psychological process*. Cambridge, MA: Harvard University Press.

Werner, E. (2000). Protective factors and resilience. In J. P. Shonkoff & S. J. Meisels (Eds.), *Handbook of early childhood intervention* (2nd ed.) (pp. 115-132). New York, NY: Cambridge University Press.

第三章

發展遲緩嬰幼兒之
身心特質

　　3 歲前，安安就很難帶，無論寒暑，經常三更半夜就起來玩一、兩個小時，且常常粗心大意容易弄壞東西，語言發展明顯落後，2 歲多時只會說「爸爸、媽媽」。他無法和其他小朋友玩，總是獨自玩著堆高、轉東西的固定遊戲，自己會笑得很開心。呼叫其名字時，他完全相應不理。

　　安安 3 歲時，擔任老師的鄰居提醒安安的母親，他的雙眼無法注視人，可能需要帶他去心智科看診；安安 3 歲 4 個月時，醫生診斷確定其為自閉兒。自閉兒通常有語言發展遲緩、人際關係障礙、固定而重複的行為特質，是終身無法治癒的疾患。

第一節
一般嬰幼兒的身心發展

　　發展的定義乃是指，在人類的成長過程中，質與量的改變，並且有新的形態產生（Ayoub & Fischer, 2006）。從年齡層的界定來定義，嬰幼兒發展是指懷孕、出生至 8 歲以下兒童的發展（United Nations Children's Fund, 1990）。發展的歷程受到內在和外在因素的影響：內在因素包括嬰幼兒的健康情形、基因特性，以及氣質等；外在因素則包括家庭、文化種族、雙親性格特質、照顧方式，以及態度等。兒童發展的理論不論從早期的先天（nature）或後天（nurture）觀點，到近期的先天後天因素相互影響（inter-action）之論點，都提供了關於兒童發展和學習特質的假設和看法。

　　兒童的早期發展是決定日後發展、學習、適應的關鍵指標（Anderson, Shinn, Fullilove, & Scrimshaw, 2003），嬰幼兒和環境互動所激發的成長和發展，影響了兒童期、青少年期和成人期的成長發育、認知、語言和社會情緒能力。對特殊嬰幼兒而言，補償早期發展的不足是奠定其學習和適應的重要基礎。特殊嬰幼兒因生理和心理的限制，導致他們和一般嬰幼兒在發展特質上有些許差異，但是發展歷程和順序則是雷同的。在了解發展遲緩或不同身心障礙狀況的特殊嬰幼兒發展特質之前，必須先對一般嬰幼兒的發展重要任務有所了解，以成為之後了解特殊嬰幼兒異常發展的參照。

■ 身體動作發展

　　自胎兒期起，人類的身體動作即開始發展。嬰幼兒的身體動作發展（physical motor development），是依照從頭到尾、從中央到邊緣、從簡單到複雜的發展順序，並以粗大動作的發展為主；手部操作的精細動作發展，則有賴於神經系統的成熟和肌肉之間的連繫而逐漸進步。在個體的成熟因

素和練習因素之相輔相成影響下，嬰幼兒的身體動作發展方能日漸熟練。

發展心理學家（如Piaget）認為，嬰幼兒是透過身體動作來探索和認識世界，身體動作的發展是建立認知概念的基礎，與嬰幼兒的認知發展有密切的關係，例如：嬰兒透過爬行來探索這個世界；學步兒能自己選擇在客廳玩還是到房間玩。認知發展中的選擇（choice），形成了嬰幼兒動作能否控制某一方面世界的概念（Fetters, 1996）。

從人際溝通的角度來看，嬰兒在 1 歲半以前，主要是藉著身體動作來表達有意義的溝通，父母或成人透過觀察或解釋行動，來了解嬰幼兒的需求和想法。而身體動作的能力，對於嬰幼兒的生活自理能力也有直接的影響；良好的身體動作發展能增進嬰幼兒的獨立性發展，例如：大約 8 個月左右的嬰兒能自己握住奶瓶，自己用手拿餅乾吃；到了 1 歲左右，嬰幼兒就可以用手握住杯子，練習自己用杯子喝水。

蘇建文等國內學者以「貝萊嬰兒發展量表──動作量表」，測量我國出生至 2 歲的 1,680 名嬰幼兒之動作發展，獲得了初步的動作發展常模，詳細資料如表 3-1 和表 3-2 所示。

表 3-1 ▶ 我國嬰幼兒姿勢改變與移動身體能力的發展常模

動作項目	細項	5%	50%	95%
抱起時頭部穩定	頭部穩定	（月）	2.0（月）	2.9（月）
	頭部平衡		2.7	4.3
俯臥時舉起身體	舉起頭部		2.0	3.8
	舉起頭部 90°	1.7	3.5	4.9
	以手支持胸部舉起	2.7	3.9	6.0
翻身	由側臥到仰臥			2.7
	由仰臥到側臥	3.2	5.4	7.7
	由仰臥到俯臥	4.4	6.5	8.9

（續下頁）

動作項目	細項	5%	50%	95%
坐	需扶持才能坐			3.1
	單獨坐 30 分鐘	4.4	6.2	7.9
	單獨坐得很穩	5.2	6.8	8.6
爬行	俯臥時有爬行動作	2.0	3.4	4.8
	匍匐前進	5.0	6.9	9.0
	手與膝蓋爬行	6.1	7.6	10.3
	四肢爬行	7.4	10.0	13.3
站	能扶物站立	5.0	6.9	8.9
	單獨站立	8.3	10.9	14.7
行走	踏步動作	6.2	8.4	11.2
	扶持行走	6.6	9.1	11.6
	單獨走	9.7	12.0	14.9
	橫走	10.9	13.8	20.1
	倒走	11.0	14.1	20.2
	踩粉筆線走	13.3	22.9	28.2
	在行走板上行走	21.5	30 ＋	30 ＋
姿勢改變	由仰臥到坐姿	6.3	8.8	11.5
	扶著家具站起	6.3	8.8	11.5
	坐下	8.2	10.9	14.0
	獨身站起	9.7	11.6	15.7
上下樓梯	扶持上樓梯	10.3	15.7	21.4
	扶持下樓梯	12.2	17.2	22.3
	獨自上樓梯（雙腳同一階梯）	14.5	22.4	29.8

（續下頁）

早期療育

動作項目	細項	5%	50%	95%
	獨自下樓梯	15.1	23.4	29.8
	雙腳交替上樓梯	22.4	30＋	30＋
	雙腳交替下樓梯	30＋	30＋	30＋
跳高	雙腳跳離地面	19.2	30＋	30＋
	8 吋	25.1	30＋	30＋
跳遠	4～14 吋	15.7	26.6	30＋

資料來源：引自蘇建文等人（1995，頁 157）。

表 3-2 ▶ 我國嬰兒手操作能力之發展常模

動作項目	5%	50%	95%
抓握積木			
用手指與手掌握住積木	2.0（月）	2.5（月）	4.2（月）
用拇指合併四指的手掌握住積木	2.1	3.9	5.9
以拇指及合併四指抓住積木	4.4	5.8	7.8
操作能力			
手掌伸出	3.1	4.5	6.6
轉動手腕	3.1	4.5	7.7
雙手握積木或湯匙	6.1	8.7	10.4
拍拍手中軸淺技巧	6.5	10.0	14.7
抓握糖片企圖抓住糖片	4.2	6.1	7.8
抓取糖片	5.6	7.1	9.4
以拇指及合併四指抓住糖片	6.0	7.1	9.4
用拇指與食指握住糖片	6.2	8.4	11.6

資料來源：引自蘇建文等人（1995，頁 160）。

三 認知發展

認知是指個體處理外界訊息的心智歷程，經由感官接受外界刺激後，大腦對所接受到的刺激所做的反應，包括：知覺、記憶、注意、學習等範疇。嬰幼兒的認知發展（cognition development），是由環境、嬰幼兒與照顧者提供給嬰幼兒環境之間的互動而產生。嬰幼兒和環境的需求決定了幼兒所得到的經驗（Ramey, Breitmayer, Davis Goldman, & Wakeley, 1996）。

嬰幼兒認知發展理論以Piaget的建構理論為主要代表，Piaget將焦點放在認知結構的探討，以及不同時期心理發展的階段。他將認知發展階段分為：（1）感覺動作期；（2）前運思期；（3）具體運思期；（4）形式運思期。此認知發展模式不只描述智力發展的轉變，並且強調嬰幼兒在發展過程中扮演著主動性的角色，重視兒童道德和心智的自主性思考。

Piaget將知識分為物理知識和社會知識，這兩類知識是來自於外在世界實際經驗的知識。他也著重探究幼兒的數概念、空間概念、因果關係、邏輯關係、分類概念等認知概念之發展，並認為數學邏輯知識是兒童透過感官經驗，從中獲得的邏輯關係知識。

隨著電腦資訊時代的來臨，許多心理學家發現，資訊處理的模型有助於了解人類心智運作的形式，認知的資訊處理觀點遂成為理解幼兒認知發展的新取向。訊息處理論者（Klahr & MacWhinney, 1998）相信，資訊需要透過五官來輸入，並且經過同化、儲存和取得等操作來連結思考，而思考則取決於象徵形式的表述事件能力。在嬰幼兒和兒童階段中，主要是以語言、遊戲和繪畫來表現思考。語言能幫助幼兒表達其對物件的認識；在認知概念的發展上，嬰幼兒開始發現和了解物件各有其名稱，此代表著認知發展的重要里程碑。在嬰幼兒的遊戲發展中，扮演遊戲的發展特別值得注意；幼兒能運用想像力扮演不同的角色和故事，以一件物品取代另一件物品，藉由遊戲擴大了他們內在生活的範疇。另外，繪畫也是將現實轉化成

象徵形式的能力，幼兒在圖畫中所呈現的物件、人物或場景，即是表徵他們思考的象徵。

訊息處理論者（Nelson & Gruendel, 1981）認為，整理個人的經驗對於思考會有所幫助。日常生活中的例行性活動，讓幼兒將世界視為連續不斷的事件，例如：生日聚餐、搭公車上學、假日時和爸爸媽媽去大賣場購物等，這些活動和事務賦予幼兒生活中可以預期的架構，這些事件的心智架構表徵即稱為腳本（script）。腳本在認知發展的層面上有其重要性，Nelson（1986）強調，腳本是認知發展的基礎材料，關於環境中的資訊，都是以這些心智架構所組成的。幼兒自 3 歲開始，就能夠將例行性活動編排為有條理的行動序列，並儲存在記憶中，他們可以記住事件的基本架構，並述說事件的重點。到了 5 歲，幼兒會在敘述中加入事件的細節或角色的感受等較複雜的情節。

1983 年，美國心理學家 Howard Gardner 在《智能結構》（*Frames of Mind*）一書中，提出了多元智能（multiple intelligences）的理論，他認為人的智力並非只限於推理和語言的能力表現，至少應包括：口語／語言、邏輯／數學、視覺／空間、身體／運動、音樂、人際、內省之七種智能。在 1999 年出版的《智能再構：21 世紀的多元智能》（*Intelligence Reframed: Multiple Intelligences for the 21st Century*）書中，Gardner 提出了新的智能觀點。他認為人的智能還可加入第八種自然觀察（或探索）智能，而第九種智能可能是靈性智能或存在智能，但是靈性智能或存在智能尚未完全通過智能判定，因此目前 Gardner 確認的智能種類為八種。Gardner 在書中所提出的八種智能，其特質整理如表 3-3 所示。

表 3-3 ▶ Gardner 的八種智能之特質

智能	特質
口語／語言智能 （Verbal/Linguistic Intelligence）	口語及書寫文字運用的能力（語意、語法），以及聲音、節奏、音韻、音調、語用的敏感性。
邏輯／數學智能 （Logical/Mathematical Intelligence）	運用數字和推理的能力，抽象關係的使用及分析，以及覺察邏輯或數學型式的能力。
視覺／空間智能 （Visual/Spatial Intelligence）	視覺性或空間性訊息知覺的能力，腦中心像形成及轉換的能力，對圖像和藝術的敏感性和知覺能力。
身體／運動智能 （Bodily/Kinesthetic Intelligence）	運用身體表達想法和感受，亦包括手部操作和創造的能力。
音樂智能 （Musical Intelligence）	察覺、辨別、表達、改變音樂的能力，對節奏、音調、旋律、音色的敏感性。
人際智能 （Interpersonal Intelligence）	辨認和了解他人的心情、動機、意向、信念的能力，亦包括做出適當回應、反應的能力。
內省智能 （Intrapersonal Intelligence）	對自身進行省察、分辨自我的感覺，並產生適當行動的能力。
自然觀察智能 （Naturalistic Intelligence）	對週遭環境的動物、植物、人工產品及其他事物的覺察、辨識和分類能力。

資料來源：整理自 Gardner（1983）。

　　由上述可知，Piaget 的觀點有助於我們從發展階段來了解嬰幼兒的認知發展能力；訊息處理模式則提供了一個了解嬰幼兒認知能力表現的架構模式；多元智能的觀點突破了以往對智力了解的範疇與思維，個體智力的表現不再只限於量化分數，亦包括了運用優勢能力的學習特質，以及在生活中運用知識的能力。

三 語言發展

語言發展（language development）代表著儲存和交換資訊的系統，包括說話、聆聽、理解和溝通的發展。對於大部分幼兒而言，在出生後的幾年內，即已擁有豐富且複雜的溝通和語言能力。嬰兒早期的溝通行為有哭、笑、尖叫等行為，這些行為後來會轉化成手勢，接著開始有語言的加入。在出生後一年，嬰幼兒已獲得大量的溝通經驗，並能試圖與夥伴互動。當幼兒開始使用第一個字之後，就已經發展出適合的溝通能力（Wilcox, Hadley, & Ashland,1996）。語言發展專家提供了早期語言發展的重要里程碑，其內涵包括三個部分：口語表達、聽覺理解，以及視覺理解。詳細內容請參閱表 3-4。

對於前口語（preverbal）的幼兒而言，共同注意（joint attention）是值得重視的發展任務。Gleason（2005）認為，共同注意是指在一個情境中，兩個獨立個體在同樣時間注意同樣的事，例如：一起看書、一起遊戲，或一起在每天的例行活動中。

共同注意是嬰幼兒了解成人回應和溝通脈絡的方式（Duncan & Lauren, 1996），會從嬰兒與照顧者之間開始發生，之後會在同儕之間發生。一般嬰兒大約在 9 個月大時會開始參與共同注意，會開始和人分享、共同注意一個物體或事件，此時會出現一些具體的形式，例如：命名、互相注視及對話的手勢等互動。

表 3-4 ▶ 早期語言發展里程碑

口語表達	平均年齡	口語表達	平均年齡
・發出咕咕聲	3.2 月	・說出四至六個單字	23.5 月
・在你背後發聲（而不是對著你的正面發聲）	2.6 月	・一次說兩項以上的需要	20.8 月
・發出笑聲	4.0 月	・說出兩個字組成的短句	23.2 月
・吹泡泡（表示憎惡或不讚許）	7.3 月	・說出五十個以上的單字	25.6 月
・單音節的牙牙學語（達達達達）	10.0 月	・在字詞中用「我」或「你」來表達	28.8 月
・多音節的牙牙學語（啊姆喀達）	10.8 月	・使用介系詞	34.2 月
・ㄇㄚㄇㄚ／ㄅㄚㄅㄚ：非特別的目的使用	10.1 月	・簡單地交談	34.3 月
・ㄇㄚㄇㄚ／ㄅㄚㄅㄚ：正確地使用	14.0 月	・講出兩種東西的名稱，並說出它們的用途	34.4 月
・除ㄇㄚㄇㄚ／ㄅㄚㄅㄚ外的第一個字	17.0 月	・正確地使用「我」這個代名詞	36.0 月
聽覺理解	平均年齡	聽覺理解	平均年齡
・對聲音有警覺	1.0 月	・遵從單一步驟的指令	13.5 月
・轉頭向著聲音發出的方向	2.9 月	・遵從兩個步驟的指令	25.1 月
・認得出一些特定的聲音	3.1 月	・指出物品的名稱	27.0 月
・轉向鈴鐺所在的方向	5.0 月	・指出物品的名稱，並描述其用法	32.6 月
・轉向鈴鐺，接著會向下尋找鈴鐺	8.2 月	・聽得懂一些包含介系詞的指令（如「在這裡」、「在外面」）	36.0 月
・聽到「不可以」後，知道要停止行動	10.1 月		

（續下頁）

視覺理解	平均年齡	視覺理解	平均年齡
‧微笑	1.5 月	‧會因為受威脅而眨眼	4.9 月
‧認得父母	2.9 月	‧模仿手勢遊戲	9.1 月
‧認得東西	2.9 月	‧聽得懂包含手勢的命令	11.0 月
‧對別人的表情有反應	4.7 月	‧會開始玩包含手勢的遊戲	12.0 月
‧會追隨旁人的視線	4.7 月	‧指向想要的物品	17.0 月

資料來源：引自蔡瑞洪（譯）（1994）。

四 社會情緒發展

過去有關嬰幼兒的社會情緒發展（social emotional development）多強調照顧者的角色，但是近年來已將焦點放在照顧者與嬰兒之間的自然互動上。初生的嬰兒已經具備了和人互動的本能，他們會主動尋求關懷和需求的滿足，而主要照顧者則會接受嬰兒的訊息而回應，因此，主要照顧者和嬰兒之間的雙向互動，是嬰兒社會化過程的開始。

嬰兒藉著模仿而逐漸社會化，大約從 3 個月左右開始，會開始模仿成人的臉部表情，6 至 7 個月時會模仿手勢和動作，1 歲左右開始語言的模仿。嬰兒在 6 個月時會開始發展依戀關係，對陌生人會表現出害怕或退縮的現象。7 至 8 個月的嬰兒喜歡和大人玩躲貓貓的掩面遊戲，這是和成人合作遊戲的開始。嬰幼兒也會對家人以外的成人或兒童表現出興趣，會透過微笑、有趣的行為或聲音、肢體動作、分享等社會行為與人接觸。

嬰幼兒的反抗期開始於 1 歲半至 2 歲左右，此時的嬰幼兒開始有自我意識。大約 2 歲時，嬰幼兒的社會能力有明顯的進步，開始學習與同伴一起遊戲和合作。3 至 6 歲的幼兒生活範圍逐漸擴大，他們在團體中學習輪流、等待、分享、合作等社會行為，而成為日後社會能力發展的重要基礎。

嬰幼兒的情緒發展與知覺、動作、認知發展、神經生理的成熟、生活經驗有密切的關係。隨著年齡的增長，嬰幼兒愈來愈有能力辨認、了解和經驗複雜的情緒。表 3-5 說明了嬰幼兒的年齡和情緒發展的特質。

表 3-5 ▶ 嬰幼兒情緒發展

年齡	情緒發展
0～5 週	滿足、驚嚇、厭惡、苦惱
6～8 週	高興
3～4 個月	生氣
8～9 個月	悲傷、害怕
12～18 個月	善感的、害羞（始於 18 個月）
24 個月	驕傲
3～4 歲	罪惡、嫉妒
5～6 歲	擔心、謙虛、自信

五　感覺統合

　　感覺統合（sensory integration）是指感覺組織的運用，個體將自己的身體以及與周遭環境接觸的訊息，透過感覺系統送達腦部而進行分析、統合，之後再命令運動系統做出反應（高麗芷，1994；廖文武譯，1991）。也就是說，當一個感覺訊息要傳往動作器之前，都有訊息整合方的前置作業，而產生了時間與空間的統合，整合後的訊息就以有刺激、無刺激或刺激抑制的結果傳送出去，因而產生動作結果（郭煌宗，1997）。

　　人體的感覺器與運動器之間是一種動態的關係，會不斷地交互作用，而這些作用會在大腦神經系統中進行整合。假設我們將之分為四個層次，則 A、B 層次為生存反射層次，C 為保護及平衡的反應，D 為思想、文化及創造的形成層次，如圖 3-1 所示（郭煌宗，1997）。

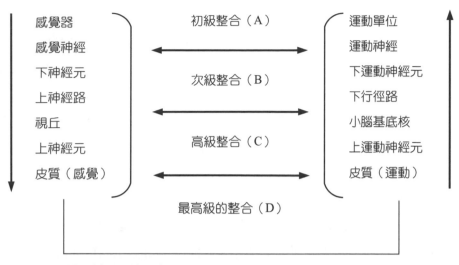

A：肌腱反射、回縮反應
B：自動性步行、反射性爬行、呼吸、吞嚥
C：平衡、體位反應、協調、分節式的動作、直覺式的反應
D：語言（表達）、記憶、思索（邏輯、分析、討論）、創造

圖 3-1 ▶ 感覺統合的層次
資料來源：引自郭煌宗（1997，頁 64）。

發展遲緩嬰幼兒的身心發展

　　《兒童及少年福利與權益保障法施行細則》（2020）第 9 條提到：「本法所稱發展遲緩兒童，指在認知發展、生理發展、語言及溝通發展、心理社會發展或生活自理技能等方面，有疑似異常或可預期有發展異常情形，並經衛生主管機關認可之醫院評估確認，發給證明之兒童。……」

　　在《身心障礙及資賦優異學生鑑定辦法》（2013）第 13 條中提到，所

謂的發展遲緩是指：「未滿六歲之兒童，因生理、心理或社會環境因素，在知覺、認知、動作、溝通、社會情緒或自理能力等方面之發展較同年齡者顯著遲緩，且其障礙類別無法確定者。……其鑑定依兒童發展及養育環境評估等資料，綜合研判之。」

嬰幼兒正處於發展的重要期，身心發展的變化與程度都有相當程度的個別差異存在，早期發現發展落後或疑似遲緩的現象，有助於依照嬰幼兒的需要提供早期療育、醫療、就學方面的特殊照顧。內政部兒童局（2000）的「台閩地區兒童生活狀況調查」中顯示，6歲以下幼兒有7%的發展遲緩盛行率。造成發展遲緩的原因，包括：缺氧、缺血、顱內出血、感染、外傷、遺傳、代謝（如苯酮尿症）、先天症候群（如胎兒酒精症候群）、心理社會環境（如受虐兒）、毒物、早產兒，以及其他因素。

以下分別整理嬰幼兒的動作、認知、語言、社會情緒發展遲緩，以及感覺統合異常的身心特質，以作為了解發展遲緩嬰幼兒的基礎指標。

一　動作發展遲緩

動作發展遲緩是指，在粗大動作、精細動作、動作計畫的發展有落後現象。動作發展遲緩的原因有可能是神經系統障礙（如腦性麻痺）、骨骼系統障礙（如先天畸形、肌肉病變）、遺傳代謝疾病（如甲狀腺分泌異常、唐氏症）等原因所引起。早產兒也會因為腦部神經發育尚未成熟，而有下肢張力過高的現象，造成動作發展遲緩的情形。

從相關研究中發現，生理發展遲緩或是缺陷的嬰幼兒，其認知與適應行為的發展會特別容易受到限制（Fetters, 1996），例如：視障幼兒因為沒有辦法看到，因此減少了許多動作經驗的獲得（Patricia, Sophie, & Mary, 1984）。研究發現，動作能力與幼兒的視覺—動作統合達顯著差異，但與知覺技巧和智力能力無關（Paola, 2004）。擁有動作問題的嬰幼兒，很難獲得生理與心理滿足的經驗，因此他們需要更多的幫助來增進身體動作的發

展。早期的確認和介入可以協助嬰幼兒的動作發展，也可以教導父母如何提供嬰幼兒需要的經驗及刺激（Fetters, 1996）。

二 認知發展遲緩

認知發展遲緩的嬰幼兒對外界刺激的反應較弱，也不太主動探索或對環境好奇。他們的注意力、記憶力、基本概念的理解力、推理能力、工作計畫能力、問題解決能力等的發展，都有落後於同年齡者的現象。認知發展的遲緩會影響嬰幼兒之後的學習，他們的學習動機和學習效果通常會受到連帶的影響。

經由鑑定確定為智能障礙的幼兒，其在認知發展方面，輕度障礙者，通常可達到具體運思階段；中度障礙者，通常可達到前運思階段；重度障礙者，通常不太可能超越感覺動作階段（何華國，1999）。Guo-Gang、Han 與 Gong-Zheng（2003）在評量聽覺障礙兒童之視覺認知和智力理解上發現，聽覺障礙兒童在智力測驗的得分較低，而兒童開始接受特殊教育的時間以及家庭狀況，皆會影響聽覺障礙兒童的視覺認知。

三 語言發展遲緩

語言發展遲緩的嬰幼兒，在口語和非口語（如手勢、表情等）的語言理解、語言表達（如口語表達、語用能力）等方面，會出現落後的情形。通常在嬰兒時期透過與成人互動的觀察，溝通問題可以較早被發現，而口語表達的發展遲緩通常在 2 歲左右會被發現。智能障礙、聽覺障礙、語言障礙、腦性麻痺、自閉症等嬰幼兒，也會有語言發展遲緩的現象。

對於自閉症幼兒來說，共同注意（joint attention）發展的損傷是一個基本的特徵（Jones & Garr, 2004），在表達性語言上的發展顯示有明顯遲緩的現象（Duncan & Lauren, 1996）。因此很重要的是，必須要從其早期時，即努力幫助嬰幼兒發展共同注意的形式（Jones & Garr, 2004; Paparella & Kasari, 2004）。

Duncan 與 Lauren（1996）以 15 位自閉症幼兒及 15 位語言發展遲緩幼兒為對象，以了解其與不熟悉的成人在遊戲情境中的互動情形。研究結果發現，成人與自閉症幼兒進行共同注意互動時，較多使用片段的語詞、語句，而較少使用日常生活中慣用的溝通方式。自閉症幼兒比起語言發展遲緩幼兒，較少參與共同注意。Charman 等人（2003）以 9 位自閉症幼兒及 9 位發展障礙幼兒為對象，使用實驗情境來測量其共同注意的狀況，以遊戲與模仿來了解自閉症幼兒在 20 個月大時的障礙情形，並以語言發展的結果評估幼兒 42 個月大時的狀況。研究發現，42 個月大的發展障礙幼兒之語言表現高於自閉症幼兒，自閉症幼兒的共同注意發展狀況直接影響到他們的語言發展。

四 社會情緒發展遲緩

　　在社會情緒發展方面，有些發展遲緩的嬰幼兒在與人互動時，會出現不符合社會期待的行為，例如：攻擊行為、固執行為、刻板行為、不遵守團體規範（如輪流、等待、分享、聽從指令）等。近年來有些研究指出，發展遲緩嬰幼兒的社會情緒發展和個體的氣質有關（Rothbart, 1996）。若是嬰幼兒長期有社會適應、情緒失調、人際互動的發展困擾情形，則會影響他們日後的人際關係及團體適應，甚至會影響他們的學習表現。

　　嬰幼兒自出生起，就可由重要的發展異常指標中，發現疑似發展或發展遲緩的徵兆，這些指標具有及早發現和預防的意義，如表 3-6 所示。

表 3-6 ▶ 嬰幼兒重要的發展異常指標

新生兒時期的發展異常指標
‧長時間無法安撫的哭
‧不常出現專注
‧獨特的哭聲
‧某些反射動作在生命早期沒有出現
‧某些反射動作在第一年沒有消失
‧出生時體重不足
‧在第一年沒有迅速成長
‧常常生病並且營養不良

嬰兒期的認知發展異常指標
‧8 個月時，沒有能力從成人那裡拿回玩具、發出求救信號，或者解決需要因果關係思考的其他問題
‧在 18 個月之後，透過身體反覆試驗解決全部問題的傾向
‧不記得熟悉的人或者物體
‧持續進行簡單、重複的動作能力
‧超過 18 個月沒有出現假裝遊戲

嬰兒期的社會和情緒發展異常指標
‧6 個月前，顯得對其他人缺乏興趣或不關心
‧與父母或家人分離時，表現異常強烈的不悅或怒氣
‧受托後再度和父母重逢時，完全忽略父母
‧18 個月之後仍黏人，依賴父母
‧對同儕或成人沒興趣
‧對他人的社交接觸沒反應，甚至覺得很厭煩
‧很少出現社會行為
‧話很少，不與他人接觸

（續下頁）

學齡前時期的身體與動作發展異常指標
・協調性、平衡感或肌肉強度不佳
・手眼協調不良
・好動、衝動、無法控制遊戲行為
・4 歲仍拿不好剪刀、拼圖片，或是繪畫工具
・6 歲仍停留在塗鴉階段，畫不出頭或其他可辨認的圖形
・自理技巧差
・滿 4 歲時，仍需依賴他人穿衣或如廁
・無法做簡單的家事
學齡前時期的認知發展異常指標
・無法利用具體實物，例如：拼圖或配對遊戲，以解決問題
・無法區分行動與後果
・語言、繪畫或假裝遊戲等抽象能力發展遲緩
・對數字、分類或配對任務時，表現出困惑或挫折
・解釋他人的信念、感情、動機與想法有困難
學齡前時期的語言與讀寫發展異常指標
・說話發音不清，無法現場模仿成人的發音
・語彙有限
・以「那樣東西」之詞彙來表示自己記不得的字詞
・不使用詞素或者用法錯誤
・4 歲時仍只說一、兩個字
・使用語言的方式不合乎社會期待（如過度多話）
・無法掌握書本或看書（如不會翻頁或書拿不正）
・與成人共讀時無法專心或給予正向回應
・5 歲前仍無法區分印刷文字和圖片

（續下頁）

學齡前時期的社會和情緒發展異常指標
・教室有活動與同儕互動時，顯得畏縮或遲疑
・表達出罪惡感（如「我是壞男生」）或者懷疑自己（如「我不會」）
・沒興趣與同儕打交道，被同儕拒絕或完全被忽略
・在學校中沒有親密的好朋友
・表現出敵意、攻擊行為，無法用正向的方法解決同儕間的問題
・同儕認為他的行為奇特或有破壞性
・表現出極度退縮，總是選擇自己一個人玩

資料來源：陶英琪與羅文喬（譯）（2009）。

五 感覺統合異常

感覺統合異常在醫學上很難找到與之相關的疾病或診斷，就上述的感覺統合層次來說，感覺統合異常的層次較容易發生在較低的層次中，例如：在初級整合（A）和次級整合（B）的階段。認知正常的孩子也可能會因為感覺統合異常的現象，而出現如運動能力差、固執等現象。感覺統合異常的分類，主要是以感覺模式和其統合異常來歸類，可分為以下幾類（高麗芷，1994；郭煌宗，1997；陳俊湰，2004）。

（一）本體覺發展

本體覺的感覺接受器分布在肌肉、關節和韌帶，用來輸入感官訊息，使身體知道各部位的位置，掌握身體正在做什麼動作的正確訊息。本體覺發展不佳的幼兒通常會表現出身體概念不佳、動作計畫能力不佳的特徵。例如，常常摔跤或意外受傷；粗大動作能力、精細動作控制不佳；手眼協調能力不佳、有困難操作需要一連串動作的活動。

（二）觸覺發展

觸覺是身體接受或探測外界刺激、危險訊息的感覺接受器。觸覺發展和運作正常，可提供身體正確分辨感受接觸到的刺激，區分身體是否可接受刺激、刺激是否安全或具有威脅性。幼兒的觸覺發展不佳，通常會有三方面的表現：觸覺反應遲鈍、觸覺過度敏感、觸覺區辨能力不佳。例如，對疼痛沒什麼反應；不喜歡洗頭、洗臉、刷牙、梳頭；挑食、不喜歡會弄髒手的活動、雙手操作能力弱、辨別物品外表的屬性有困難。

（三）前庭覺發展

位於內耳的前庭覺提供身體重力和空間的感覺訊息，使身體不論是否在移動中，都可以保持平衡狀態。經由前庭覺提供大腦的訊息，身體可清楚知道各部位的位置、動作、與地心引力的關係，以調整身體維持平衡的狀態。前庭覺發展不佳的幼兒，包括三種表現特徵：前庭神經過度敏感、前庭神經敏感不足、前庭神經區辨能力不佳。例如，怕高、不喜歡攀爬的遊樂設施、容易暈眩、喜歡從高處往下跳、喜歡速度感和旋轉、容易失去平衡、肌肉張力低、動作顯得笨拙。

（四）動作障礙

在感覺統合的理論中，動作指的是計畫動作的能力，主要包含兩個部分：一為兩側統整與順序性功能失調；二為身體動作障礙，其與不同的感覺系統失調有關，並分為四種類型：姿勢控制障礙、觸覺區辨障礙、兩側統整與順序性障礙，以及身體動作障礙。動作計畫障礙也是指由周邊到中樞的統合功能障礙，例如：孩子會因為沒有聽到口語指令，而在進行執行的過程中，產生錯誤或沒有效率等現象。

常見的身心障礙嬰幼兒發展特質

有些嬰幼兒因遺傳、疾病、染色體或是代謝異常等因素,可明確地診斷為身心障礙者。以下說明較常見的身心障礙嬰幼兒發展特質。

一 唐氏症

唐氏症(Down Syndrome)的成因是因為第 21 對染色體之缺陷所引起。唐氏症患者的成長發育遲緩,並有智能發展障礙的現象。外觀多有顏面扁平、頸部粗短、身材短小、手掌粗短等特質。

二 X 染色體脆折症

X 染色體脆折症(Fragile X Syndrome)是一種遺傳性疾病,通常是由母傳子,主要是因 X 染色體之缺陷所致。在幼兒時期難從外觀上發現,通常會有注意力不集中、過動、心智發展異常、類自閉症的臨床表徵。在男性患者的外觀上,會有臉型瘦長、耳朵扁大、下顎突出等生理特徵。心智發展上有智能發展遲緩或智能障礙的情形,也常合併有感覺統合異常和注意力缺陷的障礙(財團法人罕見疾病基金會,1998)。

三 黏多醣症

黏多醣症(Mucopolysaccharidoses, MPS)是一種先天性的代謝隱性遺傳疾病,為罕見疾病的一種,主要是由無症狀帶因的母親、父親或父母將基因缺陷傳給子女。黏多醣症患者在出生時並無異狀,但隨著黏多醣的日漸堆積,會有以下的症狀逐漸出現:(1)身材矮小、頭顱變大、濃眉、臉部與身體多毛、鼻樑塌陷、嘴唇厚實;(2)關節會變形僵硬,手臂粗短彎

曲，爪狀手、脊柱變粗；（3）肝脾腫大、腹部突出、腹股溝疝氣、角膜混濁等（財團法人罕見疾病基金會，1998）。

四 成骨不全症

成骨不全症（Osteogenesis Imperfecta）的患者俗稱「玻璃娃娃」，是一種先天遺傳性缺陷所引起的第一型膠原蛋白纖維病變之罕見疾病。患者主要的臨床症狀為：三角形臉、身材矮小、眼白呈藍色、骨骼易斷裂、骨質疏鬆、脊柱側彎、骨骼變形、牙齒易脆、聽力喪失、便秘、音調高揚、智能正常（財團法人罕見疾病基金會，1997）。

五 腦性麻痺

腦性麻痺（Cerebral Palsy, CP）是因為大腦中樞神經系統受到損傷或發生病變，而引起非進行性的動作障礙。在動作障礙之外，腦性麻痺嬰幼兒也會有視覺、聽覺、語言、情緒、學習方面的發展遲緩或障礙。大約有五分之一的腦性麻痺患者是智力正常者。腦性麻痺共分為四種類型：痙攣型、手足徐動型、共濟失調型，以及混合型。

六 自閉症

自閉症（Autism）是因為神經生理功能異常所造成，患者在口語和非口語溝通、社會互動、行為和興趣等方面表現異常，因而影響其學習、人際、生活適應的困難。自閉症患者難以理解他人的想法和情感，會有刻板、重複性的動作行為。幼兒時期缺少符合其發展水準、自發性、變化性的假裝遊戲或社會性遊戲行為。自閉症常伴隨多種症狀，例如：智能發展遲緩、聽覺發展障礙、癲癇等。通常患者在 3 歲之前，至少表現出以下一項的發展遲緩或是不正常功能：社會互動、社會溝通方面的語言使用、象徵性或想像性遊戲。

七 注意力缺陷過動症

注意力缺陷過動症（Attention Deficit Hyperactivity Disorder, ADHD）的幼兒，通常會出現較多的外顯行為，容易吵鬧、不能等待和輪流、坐不住、經常被同儕拒絕。若是只有注意力缺陷疾患（Attention Deficit Disorder, ADD）問題的幼兒，行為表現常有：不參與活動、上課不專心、較為退縮、有可能較不受同儕歡迎、自信心較弱等。

 專欄

什麼是罕見疾病？

所謂罕見疾病就是「罹患率極低、相當少見的疾病」，各國對於罕見疾病的定義不盡相同，就目前世界各國已訂定之相關法令，罹患人數少於萬分之一至萬分之七點五的疾病，都稱為罕見疾病。

罕見疾病可分為「遺傳性」和「非遺傳性」兩大類。在美國官方的資料庫中，可查出六千種以上的罕見疾病相關資料，其中有兩千種疾病已建立資料庫可供查詢。

一般而言，在遺傳性罕見疾病中，除了染色體異常外，絕大多數都是單一基因異常所造成，其中單一隱性遺傳基因的個別發生率雖然低，但種類卻很多。

我國較常見的罕見遺傳疾病，包括：苯酮尿症、楓糖尿症、黏多醣症、高血氨症、有機酸血症、重型海洋性貧血症、威爾森氏症、高胱胺酸尿症。

1. 試說明何謂發展遲緩。
2. 試描述發展遲緩嬰幼兒的動作、認知、語言、社會情緒發展的特質。
3. 請觀察、記錄一位發展遲緩嬰幼兒，並分析和摘要敘述他的身心發展情形。

參考文獻

【中文部分】

內政部兒童局（2000）。台閩地區兒童生活狀況調查。台北市：作者。

何華國（1999）。特殊兒童心理與教育。台北市：五南。

身心障礙及資賦優異學生鑑定辦法（2013 年 9 月 2 日修正發布）。

兒童及少年福利與權益保障法施行細則（2020 年 2 月 20 日修正發布）。

財團法人罕見疾病基金會（1997）。認識罕見遺傳疾病系列：成骨不全症。台北市：作者。

財團法人罕見疾病基金會（1998）。認識罕見遺傳疾病系列：黏多醣症。台北市：作者。

高麗芷（1994）。感覺統合。台北市：信誼。

郭煌宗（1997）。麻煩小天使：發展遲緩兒童的認識及居家療育。花蓮市：中華民國發展遲緩兒童早期療育協會。

陳俊湰（2004）。感覺統合活動與應用。台北市：群英。

陶英琪、羅文喬（譯）（2009）。嬰幼兒發展：多元文化觀點（原作者：J. Trawick-Smith）。台北市：心理。（原著出版年：2006）

廖文武（譯）（1991）。兒童與感覺統合。台北市：心理。

蔡瑞洪（譯）（1994）。不要低估你的孩子：如何發現孩子的潛能（原作者：M. Stoppard）。台北市：信誼。

蘇建文、林美珍、程小危、林惠雅、幸曼玲、陳李綢……陳淑美（1995）。發展心理學（第二版）。台北市：心理。

【英文部分】

Anderson, L. M., Shinn, C., Fullilove, M. T., & Scrimshaw, S. C. (2003). The effectiveness of early childhood development program: A systematic review. *American Journal of Preventive Medicine, 24*(3), 32-46.

Ayoub, C. C., & Fischer, K. W. (2006). Developmental pathway and interactions among domains of development. In K. McCartney & D. Phillips (Eds.), *The Blackwell handbook of early childhood development*. Malden, MA: Blackwell.

Charman, T., Baron-Cohen, S., Sweetenham, J., Baird, G., Drew, A., & Cox, A. (2003). Predicting language outcome in infants with autism and pervasive developmental disorder. *International Journal of Language & Communication Disorder, 38*(3), 265-285.

Duncan, M., & Lauren, B. A. (1996). Joint attention in preverbal children: Autism and developmental language disorder. *Journal of Autism and Developmental Disorders, 26* (3), 481-496.

Fetters, L. (1996). Motor development. In M. J. Hanson (Ed.), *Atypical infant development* (pp. 403-448). Austin, TX: Pro-Ed.

Gardner, H. (1983). *Frames of mind: The theory of multiple intellicgences*. New York: Basic Books.

Gardner, H. (1999). *Intelligence reframed: Multiple intelligences for the 21st century*. New York: Basic Books.

Gleason, J. B. (2005). *The development of language* (6th ed.). Boston, MA: Pearson.

Guo-Gang, L., Han, Z., & Gong-Zheng, L. (2003). Research on visual cognition development followed by early hearing handicap. *Chinese Journal of Clinical Psychology, 11* (2), 116-118.

Jones, E. A., & Garr, E. G. (2004). Joint attention in children with autism: Theory and intervention. *Focus on Autism and Other Developmental Disabilities, 19*(1), 13-26.

Klahr, D., & MacWhinney, B. (1998). Information processing. In W. Damon (Ed.), *Handbook of child psychology* (Vol. 2). New York, NY: John Wiley & Sons.

Nelson, K. (Ed.) (1986). *Event knowledge: Structure and function in development*. Hillsdale, NJ: Lawrence Erlbaum Associates.

Nelson, K., & Gruendel, J. (1981). Generalized event representations: Basic building blocks of cognitive development. In M. E. Lamb & A. L. Brown (Eds.), *Advances in developmental psychology* (Vol. 1). Hillsdale, NJ: Lawrence Erlbaum Associates.

Paola, B. (2004). Children with low motor ability have lower visual-motor integration ability but unaffected perceptual skills. *Human Movement Science, 23*(2), 157-168.

Paparella, T., & Kasari, C. (2004). Joint attention skills and language development in special needs populations. *Infants and Young Children, 17*(3), 269-280.

Patricia, S. M., Sophie, L., & Mary, K. (1984). Identification of constraints acting on motor development in young visually disabled children and principles of remediation. *Child Care, Health & Development, 10*(5), 273-286.

Ramey, C. T., Breitmayer, B. J., Davis Goldman, B., & Wakeley, A. (1996). Learning and cognition during infancy. In M. J. Hanson (Ed.), *Atypical infant development* (pp. 311-363). Austin, TX: Pro-Ed.

Rothbart, M. K. (1996). Social development. In M. J. Hanson (Ed.), *Atypical infant development* (pp. 273-309). Austin, TX: Pro-Ed.

United Nations Children's Fund. [UNICEF] (1990). *Convention on the rights of the child.* Retrieved from http://www.unicef.org/crc/index_30160.html

Wilcox, M. J., Hadley, P. A., & Ashland, J. E. (1996). Communication and language development in infants and toddlers. In M. J. Hanson (Ed.), *Atypical infant development* (pp. 365-402). Austin, TX: Pro-Ed.

第四章

早期療育服務

曾淑賢

　　阿鶯是從越南嫁來台灣的外籍配偶，她發現兒子小齊已經 3 歲半了，卻還不太會說話，常常用耍賴的方式來表達他的需求。透過鄰居的介紹，阿鶯帶他到衛生所接受發展篩檢，發現小齊有疑似發展遲緩的現象。由於對發展遲緩缺乏認識，阿鶯感到相當焦慮和無助；但值得慶幸的是，經過衛生所護士的通報，銜接了個案管理中心的社工服務，成功媒合了許多資源來協助阿鶯，也幫小齊申請到發展中心的托育班名額與經費補助，以減輕他們家經濟上的額外負擔。之後，小齊開始到發展中心接受早期療育服務。

　　小齊剛到中心時很內向害羞，不會主動表達自己的需求，語言能力顯著落後，構音也不正確。透過教保老師、語言治療師與媽媽的團隊合作，針對小齊的需求設計個別化的療育計畫，例如：提供正確發音示範或圖片提示練習，並將訓練活動融入小齊的日常生活情境，讓阿鶯在家也知道如何與他有效的互動。半年後，小齊有了明顯的進步，開始進入一般幼兒園就讀，邁出嶄新的一步。

你是否也和阿鸞一樣，對於早期療育的服務是什麼，以及要幫小齊選擇接受什麼服務充滿了疑惑呢？

第一節
早期療育服務的基本理念

Hooper 與 Umansky（2004；引自楊碧珠譯，2009，頁 144）將「療育」定義為：

> 「一種直接、有目的之過程。其刻意地運用資源，以發展、改善或改變個人、環境或個人與環境間的互動。」

早期療育服務係指，提供給 0 至 6 歲特殊幼兒及其家庭的服務或方案，以期能預防落後情形的加劇或減緩其落後程度（Tseng, 2004）。如圖 4-1 所示，兒童發展在幼兒階段的速度最快，此發展曲線會隨著年紀而漸趨平緩。特殊幼兒與一般幼兒的發展情形或順序大致相似，只是速度較慢，但是若未繼續提供刺激或訓練時，可能會出現發展停滯。所以應在幼兒快速發展的黃金時期，及早提供特殊幼兒早期療育服務，希望能提升其發展的速度，減少發展落差，或預防發展停滯的情形。

在早期療育領域中，最具權威的美國特殊兒童協會幼兒分會（Division for Early Childhood of the Council for Exceptional Children, DEC）彙整相關文獻及許多重要學者和實務工作者所提供的經驗與知識，出版並持續更新早期療育的《DEC 實務推薦指標》（*DEC Recommended Practices*）（DEC, 2005, 2014），為早療實務工作者及家庭提供了重要的工作依據和有效的原則。DEC 的實務推薦建議共涵蓋七大主題：評量、環境、家庭、教學、互

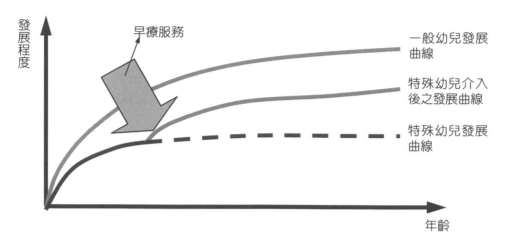

圖 4-1 ▶ 早期療育服務與兒童發展
資料來源：Tseng（2004）。

動、團隊合作和轉銜。以下介紹其關於早期療育服務的重要理念（Sandall, McLean, Santos, & Smith, 2005）。

■ 尊重所有的兒童和家長

當專業人員以尊重的態度來看待每個家庭獨特的文化、價值觀和語言，才有可能促進所有家庭積極的參與，進而支持家庭成為兒童早期療育服務的「最終決定者和孩子的長期照護者」（Bailey, 2001, p.1）。美國是一個著名的文化大熔爐，有許多來自不同種族、文化背景的家庭，因此，特別重視在提供服務時，需考量文化與語言的差異。許多研究的結果發現，由於社經地位較低之家庭，其相關知能易受侷限、資源尋求較不易，在參與療育服務上顯得較為被動（Pelcbat, Lefebvre, Proulx, & Reidy, 2004; Wang, Turnbull, Little, Mannan, & Turnbull, 2004）。在針對全美早期療育服務的一項十年追蹤研究中（The National Early Intervention Longitudinal Study, NE-ILS），也發現低收入及少數族群家庭的服務滿意度略低於主要族群，因

此，NEILS 研究團隊建議，早期療育服務系統需要更留意，讓來自不同文化的家庭能更容易取得合適的服務（Hebbeler et al., 2007）。

　　台灣社會由於資訊與交通的發達、社會的高度變遷，多元族群文化和價值差異的現象也逐漸浮現。在面對來自不同族群的家庭時，專業人員首先應對於這些家庭保持敏感度，並且須增進個人對所服務的不同族群家庭獨特的語言、文化和經驗之了解。此外，面對弱勢族群，應保持尊重的態度來服務這些家庭，並且確實提供他們參與決策的機會；最後，還可更進一步地輔助其在照顧特殊幼兒及做決定的角色上之增能。

■ 提供以家庭為中心的服務

　　「家庭是兒童生命中的常數」（DEC, 2005, p.23），在影響兒童身心發展的社會生態系統中，以家庭系統的影響最鉅，而幼兒與家庭的連結可說是所有發展階段中最緊密的階段。特殊幼兒的療育需求影響著家庭，家庭的特質與需要也同時影響著幼兒。家庭中的主要照顧者在早期療育服務中扮演著相當重要的角色，他們的參與會影響特殊兒童接受早期療育服務之成效。因此，以家庭為中心的服務型態，會比單純以特殊幼兒為中心的服務型態更為有效。為呼應學者們的研究結果，美國的《身心障礙者教育法》（Individuals with Disabilities Education Act, IDEA）提出早期療育服務的重要任務是「增強家庭能適當回應特殊嬰幼兒需求的能力」。此法令重視支持家庭，使其有能力照顧並促進特殊嬰幼兒的發展與學習，所以要求在執行早期療育服務方案時，須視家長為當然成員，而所提供的是以家庭為中心且統整的服務（Hebbeler et al., 2007）。

　　早期療育強調以家庭為中心的服務，協助家長了解自己在早期療育系統的中樞，以及長期性的角色，而成為主動參與者（王于欣，2006；邱佳寧，2000；Freeman & Vakil, 2004; Gallagher, Rhodes, & Darling, 2004）。透過鼓勵家庭參與，使家庭增權，以提升家長在家庭中的角色功能及其教養

品質與能量。因此，在規劃早療服務內容時，除了需要個別化地根據每位特殊幼兒的優勢與需求做規畫，還要考量其家庭的資源和優勢乃是其所優先關切的目標，才能激發兒童最大的潛能。所提供的服務強度、特點、頻率等，都應盡量符合兒童與家庭共同的需要，而非僅僅就機構或兒童的考量來決定。這樣一來，強調以家庭為中心的早期療育服務型態，會比單純以特殊幼兒為中心的服務型態更為有效。

在此型態中，家庭有權利、也有責任決定早期療育的內容與方式，家庭也可以選擇參與介入的程度。專業人員站在一個支持的角色，辨識家庭優勢與功能，並適時降低家庭對服務系統的依賴情形。實務上具體做法包括：了解家庭組成、調整會議步調以符合家庭要求、協助家庭面對和溝通感受到的壓力，以及確認對家庭有助益的社區資源（Hanson & Lynch, 2004）。此外，專業人員應該將家庭重視的目標列為優先考量的評量與療育方向，在專業與家庭目標相左時，可應用客觀的評量工具評估家庭功能，協助家庭更全面思考其需求；如此，不但能幫助兒童成長，亦能幫助整個家庭解決問題與成長（王于欣，2006；劉芷瑩，2006；Pelcbat et al., 2004）。

三 提供高品質、全面且統整的服務

發展遲緩兒童及家庭的服務需求是多元而複雜的，因此相當需要專業人員、家長和機構間的合作與整合，即所謂的跨專業團隊合作之療育服務。這些需求牽涉到多重的服務種類，包括：經濟的、教育的、社會福利的、照顧與保護的、情緒的、溝通的、問題解決的、家庭擴權的需求等，大致可分類為特殊教育、社會福利以及醫療服務等三類：

1. 特殊教育服務包括：認知訓練、動作、溝通表達、社會能力、遊戲訓練、親職教育等。
2. 社會福利服務包括：經濟支持、家庭功能重建、社會支持網絡之建構等。

3. 醫療服務包括：一般醫療、物理治療、職能治療、語言治療、心理或行為治療等。

Epley、Summers 與 Turnbull（2011）的調查顯示，最常有需求的服務為語言治療、健康醫療、物理或職能治療，而視聽力服務、服務整合、介入服務、資訊提供、家長訓練、輔具服務、轉銜規劃、家長團體、行為問題支持等次之，最少的需求是喘息服務、兒童或家庭諮商、交通、手足團體、法令資訊、定向行動服務等。跨專業團隊透過跨體系、跨專業之整合及團隊合作的服務方式，針對孩童本身及家庭設計符合需求之個別化教育計畫或個別化家庭服務計畫，整合家庭成員的能力以及內在和外在資源，提升家庭功能，以處理和解決家庭事件，最終回饋於特殊幼兒的療育效益。

四 重視所有兒童在家庭及社區中積極且有意義的參與之權利

長久以來，特殊兒童在隔離場域中接受教育和治療，極少有機會與一般同儕互動或參與社區活動。然而，近年來在自然場域中提供特殊兒童服務的情形，已成為熱門的議題與趨勢；此即所謂的正常化原則，讓所有有特殊需求的人仍能夠有機會參與一般社會的生活型態。特別是對特殊幼兒而言，日常生活能提供他們重要的學習機會，所以在自然情境中學習是不可或缺的。

1975年，美國以推動高品質的特殊兒童教育為目標之主要法案《94-142公法》，提出「最少限制環境」（least restrictive environment, LRE）的理念，此是為了保護特殊兒童能被安置在最合適的學習環境，以符合其個別獨特的服務需求（傅秀媚譯，1998）。其建議應在兒童自然所處的情境之中提供療育服務，除非在此情境中無法有效進行合適的服務。

常態化的目標是要促進特殊兒童的「常態經驗」（楊碧珠譯，2009），讓特殊幼兒有機會和同年齡的同儕接受相同的學習機會。值得注意的是，最少限制的環境與自然情境是理念和原則，而非安置地點，例如：當一位有特殊學習需求的兒童被安置在普通班級，卻不能得到適當的個別化學習支持，反倒讓其處於落後及孤立的情況時，這個看似常態化的自然情境，卻不是最少限制的環境。所以，光是把特殊兒童安置在自然情境中尚不足夠，還應該根據其個別需求設計適當的介入策略，讓主要照顧者可以使用這些策略，並善加利用自然情境中的學習機會。

1991 年的《身心障礙者教育法》（IDEA）也提出「自然情境」（natural environment）原則，認為兒童應在自然情境下接受早期療育服務，即特殊幼兒接受服務的情境應以一般同齡發展兒童所在的常態化班級或方案為優先選擇。而針對接受到宅服務的特殊幼兒，其活動場所大都以家庭或社區環境為主，故自然情境的介入，設計以家庭每天例行性日常作息為主的活動更顯重要。透過每天經常發生且規律性的活動，能提供幼兒重複練習和學習新能力的機會，學習就會自然而快速的發生。

♥ 專 欄

《幼兒教育及照顧法》（2018）整合幼托權責機關

《幼兒教育及照顧法》經過 14 年的推動歷程，終於在 2011 年 6 月 29 日經總統明令公布，於 2012 年 1 月 1 日開始施行。《幼兒教育及照顧法》正式實施後，幼托服務系統將進行全面的整合，幼稚園及托兒所的名稱將走入歷史，改由「幼兒園」取代。幼兒園可提供 2 歲到入國民小學前的幼兒教育及照顧服務，並由教育部門統籌監督管理。

原本依行政權責的劃分，分別由教育局主責公立幼兒園及社會局主責其他私立幼兒園，因而得以整併，並以《幼兒教育及照顧法》作為學前教

保制度的法源依據，權責機關則統一為教育部門。此外，幼托整合後，公私立幼兒園均可招收 2 歲至入國民小學前的幼兒，家中若有兩名以上需接受收托服務的幼兒家長，將可免除奔波接送之苦。

第二節
早期療育的服務型態

　　由於 0 至 6 歲幼兒的學習環境之種類，遠較學齡兒童多元化，因此早期療育服務的提供內涵也相對的更加複雜。早期療育的服務型態亦可由不同的角度來分類探討，例如：依療育地點、行政體系、經費來源、年齡及服務資格，或介入型態等的分類；而就行政體系與經費來源來看，可分為教育系統與社政系統。台灣的早期療育服務型態雖嘗試借鏡美國的發展模式，但是因為服務理念、服務對象、資源分布、政治制度、社會條件、文化特色、專業狀況等因素的差異（何華國，2006），而與美國的服務系統有相當不同的服務型態。就年齡而言，美國的學前特殊教育服務對象可以分為 0 至 3 歲的「嬰幼兒方案」（Infants and Toddlers Program）；3 至 6 足歲的幼兒則轉銜進入學前階段。台灣的早期療育則直接涵蓋 0 至 6 歲的範圍，之前依行政權責的劃分，分別由教育局及社會局主責公立幼兒園及其他幼兒園的早療服務，而現在由於幼托整合的政策，則重新劃分權責為 2 至 6 歲及 0 至 2 歲之服務。

　　教育系統可提供的服務依各縣市的規劃而有所不同，可能有幼兒園融合班、幼兒園普通班（外加巡迴輔導服務）、特殊學校學前特教班、普通學校學前特教班，以及普通學校學前資源班（如表 4-1 所示）。雖然在私

表 4-1 ▶ 早期療育服務型態之行政經費補助系統與服務場所

	學校	機構	復健醫療	家庭
教育系統：以兒童為主要的服務對象	幼兒園融合班 特殊學校學前特教班 普通學校學前特教班 普通學校學前資源班 幼兒園普通班（外加巡迴輔導服務）		專業團隊進學校服務	
社政與醫療系統：以家庭為主要的服務對象		日托班 時段班 住宿服務	日托班 時段門診	到宅服務

立幼兒園就讀普通班的特殊幼兒人數不少，但巡迴輔導服務的普及性，也依各縣市的資源配置不同而有相當大的變異。以大部分區域來看，以提供經濟補助的方式較提供巡迴輔導服務更為普遍。招收 2 足歲以上至未滿 6 足歲特殊幼兒的立案私立幼教機構，可申請教育系統的經費補助，家長也可申請每學期 5,000 元的教育經費，但教育系統直接提供入園輔導服務的比例仍然依區域有較大差異。

社政系統的直接服務，包括：社福機構日托班、社福機構時段班、社福機構住宿服務、復健醫療單位日托班、復健醫療單位時段門診，以及到宅服務方案。以下將逐步介紹這些直接服務型態，但需注意的是，這些分類彼此之間並非互斥，且普遍來說，許多特殊兒童都會同時接受不同的服務型態，例如：就讀機構日托班的兒童在特定幾天須抽離到復健醫療單位接受時段門診。

一 教育系統的服務型態

台灣的學前特殊教育系統原以 4 歲以上的特殊幼兒為主要服務對象，幼托整合後配合法令規定，招生年齡向下延伸到以 2 至 6 歲的特殊幼兒為提供直接服務的對象。《特殊教育法》（2019）第 11 條明定：「高級中等以下各教育階段學校得設特殊教育班，其辦理方式如下：一、集中式特殊教育班；二、分散式資源班；三、巡迴輔導班。」《特殊教育法施行細則》（2013）中說明分散式資源班，指學生在普通班就讀，部分時間接受特殊教育及相關服務；巡迴輔導班，指學生在家庭、機構或學校，由巡迴輔導教師提供部分時間之特殊教育及相關服務。

在實務現場所提供的服務型態則依各縣市的規劃而有所不同，可能有幼兒園融合班、幼兒園普通班（外加巡迴輔導服務）、特殊學校學前特教班、普通學校學前特教班，以及普通學校學前資源班。這些服務主要可區分為自足式特教服務與融合教育服務，其中，自足式特教服務包括特殊學校學前特教班和普通學校學前特教班；融合教育服務則有幼兒園融合班、幼兒園普通班（外加巡迴輔導服務），以及普通學校學前資源班等型態。以下將分別加以介紹。

不過，無論是自足式或融合教育服務，教育系統所提供的服務偏向以兒童需求為中心，由成人（教師）設計和提供學習互動的環境。DEC 提出了以下「以兒童為中心」的三項服務原則，還有各個原則之下的 27 個細項實務指標（Wolery, 2005）：

1. 成人設計環境來促進兒童的安全、主動投入、學習、參與，以及歸屬關係（11 項）：如空間及材料的安排需考量到兒童的偏好及興趣、運用各樣適宜的情境及自然發生的活動促進學習與發展、提供會鼓勵主動學習的介入等。

2. 成人根據持續的資料蒐集來個別化地調整做法，以符合兒童變化的需求（5 項）：如根據學生的行為與能力和家庭與環境的要求來調

整實務、根據數據來做實務修正的決定、解讀與回應兒童行為的因果等。

3. 成人在環境、活動和日常作息之內與之間，使用系統化的程序來促進兒童的學習與參與（11 項）：跨情境和人物地使用一致性的實務做法、在執行實務之前先將情境考量納入計畫之中、特殊的教學策略嵌入於活動之中來實行等。

（一）自足式特教服務

自足式特教服務的服務場所包括特殊學校和普通學校的學前特教班。學前特教班是以特殊學生為招收對象的班級，是傳統主要特殊教育服務的方式。所謂的自足式或集中式服務乃指，把特殊學生聚集成一班上課，學生進入該班後，大部分的活動均在班級內進行。學生須經由縣市之鑑輔會安置，依學生能力及家長意願被安置於特教班。一班設有兩位合格特教老師，學生數上限為 10 至 12 名，但大部分縣市均不設下限。又可分為只招收單一障礙類別的特殊幼兒，例如：學前啟聰班以招收聽障幼兒為主；以及各種類別均收，例如：啟幼班可能招收多種障礙類別的特殊幼兒。在一般公立學校的幼兒園學前特教班多以啟幼類為主，也有少數啟聰班。

學前特教班的活動作息通常與一般幼兒園相同，但課程內容會偏重於學生的發展技能。上課的步調會依學生的程度而減量或簡化，教室的學習環境通常也較一般班級結構化。由於人數少，師生比例較高，較能提供特殊幼兒完整深入的個別化服務；但是，也由於人數較少，同儕的能力普遍較弱，社會互動的情境較不足。不過，有些學校會透過活動安排特殊幼兒與普通幼兒互動，提供特殊幼兒與普通幼兒統合或互動的經驗。安排的方式可以有下列三種（吳淑美，1998）：

1. 特殊幼兒在某些時段參與普通班的活動：如參與普通班的唱遊課等，即所謂回歸主流（mainstreaming）的方式。

2. 安排普通幼兒到特教班：讓普通幼兒在某些時段參與特教班的課程方式，此稱為逆回歸（reverse mainstreaming）。
3. 全時安排比特殊幼兒人數少的普通幼兒到特教班，和特殊幼兒一起學習，使普通幼兒作為特殊幼兒模仿的對象。

此三種方式皆普遍被採用，也各有其優缺點。回歸主流的方式是對教師和服務系統較省力的做法，但特殊幼兒自身適應變化的能力需要較強；逆回歸的方式所提供之常態化經驗較少；全時安排的方式有同樣的常態經驗不足的問題，反之，普通幼兒的學習也會較為有限。教師需依該園的行政結構、班級作息的配合，以及參與者能力程度和意願等條件來做規劃。

（二）融合教育服務

近年來，由於融合教育的興起，台灣學前階段的特殊教育服務型態有著相當大的轉變。隨著各地逐步推廣學前融合教育，有愈來愈多特殊幼兒進入公私立幼兒園的普通班就讀。依據特殊教育通報網的資料，89 學年度各縣市學前階段安置在一般學校的特殊幼兒有 3,064 名，99 學年度則有 12,151 人，十年來增加將近四倍之多；到 108 學年度更達 18,252 人。在普通班接受特教方案或是各類巡迴輔導的特殊幼兒，89 學年度所占的比率還不到五成（分別是 37% 和 7%，共 44%），至 99 學年度以後已高達九成以上（分別是 56.32% 和 35.93%，共 92.25%）。

融合教育服務源自於自然情境及最少限制環境的理念，也可以說是其最高理想的實踐。Odom、Buysse 與 Soukakou（2011）提到，學前融合教育的名詞定義從早期的回歸主流、逆回歸、融入式特殊教育（integrated special education），到九十年代開始以融合教育（inclusion）取代這些名詞，並且沿用至今。融合教育不同於回歸主流（許素彬，2006；Lieber et al., 1998; Stainback & Stainback, 1992）。在回歸主流模式中，特殊兒童被安置在一般班級後，必須主動適應以普通教育為主流的學習情境；而在融合

教育的服務中，特殊兒童應被自然地融入一般同儕所參與的教育環境，再依其特殊需求透過支持與服務資源，達到其個別化的教育目標（Stainback & Stainback, 1992）。這個名詞改變背後的理念不只意味著融合教育把特殊學生放在一般的班級當中而已，而是要傳遞其中期待特殊學生能成為更廣大的社交、社群、社會系統當中一員的想法。

黃世鈺（2002）依融合的程度將學前融合教育簡略分為完全融合、部分融合，以及資源融合。

1. 完全融合：將特殊幼兒安置於一般幼兒的班級中，和普通幼兒一同接受普通教育。

2. 部分融合：將特殊幼兒安置於學前特教班中，僅於每週或固定的某些時段中，將其回歸到普通班級中。除了抽離到普通班進行活動的時段外，大部分時間仍安置於原來的特殊班級中。

3. 資源融合：將特殊幼兒安置於普通班級中，在某段特定時間內，以抽離的方式至資源班中接受特殊教育。

各縣市規劃融合教育的做法不同，但特殊幼兒皆能有機會進入普通班級，成為普通班的一份子。若依其融合比率來分，融合教育可分為班上只有 1 至 2 位特殊幼兒的常態比率的普通班融合服務，或普通幼兒和特殊幼兒按比率混合的融合班，如 2：1。若依普通班融合服務提供方式來分，則可分為巡迴輔導服務和資源班服務。

但無論是何種服務方式，根據美國教育部的學前融合教育研發中心（The Early Childhood Research Institute on Inclusion, ECRII; 1994-2000）以及教育訓練中心（The National Professional Development Center on Inclusion, NPDCI; 2006-2012）所統整文獻和研究結果顯示，學前融合教育最重要的目標就是發展學生的社會適應能力，使其能參與在多元的社會中，有歸屬感和人際互動；以及能充分發揮個人潛能，持續在接下來的就學階段順利

地融入一般學校及社區生活。而專業的教學、介入與支持，是高品質融合教育的必要條件，也是達到預期的家庭和兒童成果之關鍵（Odom et al., 2011）。

以下詳細介紹各種融合教育服務。

1.過渡階段比例之幼兒園融合班

有些縣市設有所謂的學前融合班，其中普通幼兒和特殊幼兒按比例混合，常見的比例為普通幼兒與特殊幼兒人數比例 2：1，招收名額共 15 名，包括 5 名特殊生和 10 名普通生。通常會設有 1 名學前班教師及 1 名學前特殊教育教師，來共同分擔教導普通幼兒及特殊幼兒的責任。筆者認為此種比例的融合班級，對特殊幼兒的友善度和接納度較高，能提供其逐步適應後續進入自然比例（普通班級中僅安置 1 至 2 名特殊生）的班級很好的轉銜和預備，因此稱之為過渡階段比例之幼兒園融合班。

2.公私立幼兒園普通班（外加巡迴輔導服務）

除了按比例混合的融合班，大部分的融合教育服務是於一般幼兒園的普通班中進行。普通班中僅安置 1 至 2 名特殊生，而該班可以因為特殊學生入班而減少班級人數，以減低教師的額外負擔；酌予減少班級人數之條件及核算方式，由縣市主管機關決定（幼兒教育及照顧法，2018）。大部分縣市採每班有 1 名特殊生的安置就可減少招收 1 至 3 名一般生。不過，要落實融合教育的理念，不應僅止於將特殊幼兒安置在普通班而已，還包括如何支持其活動的參與和學習，以及與環境中的人、事、物之互動。但只修習過特殊教育學分或完全沒有特殊教育訓練背景的幼教老師，在面對特殊幼兒複雜而多元的需求時，非常需要特教專業資源與支持來協助其面對融合教育的挑戰（王天苗，2001，2003；許碧勳，2001a；劉凱、曾淑賢，2012；鐘梅菁，2002；Dinnebeil & McInerney, 2000, 2011; Dinnebeil, McInerney, & Hale, 2004, 2006; Macy & Bricker, 2007）。因此，各地教育局或社會局以及園長，應逐漸重視提供幼教老師特殊教育的支持。教育局或

社會局主要是以提供演講研習和巡迴輔導服務的方式，有些幼兒園則會聘請特教老師在園內協助。整體來看，特教巡迴輔導服務是特殊幼兒進入一般幼兒園最普遍的主要支持系統（洪禎璟、傅秀媚，2007；張小芬，2006；陳享連、鐘梅菁，2010；Dinnebeil & McInerney, 2011）。巡迴輔導服務乃是特殊教育教師採取時段的方式進入普通班，通常每週一次，提供專業輔導，以協助幼教教師教導特殊幼兒。

幼托整合之後，接受巡迴輔導服務之人數大幅增加，但如何提供優良的巡迴輔導服務品質則是一大挑戰。台灣目前大部分的巡輔輔導是採直接服務的型態，即安排特教巡迴輔導老師抽離特殊幼兒進行補救教學，或進入班級直接一對一的教導特殊幼兒「個別化教育計畫」（Individualized Educational Program, IEP）之學習目標。把特殊幼兒的部分時間抽離到其他地方進行個別教學，固然是學前融合教育難以避免的方式；不過，研究發現，一般幼兒園普通班的自然生活情境，每天為特殊幼兒提供了多元又理想的互動與學習機會（Copple & Bredekamp, 2009; McWilliam, Wolery, & Odom, 2001），包括：在如廁、洗手、飲食和午睡等作息常規中，提升特殊幼兒的功能性、適應性和生活自理等重要相關技能（Hull, Capone, Giangreco, & Ross-Allen, 1996; Wolery, Brashers, & Neitzel, 2002）；在活動和遊戲中，特殊幼兒與普通幼兒使用相同的教材教具，完全投入且有意義地一起參與其中（Copple & Bredekamp, 2009; Wolery et al., 2002）；在不同情境布置的角落活動中，特殊幼兒學習統整各項與情境相關的技能（Bruder, 2001; Dunst, Trivette, Humphries, Raab, & Roper, 2001）。在自然情境下的教學成效，確實比一對一直接教學的效果要來得更好，幼兒類化的情形也更加理想（Apache, 2005; Hong & Kemp, 2007; Losardo & Bricker, 1994）。誠如 McWilliam（2002；引自 Dinnebeil et al., 2004）所強調，對幼兒最有意義的學習時間，並不是巡迴輔導老師來到教室的時候，而是介於巡迴輔導之間的隨時隨地。

Odom 等人（1999）說明學前特殊教育的巡迴輔導服務，主要有兩種型態：一是針對特殊幼兒提供直接服務，即特教巡迴輔導老師或抽離特殊幼兒、或進入班級直接教導個別化教育計畫的學習目標；另一種則是針對特殊幼兒的主要照顧者提供諮詢服務。特教巡迴輔導老師雖然也會與特殊幼兒互動，但主要的職責是提供諮商與支持普幼教師，使其在即便特教巡迴輔導老師沒有來訪的平日，也能有效地教導特殊幼兒（劉凱、曾淑賢，2012）。這樣的服務型態需要巡迴輔導的特教老師與幼教老師共同合作計畫及執行，並擬定目標及設計讓個別化目標融入例行作息的策略。因此，即便在特教巡迴輔導老師沒有來訪的平日，也能進行以 IEP 目標為基礎的教學。

3.公立幼兒園普通班外加資源班

另有較少數的幼兒園採取設立資源教室的方式。學生平時在普通班上課，只有在特定的時間抽離到資源班上課，上課的方式可能是一對一，也可能是小團體的方式，依照學生的狀況而定。資源班老師通常是合格的特教老師，能夠針對學生的個別差異，設計合適的個別化教育計畫，幫助學生在普通班適應得更好。通常資源班課程會採用外加、融入或抽離三種方式進行：

（1）抽離式課程：特殊幼兒抽出部分上課時間到資源班接受特教輔導，特別是針對學習落後的領域。

（2）融入式課程：讓特殊幼兒在原來的普通班上課，但由資源班教師進入普通班提供協同教學或個別指導特殊幼兒。

（3）外加式課程：外加方式多半會利用彈性時間，如早上上課前的自由時段、午休或其他時間，儘量不占用學生的正式上課時間，也不影響普通班作息，讓學生至資源班上課，接受特教輔導。

此三種方式的共通點是特殊幼兒只有在資源班的時間才接受特教服務。資源班的教學內容彈性很大，可依學生的狀況安排不同的學習內容，主要

包括三項：加強學生學習落後的部分、認識情緒和適當的表達方式，以及
生活教育。

二 社政系統的服務型態

　　社政系統目前雖然主責 0 至 2 歲之早期療育服務，但由於教育系統是
以兒童需求為中心來提供服務，無法提供具多重或家庭層面需求的兒童完
整的服務，故社政系統仍會提供 2 至 6 歲的特殊幼兒以家庭為中心的資源
連結與媒合的服務。

　　以家庭為中心的服務目標為支持和擴展父母扮演孩子有效的主要照顧
者之角色，因此看重增進父母對孩子需求的了解，提供父母所需要的教育
訓練，以促進親子互動，並為家庭連結有用的經濟及福利資源。在服務過
程中亦邀請父母參與專業團隊評量過程，共同界定療育目標、設定療育計
畫及執行療育活動，使父母有意義地參與早期療育。Trivette 與 Dunst
（2005）提出了四大實務原則和 15 項細項指標，以利專業人員具體執行家
庭本位服務：

1. 家庭與專業人員分工與合作（3 項）：共同形成目標、定期合作，
   以達成目標，並且由專業人員適時提供訊息讓家長做決定。
2. 個別化與彈性化的服務（4 項）：根據家庭個人層面、文化層面、
   社區層面，以及價值體系等層面之需求與特質來提供支持與服務。
3. 以家庭優勢為基礎規劃服務（3 項）：在規劃服務內容時，善用家
   庭優勢與現有的支持系統。
4. 以加強家庭功能為目標提供服務（5 項）：提供家長參與及做決定
   的機會、協助家長取得資源建立自信、善用各項資源以達成目標、
   支持家庭的社區生活。

　　圖 4-2 為一以家庭為中心之服務機構的架構圖，此系統提供以家庭為
中心的服務，內容朝向提升親子互動的效能、資源運用的能力，以及協助

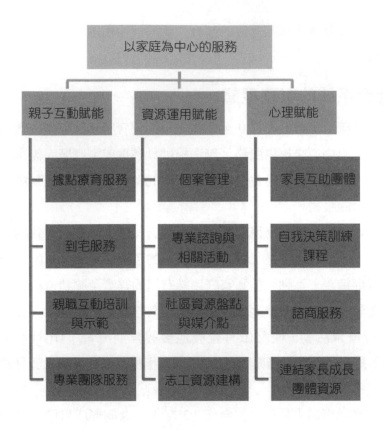

圖 4-2 ▶ 以家庭為中心的服務架構範例

資料來源：曾淑賢、林初穗（2011）。

家長的心理成長與擴權而規劃。整體而言，關於以家庭為中心的個案管理和資源連結方面的服務，可包括：療育訓練需求、經濟支持、交通服務、臨時托育服務、家庭功能重建、親職教育的提供、社會支持網絡建構等（陳任建、路蓮婷，2003），我們將會在本書第八章做更詳盡的介紹。此處將以在此模式下直接提供給特殊幼兒的服務型態為重點來說明。

　　這些服務型態可分類為：以機構為主要場所，或以醫療院所、以家庭為服務提供的場所，以下將逐一介紹。這些場所提供的服務內容，則包括：社福機構或醫療院所日間托育班、社福機構或醫療院所時段療育、社福機

構住宿服務、復健醫療單位時段門診，以及到宅服務方案等。而政府的社政系統與這些私立機構或醫療院所的關係主要是提供經費，無論是個別個案的療育補助或是透過委託服務方案的辦理。在全省各縣市，特殊幼兒無論至醫療復健門診或機構進行療育，皆可申請固定金額的療育經費之補助。

（一）以機構為主要場所

　　早期療育機構通常為獨立之民間單位，包括：早期療育中心或是兒童發展中心，有相當高的比例是由身心障礙機構所附設。其所接受的個案則較無年齡限制，通常 0 至 6 歲皆可接納，且兒童不需經由縣市之鑑輔會安置，乃是家長自行選擇，並經由各地之聯合評估中心鑑定有身心障礙或發展遲緩者，才可接受服務。但在師資資格上，由於幼兒教育階段的特殊教育教師之缺乏，私立機構所晉用之教師大都非本科系畢業之大專生，較多以教保人員為主。師生比例則依學生殘障程度之不同作為分班之依據，如重度殘障之學生約 1：1 或 1：2 之師生比，中度障礙者約 1：3 或 1：4，而輕度者則約 1：6 或 1：8。

　　在機構所進行的療育服務，主要有時段制課程或日間托育班，由父母或主要照顧者帶特殊需求兒童在機構所安排的治療或上課時間前往接受服務。機構會提供一對一復健訓練方式，或小團體式的規律性活動，以建構社交互動的機會。這些治療活動或課程大部分是以復健治療及發展性課程為主，時間的安排因個案需求及家庭考量而有所不同；時段制的復健治療或療育訓練每次半小時至一小時，可能是以一週一次或兩週一次的頻率進行，而日間托育可能會一週三到五天，一天數小時或整天。

　　機構所提供的日托服務，服務方式則是以自足式為主，相當類似於教育體系之學前特教班，課程內容與活動作息通常與一般幼兒園大同小異，只是上課的步調會依學生的程度而減量或簡化；教室的學習環境通常也較一般班級結構化，有些機構的內容會較學前特教班更注重復健訓練的部分。

雖然在機構進行的直接服務是以訓練兒童為主，但專業人員仍應鼓勵家長或主要照顧者充分參與，並且支持父母在家能繼續執行療育活動（Kaczmarek & Pennington, 2000; McWilliam & Bailey, 1994）。邀請父母或主要照顧者陪同療育，在旁觀察如何與其特殊孩子互動；透過讓家長觀摩療育的過程中，專業人員也可以適時指導家長如何將療育在家中的情境繼續教學，使療育成效發揮至最大。

（二）以醫療院所為主要場所

在台灣，由於發展遲緩的鑑定是透過醫院的聯合評估之臨床判斷為主要依據，因此許多特殊幼兒的介入是從醫院或復健診所提供的時段式之治療訓練開始。服務對象的年齡涵蓋 0 至 6 歲的範圍，包括：一般或特殊醫療、物理治療、職能治療、聽語治療、行為治療、復健醫學及兒童心智科等，通常每次半小時。醫院所提供的療育型態，基本上是由治療師以一對一的方式執行。同前，雖然在醫療院所進行的直接服務是以訓練兒童為主，但專業人員仍應鼓勵家長或主要照顧者充分參與，並支持父母在家能繼續執行療育活動，使療育成效發揮至最大。

值得一提的是，Hebbeler 等人（2007）自 1997 年的長期追蹤研究成果（NEILS）發現，語言治療是需求最高的服務，占 62% 的個案人數；而語言溝通能力對幼兒的發展進步有相當重要的影響，也是最需要家長在有意義的生活情境中來協助兒童練習的能力。之前有相當比例在醫療院所的治療師並不鼓勵家長陪同進行療育，也較少花心力去引導家長如何將療育在家中的自然情境中運用教學。此為該型態最大的缺陷，畢竟早期療育文獻所支持的有效服務型態，是能讓介入盡可能地融入特殊幼兒自然的日常生活作息中。近年來，愈來愈多治療師採取以家庭為中心的服務觀點，更樂意協助家長在自然情境中引導幼兒。

（三）以家庭為主要場所

　　以家庭為主要場所的服務，在台灣又稱為「到宅服務」。雖然部分縣市的社福單位將到宅服務定位為，以重度障礙而無法到其他場所接受服務的兒童為主要對象，並以障礙程度作為提供服務的依據，但是對一般幼兒來說，最常態化的學習情境就是在家中；同樣地，特殊幼兒最重要的學習成長環境也是家庭。因此，根據美國聯邦法規中「最少限制環境」的要求，以及「以家庭為中心」的觀點，接受特殊教育服務的情境與對象應是以家庭為考量，並且適時到特殊幼兒家中提供服務。服務內容依家庭個別的需求，可包括：復健和教育訓練示範、親子互動策略與行為問題諮詢，以及支援資源連結等。爾後，隨著特殊幼兒的年齡增長，社會性互動的需求提高時，就會逐漸增加到其他場所接受服務的時間與頻率。

　　其中，到宅服務直接針對特殊幼兒的部分，是由特殊教育家訪教師採時段的方式到特殊幼兒的家庭，通常每次一小時。在家長陪同下，家訪教師會對特殊幼兒進行一對一教學，並讓家長觀摩療育的過程，同時適時指導家長如何將療育在家中的情境繼續教學，增加自然情境下的練習機會，使療育成效發揮至最大。作息本位模式是到宅服務常運用的一個重要模式，其強調影響兒童最大的是家庭情境以及其主要照顧者。因此，McWilliam（2010）指出介入服務宜考量家庭情境、作息及需求（黃靄雯、康琳茹、蘇慧菁譯，2015）。幼兒的學習主要是透過一天的生活作息，而不是片段的課程時間、運動時間或完成目標的時間等。所以此模式會先讓家長談談他們的生活作息，並了解家庭的生態如家庭成員、支持系統等等。然後讓家長選擇其視為優先之幼兒或家庭成員的功能性目標，並審慎考量兒童需求或家庭需求與日常生活作息需求之間的適配度。整體而言，作息本位介入是以家庭為中心，而非以兒童為中心，並以提供幼兒學習機會、家庭擴權和改善家庭生活品質為主要目標。

一 幼托整合對融合教育的影響

　　幼托整合之前，台灣的學前教育一直處於雙軌制度，托兒所與幼稚園分別隸屬於不同的主管機關管轄（教育局或社會局），故立案標準不同、法令制度、師資培訓與進修管道、課程內容、教學諮詢等等皆有所差異，但是所收托的幼兒年齡卻互相重疊。此一現象不僅造成資源上的浪費，也降低教育支持服務的有效性。為促進資源整合和提升教育品質，政府在2011年通過《幼兒教育及照顧法》，並自2012年全面施行幼托整合。幼托整合後，幼兒園可以招收2歲至入小學前的幼兒，3歲以下班級的師生比為1：8，每班最多16人；3歲以上的師生比為1：15，每班最多30人，顯示師生比例依整合前依舊不變。只是幼托未整合前，幼兒園就已有人力不足的問題，而今招收年齡層更廣，再加上實務工作者面臨學生年齡層下降的同時，又要因應新課綱的實施，增加了壓力及挑戰。此外，由於家長普遍抱持教保服務人員「只是帶帶孩子，當過媽媽的都懂」等想法，讓教保人員難以在工作上獲得成就感（頁8，李玟玲，2014）。特別對以往僅招收4歲至入國民小學前的幼兒園來說，班級經營面臨較大的改變與挑戰（李玟玲，2014；邱嘉玲、魏美惠，2014）。

　　在此壓力與挑戰之外，由於在融合教育中，大量的同儕互動能刺激兒童的發展，並提供多樣化的學習經驗；因此，有愈來愈多父母期望他們的特殊孩子能參與在常態化的融合教育中。在台灣，就學於融合情境的特殊幼兒已高達九成以上，但是，台灣教育單位所規劃的融合教育之專業支持服務，在量與質上仍有所不足，影響特殊兒童的學習與發展。雖然在許多

縣市幼兒園普通班中每 1 名特殊生的安置可減招 1 至 3 名一般生的名額，以減低教師的額外負擔，但從實務現場教師們的反應可得知，減招名額對一般教師的幫助有限。馮淑珍（2005）分享的實務經驗反映出大部分現場的情形：「普遍教師自動與主動接受個案在班上的很少，行政誘因只是班級學生總數減少兩名，更是沒有教師會因此而有意願接受特殊教育需求學生，所以落為抽籤決定，心態上並非完全的準備好了」（頁 45）。

　　缺乏特殊教育的支持服務，在普通班的安置只能稱為混合，而非融合；除減招名額之外，普通班幼兒教師還需要更多專業上的支持以面對下列融合教育相關的困境，包括：（1）特殊生年齡層落差大，如一個班級裡有可能有兩至三種不同年齡層的融合生；（2）工作負荷更大，無行政人力協助因特殊生增加而產生的許多行政程序，包括身心障礙幼兒教育補助申請、相關專業及臨時助理人員申請、投保、巡迴老師和輔具申請、個別化教育計畫撰寫及會議召開等等（李玟玲，2014）。

　　綜合上述，第一線的幼兒教師所面臨的挑戰包括：（1）對特殊幼兒學習與行為問題的特教專業知能不足；（2）無法兼顧特殊幼兒與一般幼兒的需要；（3）相關支援和配套措施不足；（4）專業間合作與親師溝通問題；（5）相關人員對融合教育的質疑或接納不足；（6）工作負荷及壓力（王天苗，2003；汪慧玲、沈佳生，2012；李玟玲，2014；許素彬，2006；許碧勳，2001b；蔡昆瀛，2005；鐘梅菁，2002；Kemp & Carter, 2005）。而短期內招考大量師資的人事異動和素質參差不齊，讓相關專業知能的培訓面臨更大的挑戰。

三 巡迴輔導服務現況

　　如前文所描述，融合教育的巡迴輔導型態，除了針對特殊幼兒提供直接服務外，還有針對特殊幼兒的主要照顧者提供諮詢服務。而在諮詢服務的型態上，特教巡迴輔導老師雖然也會服務特殊幼兒、與特殊幼兒互動，

但其主要的職責是系統化地支持幼教老師或主要照顧者，使其能在日常情境中引導特殊幼兒的學習與發展。這樣的服務型態需要巡迴輔導的特教老師與幼教老師共同合作計畫及執行，並擬定目標及設計讓個別化目標融入例行作息的策略。但目前台灣的巡迴輔導服務，仍多以特殊教師根據臨場的問題提供隨機諮詢，或將特殊兒童抽離進行一對一的直接教學為主，因為許多老師表達這樣較可以看到立即成效，且不需面對與幼教教師合作而衍生的各樣溝通協調的問題。研究發現，國內學前巡迴輔導採入班觀察的特教教師人數最多（王天苗，2001；陳享連、鐘梅菁，2010）。另有研究提到，巡迴教師也常採用專家諮詢模式，即以特殊教育老師為核心，提供普通教育老師教學上的建議與指導，然而這樣的諮詢模式容易因雙方缺乏良好的互動、缺少共通的知識與經驗基礎，或無法跨專業的合作與溝通，各行其是，教師遇到問題時求助無門，致使服務成效不彰（王天苗，2001；汪慧玲、沈佳生，2012；鐘梅菁，2002）。雖然從《DEC 實務推薦指標》（DEC, 2005）及文獻皆顯示，以自然情境教學取向對特殊幼兒的介入效果較好，類化學習的情形也更佳，但自然情境教學取向在學前特殊幼兒的運用上，在國內的研究與實務仍相當缺乏。國內許多學者呼籲，應在學前融合教育、相關師資培育，或在職訓練上需要更多的倡導與應用自然情境教學取向（張世彗，1996；黃世鈺，2001；蔡昆瀛，2005）。

整體而言，目前台灣巡迴輔導服務的質與量皆仍需持續提升，尤其是在私立幼兒園中，常常缺乏特殊教育的支持服務，這樣的安置型態只能稱為混合，而非融合，難以達到預期的效果。為了順應融合的潮流和配合政策，家長及園方都需要全面性地評估特殊幼兒的需求，並努力爭取支持性服務，才能使特殊幼兒在安置的過程中得到適性的服務，而非隨班就坐而已。

問題與討論

1. 在提供早期療育服務的基本理念中，你覺得哪一項最重要？為什麼？
2. 幼托整合對早期療育服務的權責單位有何影響？
3. 在教育系統和社政系統中，各有哪些早期療育的服務場所與方式？
4. 在本章開頭所描述的個案小齊的故事中，以圖 4-2 以家庭為中心的服務範例，說明哪些具體的做法可以且如何達成家長擴權之成效？
5. 承上題，阿鸞如何為小齊選擇早期療育的服務型態？哪一種服務型態最適合他？

參考文獻

【中文部分】

王于欣（2006）。家長對兒童發展聯合評估中心評估服務指標之研究（未出版之碩士論文）。國立台中教育大學，台中市。

王天苗（2001）。運用教學支援建立融合教育的實施模式：以一公立幼稚園的經驗為例。特殊教育研究學刊，21，27-51。

王天苗（2003）。學前融合教育實施的問題和對策：以台北市國小附幼為例。特殊教育研究學刊，25，1-25。

幼兒教育及照顧法（2018 年 6 月 27 日修正公布）。

何華國（2006）。特殊幼兒早期療育。台北市：五南。

吳淑美（1998）。融合班之班級經營。國教世紀，180，13-16。

李玟玲（2014）。談幼托整合後融合班教保服務人員的工作壓力。桃竹區特殊教育，6-9。

汪慧玲、沈佳生（2012）。幼兒園教師教導特殊幼兒產生的困擾及因應策略之研究。新竹教育大學教育學報，29（1），37-66。

邱佳寧（2000）。談特殊兒童家長的權利賦與。特教園丁，16（1），28-30。

邱嘉玲、魏美惠（2014）。幼托整合對公私立幼兒園影響之初探。幼兒教育年刊，25，163-183。

洪禎璟、傅秀媚（2007）。**從融合教育理念談巡迴輔導意涵之初探**。發表於「第八屆發展遲緩兒早期療育論文發表大會暨國際交流研討會」。

特殊教育法（2019 年 4 月 24 日修正發布）。

特殊教育法施行細則（2013 年 7 月 12 日修正發布）。

張小芬（2006）。「特教巡迴輔導教師」之工作現況與工作滿意度調查研究。**特殊教育學報，24**，57-84。

張世彗（1996）。早期介入：活動本位介入法。**國小特殊教育，21**，10-17。

許素彬（2006）。從生態系統觀點探討保育機構於融合教育實施過程之困境。**特殊教育學報，23**，85-104。

許碧勳（2001a）。幼稚園普通班實施融合教育之探討。載於楊宗仁（主編），**特殊教育叢書 54 輯：融合教育學術論文集**（頁 113-146）。台北市：國立台北師範學院特殊教育中心。

許碧勳（2001b）。幼稚園實施融合教育之研究。**臺北市立師範學院學報，32**，451-484。

陳任建、路蓮婷（2003）。早期療育福利服務以個案管理模式運作之助力與困境。**兒童福利期刊，4**，237-250。

陳享連、鐘梅菁（2010）。學前特教巡輔教師提供普通班支援服務現況之研究。**特殊教育與復健學報，23**，25-47。

傅秀媚（譯）（1998）。**嬰幼兒特殊教育：出生到五歲**（原作者：F. G. Bowe）。台北市：五南。

曾淑賢、林初穗（2011）。**100 年度桃園縣南區早期療育社區資源中心委託計畫書**。內部文件。

馮淑珍（2005）。隨班服務經驗談融合教育。**國教新知，52**（3），36-40。

黃世鈺（2001）。「活動本位介入」師資培育課程析論。**幼教資訊，125**，49-55。

黃世鈺（2002）。認識學前融合教育。載於黃世鈺主編，**學前融合教育一課程與教學**（頁 23-31）。台北市：五南。

黃靄雯、康琳茹、蘇慧菁（譯）（2015）。**作息本位之早期介入：藉由常規支持幼兒及其家庭**（原作者：R. A. McWilliam）。台北市：華騰。（原著出版年：2010）

楊碧珠（譯）（2009）。**幼兒特殊教育**（原作者：S. Hopper & W. Umansky）。台

北市：心理。（原著出版年：2004）

劉芷瑩（2006）。發展遲緩兒童非自願性家庭親職功能提昇方案之初探（未出版之碩士論文）。國立台中教育大學，台中市。

劉凱、曾淑賢（2012）。循著中介系統的脈絡來探討特教與幼教老師在自然情境中的合作歷程。特殊教育研究學刊，**37**（2），1-27。

蔡昆瀛（2005）。活動本位教學在學前融合教育之應用。國教新知，**52**（3），12-19。

鐘梅菁（2002）。學前教師困擾問題之研究：以融合班教師為例。新竹師院學報，**15**，429-452。

【英文部分】

Apache, R. R. (2005). Activity-based intervention in motor skill development. *Perceptual & Motor Skills, 100*(3), 1011-1020.

Bailey, D. B. (2001). Evaluating parent involvement and family support in early intervention and preschool programs. *Journal of Early Intervention, 24*(1), 1-14.

Bruder, M. B. (2001). Inclusion of infants and toddlers: Outcomes and ecology. In M. J. Guralnick (Ed.), *Early childhood inclusion: Focus on change* (pp. 203-228). Baltimore, MD: Paul H. Brookes.

Copple, C., & Bredekamp, S. (Eds.) (2009). *Developmentally appropriate practice in early childhood programs serving children from birth through age 8* (3rd ed.). Washington, DC: National Association for the Education of Young Children.

Dinnebeil, L. A., & McInerney, W. J. (2000). Supporting inclusion in early childhood settings: The Tuesday morning teacher. *Young Exceptional Children, 4*, 19-27.

Dinnebeil, L. A., & McInerney, W. J. (2011). *A guide to itinerant early childhood special education services.* Baltimore, MD: Paul H. Brookes.

Dinnebeil, L. A., McInerney, W. F., & Hale, L. (2004). Itinerant ECSE teachers in action. *Journal of Educational and Psychological Consultation, 15*(2), 167-175.

Dinnebeil, L. A., McInerney, W. F., & Hale, L. (2006). "Shadowing" itinerant ECSE teachers: A descriptive study of itinerant teacher activities. *Journal of Research in Childhood Education, 21*(1), 41-52.

Division for Early Childhood. (2005). *DEC recommended practices.* Longmont, CO: Sopris West.

Division for Early Childhood. (2014). *DEC recommended practices in early intervention/ early childhood special education 2014.* Retrieved from http://www.dec-sped.org/recommendedpractices

Dunst, C. J., Trivette, C. M., Humphries, T., Raab, M., & Roper, N. (2001). Contrasting approaches to natural learning environment interventions. *Infants and Young Children, 14*(2), 48-63.

Epley, P. H., Summers, J. A., & Turnbull, A. P. (2011). Family outcomes of early intervention: Families' perceptions of need, services, and outcomes. *Journal of Early Intervention, 33*(3), 201-219.

Freeman, R., & Vakil, S. (2004). The role of family childcare providers in early intervention. *Early Childhood Education Journal, 32*(2), 121-125.

Gallagher, P. A., Rhodes, C. A., & Darling, S. M. (2004). The role of family childcare providers in early intervention. *Early Childhood Education Journal, 32*(2), 121-125.

Hanson, M. J., & Lynch, E. W. (2004). *Understanding families: Approaches to diversity, disability and risk.* Baltimore, MD: Paul H. Brookes.

Hebbeler, K., Spiker, D., Bailey, D. B., Scarborough, A., Mallik, S., Simeonsson, R., ...Nelson, L., (2007). *Early intervention for infants and toddlers with disabilities and their families: Participants and services and outcomes.* Final Report of the National Early Intervention Longitudinal Study.

Hong, S. J., & Kemp, C. (2007). Teaching sight word recognition to preschoolers with delays using activity-based intervention and didactic instruction: A comparison study. *Australasian Journal of Special Education, 31*(2), 89-107.

Hull, K., Capone, A., Giangreco, M. F., & Ross-Allen, J. (1996). Through their eyes: Creating functional, child-sensitive individualized education programs. In R. A. McWilliam (Ed.), *Rethinking pull-out services in early intervention: A professional resource* (pp. 103-119). Baltimore, MD: Paul H. Brookes.

Kaczmarek, L., & Pennington, R. (2000). Transdisciplinary consultation: A centerbased team functioning model. *Education & Treatment of Children, 23*(2), 156-172.

Kemp, C., & Carter, M. (2005). Identifying skills for promoting successful inclusion in kindergarten. *Journal of Intellectual & Developmental Disability, 30*(1), 31-44.

Lieber, J., Capell, K., Sandall, S., Wolfberg, P., Horn, E., & Beckman, P. (1998). Inclusive preschool programs: Teachers' beliefs and practice. *Early Childhood Research Quarterly, 13*(1), 87-105.

Losardo, A., & Bricker, D. D. (1994). Activity-based intervention and direct instruction: A comparison study. *American Journal on Mental Retardation, 98*, 744-765.

Macy, M. G., & Bricker, D. D. (2007). Embedding individualized social goals into routine activities in inclusive early childhood classrooms. *Early Child Development and Care, 177*(2), 107-120.

McWilliam, R. A., & Bailey, D. B. (1994). Predictors of service-delivery models in center-based early intervention. *Exceptional Children, 61*(1), 56-71.

McWilliam, R. A., Wolery, M., & Odom, S. L. (2001). Instructional perspectives in inclusive preschool classrooms. In M. J. Guralnick (Ed.), *Early childhood inclusion: Focus on change* (pp. 503-530). Baltimore, MD: Paul H. Brookes.

Odom, S., Buysse, V. & Soukakou, E. (2011). Perspectives inclusion for young children with disabilities: A quarter century of research. *Journal of Early Intervention, 33*(4), 344-356.

Odom, S. L., Horn, E. M., Marquart, J., Hanson, M. J., Wolfberg, P., Beckman, P. J., ... Sandall, S. (1999). On the forms of inclusion: Organizational context and individualized service delivery models. *Journal of Early Intervention, 22*, 185-199.

Pelcbat, D., Lefebvre, H., Proulx, M., & Reidy, M. (2004). Parental satisfaction with an early family intervention program. *Journal of Perinatal and Neonatal Nursing, 18*(2), 128-144.

Sandall, S., McLean, M., Santos, R., & Smith, B. (2005). DEC recommended practices: The context for change. In S. Sandall, M. L. Hemmeter, B. J. Smith & M. E. McLean (Eds.), *DEC recommended practices.* Longmont, CO: Sopris West.

Stainback, W., & Stainback, S. (1992). *Curriculum considerations in inclusive classrooms: Facilitating learning for all students.* Baltimore: Paul H. Brookes.

Trivette, C., & Dunst, C. (2005). DEC recommended practices: Family-based practices. In

S. Sandall, M. L. Hemmeter, B. J. Smith & M. E. McLean (Eds.), *DEC recommended practices* (pp. 107-126). Longmont, CO: Sopris West.

Tseng, S. (2004). *Interagency collaboration in early intervention.* Unpublished dissertation, University of Maryland, College Park, MD.

Wang, M., Turnbull, A. P., Little, T. D., Mannan, H., & Turnbull, R. (2004). Severity of disability and income as predictors of parents' satisfaction with their family quality of life during early childhood years. *Research & Practice for Persons with Severe Disabilities, 29*(2), 82-94.

Wolery, M. (2005). DEC recommended practices: Child-focused practices. In S. Sandall, M. L. Hemmeter, B. J. Smith & M. E. McLean (Eds.), *DEC recommended practices.* Longmont, CO: Sopris West.

Wolery, M., Brashers, M. S., & Neitzel, J. C. (2002). Ecological congruence assessment for classroom activities and routines: Identifying goals and intervention practices in childcare. *Topics in Early Childhood Special Education, 22*(3), 131-142.

第五章

特殊幼兒評量與安置

曾淑賢、盧明

在某次研習課程中,一位學員突然舉手發問:「我家有一個過動的孩子,過動到底算不算早療的範圍?」這個簡略的問題,問出了幼兒發展評量許多重要的議題。首先,什麼是早療的範圍?換句話說,誰符合接受早期療育的服務資格?再者,孩子的表現是否已經落後到需要治療的範圍?家長和老師們都很想知道「是不是?」

「是不是?」是個重要的問題嗎?是,但是卻絕對不是最重要的。美國特殊兒童協會幼兒分會(Division for Early Childhood of the Council for Exceptional Children, DEC)告訴我們:「測驗不能做決定,做決定的是人。」(Tests do not make decision, people do.)(DEC, 2005, p. 48)。因此,完成評量並不是終點,如何根據評量的結果做出能夠提供孩子最理想的支持與服務的決定,讓其潛能有最佳化的發揮,才是我們的最終目的。所以,我們更需要問的是:「我家有一個過動的孩子,如何才能幫助、支持他呢?」當然,那還是得從評量開始。

第一節 評量的基本概念

一 評量的定義

　　與評量有關的名詞很多，包括：診斷、測驗或是評估等等。這些名詞乍聽起來頗類似，在實際操作上也有一定的關係，因此容易造成觀念上的混淆。根據余民寧（2011）以及張世彗（2011）的觀點，可整理出下列幾項區別：

1. 測驗是指一種工具，包括：訪談、評定量表或各種施測的測驗等，可取得學生表現的分數或資料的方式，例如：智力測驗是一種工具。

2. 測量是指，用數值或評定方式來表示某種工具測量出來的能力表現，例如：智力測驗的分數是測量的結果。

3. 評量（也常被稱作評估）則是指，對數值下一個價值判斷，例如：低或高，通常會參照某種標準或常模，例如：將智力測驗的標準分數與常模對照之後的結果，以作為判斷智力是否落在正常範圍，這就是評量。

　　所謂特殊幼兒或發展遲緩兒童，是指 6 歲以前因為各種原因（包括：腦神經或肌肉神經生理疾病、心理社會環境等），導致在認知、溝通、粗大動作能力、精細動作能力、社會情感，以及生活自理等發展領域，與同齡正常兒童相比之下較為落後或異常的兒童。這些異常的發展被發現得愈早，就愈來得及進行介入，以減緩或防止其持續的落後情形。評量的重要目的之一，就是在及早發現並提供這些兒童適當的介入服務（Fewell, 2000）。

因此，評量結果會決定哪些兒童需要特教服務、服務內容，並且評估服務的成效（McLean, Wolery, & Bailey, 2004）。Salvia、Ysseldyke 與 Bolt（2007）認為，「評量是一個蒐集資料的過程，目的是要做有關個人和團體的決定，而這一決定性的角色，正是為什麼評量影響這麼多人的人生之原因」（p. 4）。在學前特教領域中具權威地位的美國特殊兒童協會幼兒分會（DEC），參考 Bagnato 與 Neisworth（1991, 引自 DEC, 2005）對幼兒評量的定義：「幼兒評量是一個具彈性與合作性的決策過程。在此過程中，家長及專業人員不斷重複地修正他們的判斷，直到他們對幼兒及其家庭持續變化的發展、教育、醫療，和心理健康方面的服務需求達成共識」（p. xi）。並提出以下定義（DEC, 2014）：

「評量是一個蒐集資訊以做出決策的過程。……目的是為了篩檢、決定服務資格、個別化計畫、監測兒童的進步，以及測量兒童成果。」

為實踐此定義，DEC 在 2005 年出版的《DEC 實務推薦指標》（*DEC Recommended Practices*）一書中，提出了「讓家長成為評量的夥伴」以及「發展合宜」作為評量過程的兩大最高實務指導原則，並建議執行此二項原則的五項實務指標：（1）專業人員與家庭合作共同計畫與執行評量；（2）針對兒童和其家庭的評量是個別化且合宜的；（3）評量可以提供介入計畫有用的資訊；（4）專業人員以尊重並有效的方式分享資訊；（5）專業人員須依法律、程序的要求和實務推薦指標提供服務。之後，DEC（2014, 2016）統整更多的觀點和建議更新其推薦的評量實務做法如下：

1. 專業人員與家庭一起確認家庭對於評量過程的偏好方式。例如，諮詢家庭兒童通常會做的和喜歡做的事以融入評量過程的規劃等。

2. 專業人員和家庭以及其他專業人士一起團隊合作蒐集評量資訊。例如，治療師和學前特教老師共訪家庭，在兒童熟悉的環境和活動中評量等。

3. 專業人員使用適合兒童年齡以及發展階段的評量工具和策略，且依兒童的感官、身體、溝通、文化、語言、社會和情感特質而調整。例如，將兒童使用的替代性溝通融入評量的觀察和互動中等。

4. 專業人員對兒童的所有發展領域和行為進行評量，以了解兒童的優勢、需求、偏好以及興趣。例如，治療師詢問家庭，兒童在家中最喜歡做的事和玩的玩具等。

5. 如果兒童學習使用多種語言，專業人員需使用兒童主要的語言和其他語言進行評量。例如，具雙語能力的老師將某一領域的評量項目分成兩部分，各用一種語言施測等。

6. 專業人員使用各種方法，包括觀察和訪談，從多元來源蒐集評量資訊，包括兒童的家庭以及生活中的重要他人。

7. 專業人員應取得關於兒童在日常活動、作息，以及家庭、中心和社區等環境中所使用的技能之資訊。例如，如果家長告知兒童在傍晚常會有行為問題，老師能安排在那時段去一次家訪，以了解問題和找出解決策略等。

8. 除了評量結果之外，專業人員使用臨床判斷以了解兒童目前功能的表現程度，以決定兒童的服務資格和教學計畫。例如，在決定兒童的服務資格時，團隊成員會確認標準化評量的分數是否正確反映兒童的能力程度，並在有疑問時尋求額外的資訊等。

9. 專業人員實施系統性的持續評量，以擬定學習目標、活動計畫，並且監測兒童的進步以視需求修正教學。例如，老師根據本週活動所蒐集到的資料來發展下週的教學計畫等。

10. 專業人員使用具有足夠敏感度的評量工具以測得兒童的進步，特別是對於有重度支持需求的兒童。例如，當某課程本位評量工具的題數不足以顯示兒童隨著時間的變化，專業團隊能把項目拆解成較小的步驟以測得進步等。

11. 專業人員的評量報告應是家庭能理解且實用的。例如，專業團隊寫評估報告時，會留意使用家庭能理解的用字、語言和格式等。

三 評量的原則

筆者統整上述定義與文獻資料，歸納出確保評量過程的嚴謹度應該要注意六項原則如下：

原則一：評量應客觀並系統化地進行

幼兒評量是計畫早期介入的基礎，但卻並非憑單一工具的評估結果即可達成，需要綜合統整一系列前後關聯的正式與非正式評量的結果。因此，須有明確的觀察內容、方法及步驟，並有系統地進行，才能具體且完整地呈現兒童發展表現的程度及變化情形，讓評量團隊達成共識（Bagnato, Neisworth, & Munson, 1989）。每一階段的評量結果要能系統化地被使用，以作為下一階段評量的基礎，例如：診斷評量的結果可以作為教學評量評估起點能力之基礎，以設計適性化的教學目標及內容。此外，在採用正式的評量工具時，還需要考量評量工具的信度和效度是否良好，以確保判斷結果的正確性和公正性。信度是指，測驗結果在不同條件下的一致性，例如：由不同的施測者施測時仍有類似的結果；信度佳的工具所產生的結果是穩定可靠的。常用來評定信度的方法有重測信度、複本信度、內部一致性信度，以及評分者間信度。效度是指，測驗內容的準確性，亦即能測到所欲測量的內容之程度；效度佳的工具所測得的能力具有相當的代表性。常用來估計效度的方法有內容效度、效標關聯效度、社會效度，以及構念效度等。

原則二：評量資料應來自多元評量過程

即使在身心狀況正常的情形下，幼兒的行為表現也會隨著情境、時段與人物的熟悉程度等因素而有所不同，再加上評量工具或人員本身可能的

限制與誤差，以及每一種評量方式，通常都僅在一個時間點和同一個地點進行一次，兒童當時的生理及心理狀況均可能會影響其行為表現，故在評量的過程中，單一情境的觀察資料很容易產生偏頗的結果，以致評量者很難根據一次測量的結果，就做出正確的判斷。因此，多元評量、多方蒐集資料的結果，才能讓專業人員對兒童的發展現況有更全面及正確的了解，也才能對測量結果及兒童的發展現況做出較完整的解釋，以及適當的判斷與教育決定，此即所謂的多元評量原則（傅秀媚譯，2005）。

因此，不論是在篩檢評量、診斷評量，或是教學評量的過程中，都應該以多元評量的方式來進行，而不能僅以某項測量結果來做決定。蒐集多方的相關資料來做綜合研判，才能有根據地做出較準確的判斷，以達成最佳的適性化教育之決定。多方的資料來源通常包括一種以上的測量結果，例如：對兒童的實際觀察、直接以適當的正式和非正式評量工具測量、訪談家長或主要照顧者（包括教師等）平日的觀察及意見，以及專業團隊的建議等。

原則三：評量應使用發展合宜的評量方式

「發展」一詞描述了個體生命的身體與心理變化之歷程，幼兒測驗工具之使用和編製的基礎乃源於兒童發展理論。Gesell（1925, 引自 Blasco, 2001）建立了重要的發展里程碑（milestone）之觀念，即發展能力會在特定時段產生非連續性的跳躍性改變，例如：俗語說的「七坐、八爬、九長牙」，就是里程碑的例子。從坐到爬，或從爬到長牙就是跳躍性的改變，也就是發展不連續的現象。再者，另一個重要的發展準則為──發展是依序漸進的，即在每個發展領域中不同的能力改變會依照一定的順序逐步發生，而這些發展能力是累進的，每個改變即成為後續進階能力的穩固基礎。發展里程碑是大部分兒童發展測驗工具編製時的基本架構，這些發展的表現被用來作為測驗項目的指標能力，以對照出個別兒童目前能力所在的相

對階段。特殊幼兒的發展也大致依循這樣的發展順序，但是有可能會跳過某些指標能力，而呈現出異常或不穩固的發展狀況，此時，兒童發展測驗可以協助我們找出這些指標能力（張世彗，2011）。

此外，幼兒的行為與能力不僅僅是成人的縮小版而已，也與較年長者有質性上的區別，所以幼兒發展能力的分類與較大的學齡兒童有所不同。自從美國的法案通過零拒絕的政策，特殊幼兒評量的焦點就從評估其就學準備度更加轉移至全面性的發展需求（DEC, 2005; Salvia et al., 2007）。相較於學齡兒童偏向學科的分類，幼兒評量的領域著重於發展性能力，其分類主要包括：認知、溝通、粗大動作能力、精細動作能力、社會情感，以及生活自理能力等六大類。幼兒評量的方式或工具會依照這些領域類別的內容而設計，不過也有些工具會將社會情感和生活自理能力歸為一類，而分為五大領域。以下分別簡述六大領域的內容：

1. 認知能力：與心智和智力發展有關，包括模仿、因果關係和空間關係的概念等。
2. 溝通能力：包括接收性語言，即兒童理解被傳達的訊息之能力；以及表達性語言，即兒童溝通想法、感覺或意見的能力。
3. 粗大動作能力：指大肌肉的運用能力，如跑步、走路等。
4. 精細動作能力：是指小肌肉的運用能力，如抓握、使用剪刀等。
5. 社會情感：是指兒童與同儕以及成人互動的能力。
6. 生活自理能力：是指兒童能獨立地執行日常活動的相關能力，如上廁所及用餐等。

原則四：評量應以團隊方式進行

傳統上，不同的專業領域，例如：語言治療、物理治療、職能治療等，會各自進行評估與服務，而家長會帶著兒童分別與不同的專業人員會晤、進行評估和訂定服務計畫，再各自執行服務目標。這類傳統的評量方式，

又稱為「多專業團隊模式」（Multidisciplinary Model），由專業人員主導，缺乏家長主動積極的參與；專業人員間也無正式的溝通平台，雖然可能有非正式的溝通，但是過程中經常會發生不同專業人員的看法有所衝突，導致家長無所適從的情形（McLean et al., 2004）。而特殊兒童之間的個別差異很大，個人和家庭的服務需求又很多元，單一專業的服務方式並無法提供完善的服務，且常造成資源的重複使用與浪費。

因此，早期療育領域非常重視整合不同專業領域，以提供完整的服務，並視團隊取向為達成全面而完整的評量最佳方式。當然的團隊成員除了家長外，依兒童的個別需求情形，還應包括下列人員：心理師、社工師、特教老師、語言治療師、物理治療師、職能治療師、營養師、小兒科醫師等。

另外一種團隊進行方式為「專業間團隊模式」（Interdisciplinary Model），這是一種改良的模式。在評估時，仍由各領域專業人員分別獨立評估，但會透過團隊會議和個案討論的機制，讓團隊成員能有專業間的互動，分享所訂的目標，家長與專業人員也有較正式的溝通管道（McLean et al., 2004）。因此，在介入階段，各專業的治療計畫相較於多專業團隊模式，更能夠融入其他專業所提供的目標，以發展出較完整的療育計畫。在此種模式之下，家長比較能夠獲得一些全面整合的建議，不過家長或老師仍然必須在評估階段，向每位專業人員重複述說兒童的情況。

最符合《DEC實務推薦指標》的是「跨專業團隊模式」（Transdisciplinary Model）。此模式是由一組專業人員所組成的團隊，且家庭也被列為當然的團隊成員，以聯合進行評估（McLean et al., 2004）。此一模式採用「舞台式」評估（arena assessment），由團隊中某一成員擔任主導者，引導幼兒進入活動中將能力展現出來，而其他成員則在旁觀察並適時進行指導（coaching），以協助促進關鍵能力的表現（楊碧珠譯，2009）。跨專業團隊模式的優點在於，專業人員無需針對同樣的項目重新評估，較省時省力，對幼兒的打擾也較少，但是較不易維持特定測驗工具的標準化程序。不過，

如果在評估過程中有些項目無法觀察，則可由家長加以報告。必要時，可以安排另一個評估，團隊成員之後再聚在一起討論結果和計畫服務內容（王于欣，2006）。

原則五：團隊評量應將家長納為夥伴

影響兒童身心發展的社會生態系統，以家庭系統的影響最鉅，故家庭在早期療育服務中扮演了相當重要的角色；家庭成員的參與，尤其是擔任主要照顧者的家長，會影響特殊兒童接受早期療育服務之成效。研究發現也支持了家長在早期療育的參與程度與特殊幼兒的發展進步有顯著相關（Ramey & Ramey, 1998）；所以，早期療育強調以家庭為中心模式，提供家庭支持性和個別化的服務，鼓勵家庭參與，強調家庭擴權，以協助提升家庭在特殊幼兒的療育過程中所扮演的角色和功能，讓家長成為主動的參與者，了解自己在滿足兒童特殊需求上的中樞性和長期性角色，並能參與決定所需的療育服務與資源（王于欣，2006；邱佳寧，2000；Gallagher, Rhodes, & Darling, 2004）。

因此，將家長參與納入評量的過程是不可或缺的，DEC（2005）的《DEC 實務推薦指標》，即將家長參與視為幼兒評量的重要指導原則。不過，家長對兒童障礙的接納情形可能會影響其參與的能力和意願，也可能會因為對專業術語望而生畏，或與專業人員教育社經地位的差異而怯步，故在評估過程中，專業人員應注意不過度使用專業術語並適時加以解釋，且應以對等尊重的態度來與家長互動，並留心建立信任感（McLean et al., 2004）。在實際評量操作過程中，家長可以提供兒童某些不易直接觀察到的真實且長期的行為表現。另外，家長在解讀和回應兒童某些行為線索時，常常會比專業人員更敏銳，所以可以讓家長自己選擇在評估兒童時願意擔任的角色，例如：協助者、誘發者、觀察者、評估者等。最後，家長還可提出家庭環境中以及其他影響兒童發展的因素，並列入療育計畫的考量。

原則六：評量應儘量在自然情境中進行

傳統的評估是在高度結構化的情境中進行，例如：醫院的診間或學校的施測室，兒童被要求「在短時間內、陌生情境中、面對陌生的成人時，展現出奇怪的行為」（Bronfenbrenner, 1979, p. 19），所以這樣的觀察往往容易失真。Bracken（1991）指出，測驗行為從來不能被解釋為幼兒的典型行為（引自張世彗，2011）。因此，專業人員愈來愈重視在熟悉、舒適以及令兒童感興趣的自然情境中進行評估（Meisels & Provence, 1989, 引自王于欣，2006）。故進行評量時，應盡可能選擇兒童日常所熟悉的地點，例如：在幼兒園中或家庭裡，並囊括兒童所熟悉的互動對象在評估過程中，例如：保母或家長。此外，在形式、內容及玩具的選擇上，應考慮到幼兒的興趣、動機和特殊需求的調整，此都會協助兒童展現出其真實的能力（楊碧珠譯，2009；DEC, 2005）。有些學者更提出以遊戲為基礎的評估此一重要觀點（Blasco & LaMontagne, 1996, 引自 Blasco, 2001; Linder, 1993）。此方式乃以團隊方式進行，透過遊戲為媒介，在遊玩中系統性地觀察幼兒的技巧與能力。此方式對兒童較不具侵入性，並且較具彈性，可依兒童的活動程度、氣質、能力等反應進行觀察。遊戲誘發者必須先了解需要從兒童身上得到什麼樣的訊息，而什麼樣形式的遊戲活動將使兒童展現出此類能力，然後適時引導出相對的行為讓團隊成員觀察。

第二節
評量的三個階段及工具

從特殊幼兒被通報、接受評量，到確認幼兒是否符合學前特殊教育服務對象的資格加以鑑定安置，然後決定其在被安置的場所需進行的教育內

容，並評估其學習成效，其過程包括了篩檢評量、診斷鑑定評量，與教學評量等三個不同階段的評量；各階段的目標不同，所採用的工具及評估方式也不相同。此三階段的關係如圖 5-1 所示。

此三大階段也呼應圖 5-2 中，由衛生福利部社會及家庭署（無日期）所提出的早期療育服務流程之四個步驟：（1）從發現可能有發展遲緩的兒童加以通報；（2）經通報或個案管理中心轉介和連結相關資源；（3）進入聯合評估的確診過程；（4）進行療育安置使兒童接受適當的服務。其中，篩檢評量階段涵蓋前兩個發現通報和轉介兩步驟，診斷鑑定階段則在聯合評估和療育安置步驟時進行，而教學評量階段則是在安置之後要提供療育服務時進行。

篩檢評量階段之主要目的是在提醒照顧者，兒童的發展可能有落後的現象，並應注意提供更多的學習刺激與互動；當更多的刺激與互動未能提升兒童的發展能力時，應進一步尋求第二階段之正式診斷鑑定，以確定兒童是否需要接受療育服務。前兩個階段會比較著重在了解兒童整體的發展狀況和落後情形，目的在於確定兒童是否需要接受早期療育，並且評估是否符合服務資格。在此二階段所使用的工具會同時包括非正式評量以及正式評量，其中後者是指具有常模和標準化評量程序的工具。

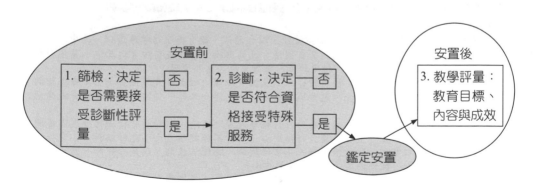

圖 5-1 ▶ 篩檢、診斷與教學評量三階段的目標與流程

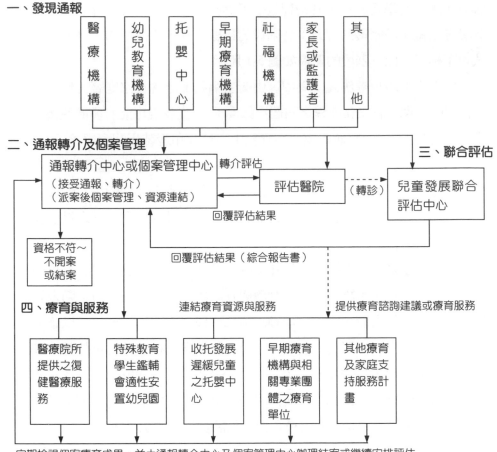

一、發現通報

醫療機構　幼兒教育機構　托嬰中心　早期療育機構　社福機構　家長或監護者　其他

二、通報轉介及個案管理

通報轉介中心或個案管理中心
（接受通報、轉介）
（派案後個案管理、資源連結）　轉介評估　評估醫院　（轉診）

三、聯合評估

兒童發展聯合評估中心

回覆評估結果

資格不符～
不開案
或結案

回覆評估結果（綜合報告書）

四、療育與服務　　連結療育資源與服務　　提供療育諮詢建議或療育服務

醫療院所提供之復健醫療服務　特殊教育學生鑑輔會適性安置幼兒園　收托發展遲緩兒童之托嬰中心　早期療育機構與相關專業團體之療育單位　其他療育及家庭支持服務計畫

定期檢視個案療育成果，並由通報轉介中心及個案管理中心辦理結案或繼續安排評估

說明：

1. 本流程按發現通報、通報轉介及個案管理、聯合評估、療育與服務順序進行，其中：

   （1）發現通報：包含醫療機構、教育機構、社福機構、家長或監護者與其他，其他則含居家托育人員、村里長、村里幹事、警政單位等通報來源。

   （2）通報轉介及個案管理：通報轉介中心及個案管理中心由社政單位負責，負責受理個案通報及為適當之轉介，包含協助聯合評估之轉介工作、個案管理服務及資源連結之轉介工作。

   （3）聯合評估：評估醫院為地方政府自行輔導設置之醫院，針對具有複雜性發展遲緩問題之兒童轉診至兒童發展聯合評估中心，進行團隊評估（含小兒神經科、小兒復健科、小兒心智科、職能治療師、語言治療師、物理治療師、臨床心理師、聽力師、社工師等），提供個案療育計畫建議方向。

   （4）療育與服務：包含醫療院所復健、教育適性安置、早期療育機構安置、安排療育及家庭支持服務計畫等。

2. 本流程服務對象為未進入學齡階段之疑似發展遲緩、發展遲緩或身心障礙兒童及其家庭，或經鑑輔會暫緩入學申請通過之學齡兒童及其家庭。

圖 5-2 ▶ 社家署發展遲緩兒童早期療育服務流程

資料來源：衛生福利部社會及家庭署（無日期）。

當兒童確定有早期療育的服務需求時，就會被安置在適當的服務方案中接受早期療育。此時，就需要第三階段的教學評量，以了解兒童學習能力的起點以及在日常作息中的表現情形，並根據這些資訊來形成個別化的學習目標；在此階段所使用的工具會以非正式評量為主。此外，教學評量還包括持續評估和監控兒童學習後的能力表現之品質與類化情形，以及最後學習目標的達成效果如何。每一階段會使用的評量工具種類和其功能，以及可做出的決定，如表 5-1 所示。在篩檢階段，主要功能為找出疑似遲緩的兒童；在診斷鑑定階段，是確認其遲緩情形；在教學評量階段，則是要找出發展遲緩兒童學習能力之起點。

表 5-1 ▶ 三大階段所使用的評量工具種類及其功能

階段	評量工具種類	重要功能	療育決定	可使用的工具舉例
篩檢評量	非正式檢核	提醒家長兒童可能落後	是否需要正式篩檢或診斷鑑定	「兒童發展檢核表」
	正式篩檢	找出疑似遲緩兒童	是否需要診斷鑑定評量	「兒童發展篩檢量表」
診斷／鑑定評量	正式評量／臨床判斷	找出發展遲緩兒童	是否符合接受服務的資格及服務需求	「嬰幼兒綜合發展測驗」／聯合評估之臨床判斷
教學評量	非正式評量	找出發展遲緩兒童之學習能力起點	教育目標與內容，以及執行成效	「學前特殊教育課程」

資料來源：修改自曾淑賢（2007）。

在當中每一階段的過程都應依前述之系統化、多元評量、發展合宜、團隊評估、以家長為夥伴，以及自然情境等指標性原則來進行。以下將分別介紹於此三大評量階段中，在台灣常用的評量工具。

一　篩檢評量階段

當有關切者（如老師或家人）觀察到幼兒的發展能力或與人相處時的行為反應、適應能力等，都比同年齡的小朋友緩慢，或有顯著的偏差情形時，即可尋求資源協助幼兒進行篩檢。各縣市主要篩檢服務的平台，包括：各地衛生所或醫院、縣市教育局（處）或社會局（處），以及鄰近之師範大學（教育大學）特殊教育中心之諮詢專線。各地的衛生所、醫療院所或幼兒園也會主動對 0 至 6 歲的學齡前兒童進行免費的發展篩檢，對疑似發展遲緩兒童給予通報、轉介並進行追蹤。疑似發展遲緩兒童，只要父母中有一方設籍且實際居住在當地縣市滿一年（含）以上，即可帶幼兒至各地指定之早期療育評估鑑定醫院進行診斷鑑定。

篩檢評量階段包括生理感官與發展篩檢等兩個部分。在進行發展篩檢之前，應先釐清遲緩或偏差行為是否因生理感官因素所導致。在美國，未進行新生兒全面聽力篩檢之前，有許多聽損兒童被誤診為智能障礙兒童，因為聽力損失會阻礙其語言與認知的發展，但這卻是可以被矯治的疾病。一旦確認了生理感官因素並加以矯治之後，再進行療育服務，將會得到更好的成效。

發展篩檢的測驗工具主要用來判斷幼兒發展領域是否有發展遲緩的可能性，並找出需要進一步接受診斷評量的兒童。由於診斷或鑑定的工作較費時費力，例如：一般的正式篩檢工具通常只需 15 至 20 分鐘即可完成，但診斷或鑑定則會需要二至三倍以上的時間；同時，診斷或鑑定也需要更專業的人力來進行；因此，先做篩檢的工作可以讓整個鑑定評量工作事半功倍。在台灣，常用之特殊幼兒檢核表與正式篩檢工具，如表 5-2 所示。但是，有些工具如「丹佛嬰幼兒發展測驗」（簡稱丹佛 2 號），僅有美國常模，其結果可能會有文化偏誤，並不完全適用於台灣的兒童。

表 5-2 ▶ 篩檢評量階段在台灣常使用的學前評量工具

工具種類	工具名稱	年齡範圍	主要施測方式	備註
非正式檢核	「學前兒童發展檢核表」（鄭玲宜、鄒國蘇、呂俐安，1998）	4～72 個月	由主要照顧者回答	常模建立中。可至各地衛生所索取或由網站檢核
正式篩檢	「零歲至六歲兒童發展篩檢量表」（黃惠玲，2000）	0～6 歲	由主要照顧者回答	台灣常模，心理出版社出版
正式篩檢	「嬰幼兒綜合發展測驗」之篩選測驗（王天苗等人，2004）	3～71 個月	直接施測兒童	台灣常模，國立台灣師範大學特殊教育中心印行
正式篩檢	「丹佛嬰幼兒發展測驗」（第二版）（Denver II）（Frankenburg et al., 1992）	0～6 歲	直接施測兒童	美國常模

資料來源：修改自曾淑賢（2007）。

二 診斷鑑定與安置階段

　　診斷是確認某一障礙狀況的出現，並提出原因及適當的處方；而鑑定則是依據評量的結果，以某種標準將事物或人物加以區分的歷程（王于欣，2006；陳麗如，2006）。完成診斷鑑定的過程之後，符合接受特殊教育服務資格的幼兒，就會被安置在適當的場所接受療育服務。以下逐步說明接受特殊幼兒早期療育服務的資格、診斷工具、聯合評估與安置流程。

（一）接受特殊幼兒早期療育服務的資格

　　根據聯合國世界衛生組織（WHO）的研究報告統計，兒童發展遲緩的發生率為 6 至 8%。而依據內政部 2009 年度的人口資料推估，台灣的 0 至

6 歲兒童人數約為 120 萬人，其中特殊兒童應有 8 萬 4 千位。這些落後兒童的可能對象包含三大類別（McLean et al., 2004）：

1. 身心障礙兒童：兒童在生理或心理上若有明顯的障礙類別，就有資格接受服務，例如：唐氏症或感官障礙等。

2. 發展遲緩兒童：是指經由適當診斷評量或工具的測量，在認知發展、生理發展、語言及溝通發展、心理社會發展，或生活自理技能等發展領域，有異常或落後情形的兒童。

3. 高危險兒童：是指有環境或生理的危險因素，可能導致其發展障礙的兒童。生理的危險因素，如出生時體重過輕或早產；環境的危險因素，如受虐兒童、青少年父母或貧窮等。

針對於這三類兒童，台灣的早期療育服務系統雖然嘗試師法美國，但其演變歷程和結構與美國有相當大的不同，故兩者對符合服務資格的認定方式也有所不同。在 DEC（2005）的實務指標「專業人員須符合法律及程序上的要求」中，即意味著評量的結果要能回答「是不是」或「符不符合」時，必須遵循該地區的法令中對發展分布範圍的界定標準。以下將分別介紹美國與台灣對於接受服務資格的不同界定方式。

1.對發展遲緩類別的觀點

台灣與美國的早期療育系統對發展遲緩類別的看法，有著相當大的不同。DEC（2005）發表一立場聲明指出，0 至 8 歲的特殊嬰幼兒並不適用學齡特殊兒童的障礙鑑定類別，因為可能會產生言之過早、並不成熟，或錯誤的分類（premature categorization 或 miscategorization），而導致標籤化或不適當的服務提供。所以，在學前階段應儘量使用發展遲緩為鑑定的類別，這樣還可同時服務到那些無法適用傳統類別鑑定分類的兒童。不過，對於需要某些特定服務的兒童，例如：具視覺或聽覺障礙者，DEC 並不排除須適時使用更明確的鑑定類別之情形。在台灣，學前階段仍是以傳統類別鑑定來分

類身心障礙兒童。根據我國《身心障礙及資賦優異學生鑑定辦法》（2013）第 13 條所描述，發展遲緩的鑑定類別則是當「其障礙類別無法確定者」。

2.美國的服務資格認定

在美國，由於評量工具的發展較完整，透過指定的標準化測驗工具，可以有明確的界定值，輔以觀察及訪談等臨床判斷，即能明確評量找出發展能力落後兒童來接受服務。這些工具通常會使用依常態分布轉換的「標準分數」來表示兒童的表現。每個兒童發展的速度並不一樣，另外還有種族和性別的發展差異，且個別兒童在不同領域的發展速度也不一樣。因此，「正常」的發展時機並非絕對的，有其可能分布的範圍，例如：「七坐、八爬」雖然是大家共同認定的發展時機，但 8 個月或 9 個月才會坐的兒童也不算晚。然而，到底多晚才算太晚呢？是 10 還是 11 個月呢？這些個別兒童的差異透過統計方法的處理，即成為解讀兒童間之正常差異與過度差異的基礎。評量者會以同一族群的常態分布平均值，也就是「常模」，相當於同年齡兒童的平均發展為比較基礎，然後判斷落後兒童的發展能力低於平均值的程度是否超出正常的分布範圍。而「標準差」即是能表達出一位兒童的分數離「平均值」有多遠的重要數值，這也就是下述符合服務資格判定的重要根據。

不過，美國各州所採用之測驗工具與標準並不相同（Shackelford, 2002）。就界定標準來說，有些州採用發展年齡與實際年齡差距的百分比，例如：Oklahoma 及 Montana 兩州，採用在一領域中有 50% 落後，或在兩個以上領域中有 25% 落後為標準；有些州則採用標準差，例如：Oregon 州採用在一領域中落後 2 個標準差或在兩個領域以上落後 1.5 個標準差；還有些州會隨年齡調整其標準，例如：在 Texas 州，2 至 12 個月大的嬰幼兒如落後 2 個月，13 至 24 個月大如落後 3 個月，25 至 36 個月大如落後 4 個月，即符合服務資格。此外，僅有部分區域，包括：California、Guam、Hawaii、Indiana 等八個州，將高危險兒童納入早期療育服務對象內，其他

州則礙於經費等因素，而未提供服務給這個族群。接受服務的兒童比例最高為發展遲緩兒童，約六成以上；身心障礙兒童次之，約兩成以上；高危險兒童則最少（Scarborough, Hebbeler, & Spiker, 2006）。不過，值得注意的是，有相當多的研究顯示，在有生理危險因素的兒童中有許多輕度障礙者，這些兒童一旦接受適當的服務，往往能有很好的效果，其服務需求與效益不可輕忽。

3.台灣的服務資格認定

在台灣，由於標準化診斷工具的不足，無論是《身心障礙及資賦優異學生鑑定辦法》（2013）或是《兒童及少年福利與權益保障法施行細則》（2020），兩者皆未提供明確的發展範圍之界定標準，或指定的評量工具。主要仍是依賴綜合研判過程為主要的決定機制，實際的運作方式大部分是透過特定的醫療鑑定單位或專業人員所組成的專業團隊，來提供臨床判斷。

例如根據《身心障礙及資賦優異學生鑑定辦法》（2013）第 13 條：「……發展遲緩，指未滿六歲之兒童，因生理、心理或社會環境因素，在知覺、認知、動作、溝通、社會情緒或自理能力等方面之發展較同年齡者顯著遲緩，且其障礙類別無法確定者。……其鑑定依兒童發展及養育環境評估等資料，綜合研判之。」而《兒童及少年福利與權益保障法施行細則》（2020）第 9 條所稱的發展遲緩兒童：「……指在認知發展、生理發展、語言及溝通發展、心理社會發展或生活自理技能等方面，有疑似異常或可預期有發展異常情形，並經衛生主管機關認可之醫院評估確認，發給證明之兒童。發展遲緩兒童再評估之時間，得由專業醫師視個案發展狀況建議之。」而各早期療育評估鑑定指定醫院，可向各地衛生局申請核付補助評估鑑定費用，每人每年度以一次為限；凡醫院申請上述補助費用，即不得再向家長另行收取鑑定費用。經過評估鑑定的過程，就可以得知兒童是否符合早期療育服務對象的資格、是否可以接受特教補助與服務，並得知需要哪些服務項目。

（二）診斷工具

診斷／鑑定對特殊兒童來說，是一件重要的事，鑑定結果通常會決定一個兒童是否能接受特殊教育的服務，並因此影響到其後續的發展與學習。特殊兒童的鑑定工作通常是為了決定是否符合服務資格，以及需要什麼樣的服務，因此，在有限的服務資源下，診斷／鑑定具有服務把關的功能。

在美國，由於評量工具的發展較完整，各州可以透過指定的評量工具，輔以觀察及訪談，並依所採用之評量標準而有明確的界定值，進而找出發展能力落後者來接受服務（Shackelford, 2002）。但在台灣，正式診斷測驗並不足，例如：表 5-3 中所列之醫療院所常使用的「學齡前兒童行為發展量表」（CCDI），其實是一教學評量工具；而「貝萊嬰兒發展量表」（第二版）（BSID II）則尚無版權和完整的本土化常模可正式使用（王珮玲，2016）。再加上專業施測人力不足，以及教育和醫療系統缺乏整合等問題，導致目前台灣特殊幼兒的診斷與鑑定，主要仍依賴醫療人員的臨床診斷，以致於常會有不同醫療院所、甚至同一院所對不同個案的診斷標準不同的問題產生，是值得改進的地方。

表 5-3 ▶ 診斷／鑑定階段在台灣常使用的學前評量工具

工具名稱	年齡範圍	主要施測方式	備註
「嬰幼兒綜合發展測驗」（王天苗等人，2004）	3～71 個月	直接施測兒童	台灣常模
「學齡前兒童行為發展量表」（CCDI）（徐澄清等，1978，引自王珮玲，2016）	6 個月～6 歲半	由主要照顧者回答	台北常模。原版測驗之定位為教學評量工具，但在台灣被使用為診斷工具
「貝萊嬰兒發展量表」（第二版）（BSID II）	1～42 個月	直接施測兒童	美國常模。台灣有常模（陳淑美，1991，引自王珮玲，2016），但無使用版權

資料來源：修改自曾淑賢（2007）。

表 5-3 中之「嬰幼兒綜合發展測驗」（Comprehensive Developmental Inventory for Infants and Toddlers, CDIIT）是國內唯一一套本土化、多向度、標準化、具台灣常模參照的發展量表（王天苗等人，2004）。其編製原理乃依照發展理論，分成五個領域來評估，包括：認知、語言、動作、社會、自理能力等發展狀況及行為表現，適用於實足年齡介於 3 至 71 個月的一般嬰幼兒或發展遲緩嬰幼兒。此測驗共有篩選和診斷兩題本，篩選題本用來初步決定嬰幼兒是否有「疑似遲緩」的情形，若有，則可利用診斷題本（共343 題）進一步診斷嬰幼兒在各發展領域的能力及行為表現情形。CDIIT 為一套個別測驗，是由直接施測和父母填寫問卷兩種評量方式來蒐集嬰幼兒的發展及行為資料。

CDIIT 之常模樣本為來自台灣北、中、南、東四區，共 3,703 名嬰幼兒，具良好的信度與效度。在效度方面，無論是診斷或篩選測驗的得分，均隨年齡增加而顯著增加，而且內部結構一致性高。診斷測驗的重測信度和內部一致性信度結果頗佳，但需要注意的是，父母和教師對嬰幼兒社會和自理能力的觀察者間信度較低。研究發現，此測驗之診斷測驗的準確率高，並建議診斷測驗總分所得 DQ 用以判斷發展遲緩的最佳切截點為 77.5（即 -1.5 個標準差）（王天苗、廖華芳，2007）。此外，CDIIT 對日後的特殊教育需求與在校表現具短期預測力，也有長期預測效果，但相隔時間愈長，測驗結果與日後特殊教育需求和在校問題間的關係愈弱（王天苗，2005）。但礙於此工具在訓練資格上需求嚴謹，且較費時費力，在實務上的普及性並不高。

（三）聯合評估

由於台灣的發展遲緩服務資格認定主要依賴專業人員的綜合研判，因此有醫療體系中聯合評估中心的設置。聯合評估中心的設置，是台灣推動發展遲緩兒童早期療育的特色之一。隨著「早期發現、早期療育」的概念逐漸普及，行政院衛生署在 1997 至 2005 年的九年期間，於北、中、南、

東各區，在各縣市區域級以上的醫院輔導成立「發展遲緩兒童聯合評估中心」；至 2005 年，為避免兒童過早被標籤化並減少家長之抗拒，發展遲緩特定的醫療鑑定單位即指所謂的聯合評估中心，並刪除了「遲緩」二字，更名為「兒童發展聯合評估中心」，簡稱「聯評中心」（王于欣，2006），主導科別為復健科、小兒神經科、精神科或是兒童心智科，其在早期療育服務系統中扮演了一個關鍵性的角色。為提高家長帶兒童就醫之便利性，並縮短等待評估時間，2007 年更配合全民健保轉診制度，除已設立之 26 家「聯評中心」外，並增設 75 家評估醫院，以加速兒童的發展評估。衛福部網頁 2019 年公布之名單共補助 51 家醫療機構設置（衛生福利部國民健康署，無日期）。

在成立開始的階段，醫院的「聯評中心」仍以門診方式運作，家長須配合不同門診的時間，所以可能今天看完小兒科，三天後要來看復健科，然後再來到復健中心等等，往往半年都完成不了一份報告。隨後，各醫院即因應使用者的需要調整聯合評估的運作流程，使門診時間能整合為同步進行，這些改變嘉惠了許多特殊幼兒及其家長，減輕其因四處跑門診和長時間等待結果而產生的焦慮與困擾（曾淑賢、王文伶，2007）。

特殊幼兒經家長、教師及其他相關人員發現與篩檢之後，通報至通報轉介中心，再經由通報轉介中心轉介至評估單位進行診斷與鑑定。然後，再由評估單位轉介至適當的療育服務單位，讓幼兒能接受最適宜的介入服務。最後根據這些臨床判斷的結果，綜合研判。

各醫院的兒童發展評估流程並不完全相同。目前國內發展遲緩兒童聯合評估的方式，包括聯合門診與特別門診。聯合門診的診斷方式，是經由醫療專業團隊聯合會診的方式來進行，評估鑑定的科別包括小兒心智科、小兒神經科、耳鼻喉科與復健科醫師，以及物理治療師、職能治療師、語言治療師、社會工作師、臨床心理師、特教老師等，依每一位兒童的發展狀況決定由哪些科別或治療師進行評估。

（四）安置流程

經「聯評中心」確診的特殊幼兒，應由評估單位轉介至適當的療育服務單位加以安置，讓幼兒能接受最適宜的介入服務。但是，目前台灣各地的「聯評中心」與通報轉介中心，以及下游的療育服務機構之角色仍未釐清，且合作機制尚未完善。此外，由於多年來服務系統未經整合，0至3歲之幼兒的服務原來是由社政單位承辦，3至6歲幼兒的服務則是由教育單位承辦。2012年，政府正式推動幼托整合，服務分工調整為0至2歲及2至6歲，但許多縣市承辦單位之間的轉銜與分工仍待整合，2至3歲的服務權責仍待整頓與建置。

整體而言，0至2歲者通常自行在療育與醫療復健單位選購（shopping around）服務；0至2歲者的服務選擇有私立托嬰中心接受巡迴輔導服務、療育機構的日托或時段制課程，以及醫療院所之復健單位所提供的日托或時段制治療課程。

2至6歲者則可通報教育局（處），然後再次接受鑑輔會的評量，以確認服務需求，才能進入公立幼兒園就讀，使用特殊教育的相關資源。可能安置場所有特教班、資源班、巡迴輔導班、在家教育，以及普通班等，詳細內容請參考本書第四章。鑑輔會的全名為「特殊教育學生鑑定及就學輔導委員會」，此委員會的組織人員包括主任委員，由該縣市市長擔任；其他委員則由主任委員敦聘醫護人員、心理專家、學術機構、教育行政人員、各類特殊教育專長的教師，以及家長組織來擔任。所負責的服務項目主要包括：擬定關於鑑定、安置及輔導三項工作的實施方式和程序，建議專業團隊和特殊教育資源中心專業人員的遴聘，並提供關於特殊學生安置的專業建議。

家長須在指定期限內向登記單位登記，才能參與鑑輔會入公幼之評估。在接受鑑輔會的評估時，若兒童已超過一年未做過評量，建議在入公幼或

小學前，至「聯評中心」重新評估一次，以提供鑑輔會兒童發展狀況的輔助資料。由於安排聯合評估通常需要時間，因此建議家長在兒童申請入學前半年就應該進行。鑑輔會決定安置時，通常會以「就近入學」為原則，若學區內沒有合適的學校，鑑輔會可以協助安置在合適的學校。家長可以依優先選擇讓兒童就讀幼兒園普通班或是特幼班，並填寫第一及第二志願學校。通常各個幼兒園也會提出可供安置的名額，鑑輔會人員再依照兒童的狀況評估是否合適媒合，若不合適再提出建議；做出安置決定後，會個別通知家長，家長再持安置同意書至該園報名。鑑輔會也會為兒童安排專業團隊服務，但需要家長同意。通常專業團隊服務包括職能治療、物理治療和語言治療。

三 教學評量階段

在鑑定安置階段回答完「是不是？」的疑問之後，接著是特殊幼兒由評估單位轉介至適當的療育服務單位安置，而安置單位主責的教師需要為每個兒童撰寫「個別化教育計畫」（Individualized Education Program, IEP）。由於前述之篩檢及診斷評量階段所使用的標準化測驗，著重於與常模的對照比較，無法具體反映出兒童的個別學習需求，因此，當一位特殊兒童經過鑑定確認其符合特殊教育的服務資格，並且接受安置之後，安置單位應該要進行教學評量，以找出兒童學習的能力起點，才能進一步擬定其 IEP 的教育目標及相關的教學計畫。

教學評量比前述之正式評量更能深入提供關於兒童的優弱勢能力、需求、興趣、學習風格，以及能力現況等訊息。評量的結果能解讀兒童的發展情形，並提出教學介入的建議。優弱勢能力為學生內在發展能力的相對趨勢，例如：小明的優勢是社會互動能力，但語言溝通能力為其弱勢。而能力現況則是學生在某一發展領域中目前的表現情形，例如：在語言溝通領域，小明目前會用簡單句來表達意思，但還不會使用複雜句。

每當我們想要了解兒童所知道的、對於所知的應用情形、如何習得所知、介入策略的效果如何等，就應適時地進行教學評量（Keilty, 2010）。最重要的是要能了解這些能力的功能為何，亦即評量兒童如何使用這些能力參與在日常作息中（包括其文化背景），同時也要考慮其能力的品質與類化情形（Keilty, 2010）。因此，Keilty 建議在評量時應配合下列幾項提問（p. 63）：

1. 兒童的優勢與弱勢為何？
2. 兒童參與活動的情形如何？兒童應習得哪些能力以參與更多？
3. 兒童能獨立做到什麼？如何讓兒童更獨立地參與活動？
4. 兒童如何與他人互動？是否有其他的互動方式？
5. 兒童適應情境的能力如何？是否有被過度刺激，或者其反應低於預期應有的反應之情形發生？

在教學前，需進行起點能力的評量，此有助於教學內容的調整；當教師依學生的發展情形規劃並執行教學介入後，評量仍要持續進行。在教學進行中，應持續進行形成性評量，以隨時掌握學生的學習狀況；而在教學後，則應做總結性評量，以確認教學是否有效果，並作為下一階段教學介入的能力起點。同時，教學評量也應依照多元評量的原則，多方蒐集資料的結果，才能讓專業人員對兒童的發展現況有更全面及正確的了解，對測量結果及兒童的發展現況做出完整的解釋。多方的資料來源通常包括一種以上的測量結果，例如：對兒童的實際觀察、直接測量、家長或主要照顧者平日的觀察及意見，以及專業團隊的建議等。

教學評量又稱為非正式評量，因為沒有標準化的程序，並且不需對照常模，而是以學生自己為參照的效標，以了解其進步情形。其評量方式，除了我們慣常使用的檢核表、評定量表、問卷等，學前階段常被採用的教學評量方式還有課程本位評量、功能性評量和真實評量，以下將逐一加以介紹。

（一）課程本位評量

課程本位評量乃是以實際上課的課程內容來考量學生的能力，同時將測量所得資料直接用於教學。為提供教學者快速而有效的教學規劃資訊，通常會附有各領域活動設計的指引。課程本位評量的基本特性包括：

1. 測驗內容選自於學生所學的課程內容，或取自於配合此測驗所使用的課程。
2. 應經常且重複施測，以了解學生能力的進步情形（每二至三個月一次或更常）。
3. 測驗結果可直接使用於教育決定。

課程本位評量主要可分為著重流暢性、正確性或標準參照等三種取向，其測量目標和結果分別列於表 5-4 中。

表 5-4 ▶ 課程本位評量的種類

種類	測量目標	結果呈現	備註
流暢性	學生反應速率	某時間單位內的正確反應次數	操作簡易，能快速反映學生的進步情形
正確性	學習內容對學生的難易度	正確反應與錯誤的比例	操作簡易，教學上最常使用
標準參照	學生依難易順序排列能力目標之表現	學生對目標的精熟水準	目標取自設計好的課程

一般來說，在學齡階段，流暢性課程本位評量的使用較為普遍。但由於學前特殊教育階段主要以發展性課程為主，因此，在此階段最常使用的乃是依難易順序排列能力目標之標準參照的課程本位評量。目前在台灣常被使用的學前課程本位評量，列於表 5-5。

表 5-5 ▶ 教學評量階段在台灣常使用的學前課程本位評量

工具名稱	年齡範圍	特色	備註
兒童訓練指南（香港協康會，1987）	0～6 歲	內容豐富詳盡且具特殊訓練課程	2001 年在台灣由第一社會福利基金會出版
學前特殊教育課程（王天苗編，2000）	0～6 歲	內容豐富且具特殊訓練課程，另外還有家長版	可免費下載（http://www.set.edu.tw）
嬰幼兒評量、評鑑及課程計畫系統（瑞復益智中心譯，2000；瑞復益智中心、林珍如譯，2000）	0～3 歲／3～6 歲各二冊	以活動本位取向來設計內容，強調自然情境的運用	英文版於 1993 年出版，中文版於 2000 年由心理出版社出版
Portage 早期教育指導手冊（雙溪啟智文教基金會，1994）	0～6 歲	專為到宅教師設計，較其他工具簡易，方便攜帶	英文版於 1975 年出版，中文版於 1984 年出版
卡羅萊納課程（張嘉芸、黃湘茹譯，2008）	0～3 歲	強調自然情境的運用	英文版於 2004 年出版，中文版於 2008 年由心理出版社出版
早期療育課程評量（林麗英，2009）	0～6 歲	側面圖可呈現幼兒發展的優弱勢能力，但沒有對應的課程和策略	2009 年由心理出版社出版
嬰幼兒早期療育課程綱要（第一社會福利基金會，2006）	0～6 歲	有電腦軟體繪製側面圖呈現優弱勢能力	2006 年由第一社會福利基金會出版

資料來源：修改自曾淑賢（2007）。

標準參照的課程本位評量實施程序，依序如下：

1. 分析課程與學生需求的領域。

2. 使用課程本位評量決定學生該領域的起點能力。

3. 根據前一步驟之結果，擬定教學目標和表現標準。

4. 設計教學活動和評量步驟；評量步驟應融入例行教學活動。

5. 進行教學評量與記錄資料。

6. 分析資料以作為下一階段決定起點能力的根據。

7. 進入下一階段課程本位評量，重複以上之步驟。

在步驟五進行教學評量與記錄資料時，如果學生的表現達到預期的標準，即可進行步驟六下一個階段課程目標的介入與評估。但是如果經過一段時間，如兩至三個月，學生的表現仍未有明顯的進步，則應調整教學的情境與方式；若仍無改善，則應降低目標的程度。反之，若學生很快達到標準，如一至兩個星期，則應提高目標的難度，讓教學與評量的設計更有效率。

（二）功能性評量

每個兒童都會有發脾氣、情緒失控、頂嘴或產生攻擊行為的時候。在幼兒階段，控制情緒和轉換觀點的能力尚未成熟，較容易藉著外顯行為來表達意見、抒發情緒，而特殊幼兒的發展又較一般幼兒遲緩，常常更缺乏表達情緒的語言能力。面對特殊幼兒的問題行為，成人應避免先入為主地將問題根源標籤為：兒童喜歡找麻煩、不合作、不乖、不聽話、愛哭、太好動、愛打人、脾氣不好、太挑嘴等，而是需先了解問題背後的成因或後果，才能釜底抽薪從根本進行問題行為的矯正，或預防問題行為的產生。問題行為背後的可能原因很多，可能是生病、營養不良、睡眠不足，或剛剛經歷一些家庭或人際互動的重大事件等。

功能性評量主要是要找出行為問題的功能，即先了解其發生的原因，再根據行為問題的功能／原因設計介入的策略。功能性評量可以提供關於行為問題的客觀資料，並以「支持性」的態度來提出應對策略。對於任何

年齡層的兒童而言，功能性評量都適用於發展有效行為支持。其以行為學派的理論為基礎，假設行為是反應環境中的刺激，觀察這些刺激和行為的發生情形，就成為找出行為問題原因的線索。在蒐集刺激和行為資料時，功能性評量具體的內容應包括：前提事件（A）、目前的行為表現（B），以及行為後果（C），即所謂的 A-B-C 觀察步驟，格式如表 5-6 所示。

表 5-6 ▶ A-B-C 功能性評量的觀察紀錄格式

觀 察 者： 目標行為：					
日期	地點	前提事件（A）	目前的行為表現（B）	行為後果（C）	備註
提出的假設與對策：					

資料來源：張世彗、藍瑋琛（2014）。

在記錄及分析行為問題功能時，可分為下列幾項步驟來進行：

1. 正確描述行為表現（B）。

2. 正確描述行為後果（C）。

3. 探討行為問題的前因／前提事件（A）。

4. 根據 A-B-C 觀察到的行為模式，形成行為問題產生之原因的假設。

5. 針對上述假設提出對策，以預防行為問題繼續發生。

而在形成假設與提出對策時，應注意一些基本原則，如表 5-7 所列舉。

表 5-7 ▶ 運用功能性評量觀察表解釋所蒐集資料的基本原則

項目	內涵
原則一	檢視行為，以決定何種行為正在發生、發生的頻率，以及某些或所有行為似乎是共同發生的。
原則二	檢視表格，以了解行為是否在特定的時間內一致性地發生，以及特別指標是否與特別行為的發生有一致性關係。
原則三	考量表格的感受功能與真正的行為後果，來確認不同行為的可能功能及維持它們的行為後果。
原則四	基於觀察資料，決定先前的結論性陳述是否正確、是否應該被修正或放棄，以及是否需要發展額外的陳述。

資料來源：張世彗、藍瑋琛（2014）。

（三）真實評量

從教學實踐的角度來看，評量在教與學的歷程中皆扮演著重要的角色。評量是教學品質的把關，也是學習成效的檢視。幼兒評量的主要目的，乃是為了解幼兒的「全人孩童」（the whole child）之發展情形：情緒、社會、身體動作、認知等；特殊幼兒的評量則期望透過評量的訊息，提供教師、早期療育專業人員、家長對嬰幼兒早期療育的服務內容和方式有進一步了解。由於早期療育派典的移轉觀：對自然情境的重視、採用發展合宜的實務，和提供家庭本位的服務，標準化測驗（或紙筆測驗）對幼兒發展和學習評量引發了許多的省思，此顯示出以幼兒為主體的評量之重要性，也開啟了以真實性、多樣性、適性化和動態觀點的多元樣貌之評量（Bagnato, 2009）。真實評量（authentic assessment）即是多元化評量思潮興起當中的重要評量方法。

教師在真實自然的情境中評量嬰幼兒的實際表現，並依嬰幼兒所需來計畫教學、布置情境、調整課程。教師所蒐集到的評量資訊包括：遊戲、語言、思考的表現（Commission on the Whole Child, 2007; Jones, 2003）。真實評量的方法提供了：嬰幼兒學習了什麼、了解了什麼、具備了什麼能力，以及如何學習等資訊的全面性完整訊息（Erickson, 2007）。許多評量研究者和專業組織也提到，檔案（portfolio）是真實評量中的主要方法（MacDonald, 2005; NCTM & NAEYC, 2002; Stiggins, 2005）。檔案中所蒐集到的評量資料和訊息，反映出符合發展合宜觀點的幾項真實評量目的：

1. 評量應支持課程與教學目標，能測量出具有教育意義的資訊，並將可用的訊息回饋給教師和幼兒。
2. 評量工具應多元化，實施程序須考慮受評幼兒的特質，包括：年齡、語言、種族、社經地位，以及學前教育經驗等（ASCD, 2006）。
3. 評量工具和實施程序須考慮幼兒的個別學習差異、學習風格和學習速度。
4. 評量資料的蒐集情境，必須反映幼兒的真實表現和日常活動。
5. 評量資料提供專業人員和家庭關於幼兒進步的具體資訊。
6. 評量資訊必須對幼兒的學習有益，有助於課程與教學的調整，並成為和家庭溝通、評鑑教育方案的資訊。

幼兒檔案有下列四個目標（Kingore, 2007）：

1. 建立幼兒的自我價值感：當幼兒回顧檔案資料時，他們能看到自己不同時期的作品，也能看見自己發展能力的改變和進步，因而對學習產生意義和獲得成功的經驗。
2. 運用連續性的資料來了解幼兒的學習和發展：蒐集幼兒在不同活動的連續性資料（例如：美勞作品、說故事的錄音資料、體能活動檢核紀錄、教師提問的回應紀錄、學習區活動的觀察紀錄等），以作

為評量幼兒學習和發展的資料。幼兒、家長和教師並能藉由檔案資料了解幼兒學習和發展的歷程及程度。

3. 運用檔案資料調整教學：幼兒在教室裡的真實學習經驗資料，有助於教師反省教學，這些資料對於教師在落實特殊幼兒的課程和教學調整上尤其重要。

4. 肯定幼兒的學習：幼兒、家長和教師透過檔案中的資料，共同分享幼兒學習的歷程和成果，對幼兒學習和發展的改變是鼓勵也是肯定。

　　幼兒參與的活動是蒐集檔案資料的來源，教師可依據作息活動計畫蒐集資料的內容和方法。

　　真實評量相當具有彈性，能依據課程內容、教學需求，以及學生的個別差異做適當的調整。評量的方式和標準也非常多元，能從不同角度探測學生真實的表現，更易掌握學生學習發展的情形。不過，其缺點是較為耗時費力，也較為主觀（張世彗，2011）。

第三節
未來發展

　　DEC（2014）的《DEC 實務推薦指標》和文獻都建議，特殊幼兒的評量應以團隊方式進行／團隊評量應將家長納為夥伴；但在進行團隊合作模式時，應於事前謹慎規劃，並且讓參與評估的人員事先溝通其所使用的模式及欲達成的理念及目標，讓專業人員及家長充分了解其角色及任務，才能發揮最佳效果。目前，台灣大部分的「聯評中心」和家長都已揚棄多專業團隊模式，因為其過於耗時費力，無法及時協助發展遲緩兒童。以北部

一都會縣市為例，較早之前「聯評中心」進行評量的方式，是由家長至各科門診以掛號方式進行，轉介和評估等資料未能整合，所以最後的鑑定報告亦未能有效整合。全程時間安排耗時甚久，有時幾個月，甚或半年、一年之久，缺乏時效性，影響發展遲緩兒童的診斷時機，進而影響整體療育的進行，以致於破壞了早期療育「及早發現，及早治療」的立意。近年來，該縣市將個別門診整合為每週固定的發展遲緩聯合門診時間，嘗試提供專業間、甚至跨專業團隊的評估方式；但家長仍不易融入團隊成員的角色，這是值得努力的方向。

前文中提到，評量過程包括了篩檢評量、診斷鑑定評量，以及教學評量等三個不同階段的評量。值得注意的是，評量的三階段並非各自獨立，每一階段的評量結果應該要能回饋至兒童的服務，並作為下一階段評量的基礎，才能符合前述之系統化評量原則，也才能落實DEC所提出「評量報告應是家庭能理解且實用的」（DEC, 2005）。例如：根據診斷評量的結果，可以了解幼兒的優弱勢能力，再依此優弱勢表現來進行教學評量的能力起點之評估，以利用優勢、發展弱勢的原則來設計教學目標及內容。台灣目前各個階段的評估仍偏向各自獨立進行，例如：診斷結果或專業團隊評估的結果往往停留在醫療系統，或只將簡單的摘要轉介至服務機構，能有效提供作為設計兒童介入服務的參考相當有限，這是另一個需要面對的挑戰。

台灣於2012年開始逐步採用「國際健康功能與身心障礙分類」（International Classification of Functioning, Disability, and Health, ICF），這項健康分類系統之前經過了世界衛生組織（WHO）九年的修訂協調，終於在2001年通過了國際通用的版本，這項變革也將影響特殊幼兒的鑑定與評量方式（Simeonsson, Scarborough, & Hebbeler, 2006）。

ICF主張，一個人的健康圖像，是由生活中許多因素互動的動態過程，而非靜態的。即使一個人有疾病或身體功能受損，但若有支持其生活活動

的環境之幫助，這個人即沒有障礙。ICF 不同於過去身心障礙分類系統，它將活動與社會參與之構面整合入身心障礙分類系統，為身心障礙與復健資料庫之建立與標準化提供了新工具。不論一個人的健康狀況如何，ICF 分類系統都能適用，它關注於個體的功能性狀態，而非病症或疾患。因此評估時，應先由活動與參與評估開始，再根據其活動與參與之問題及／或優先項目，進一步評估在其疾病下，個案活動與參與受限之可能相關的身體功能與結構之限制因素，以及環境因素與個人因素之妨礙因素及有利因素，與個案共同討論，以了解增進個案社會參與度之相關服務需求（廖華芳、黃靄雯，2009）。

ICF 的架構包括功能和障礙，以及情境因素兩大部分。功能和障礙又細分為「身體功能與構造」及「活動與參與」等兩個成分；情境因素又分為「環境因素」及「個人因素」等兩個成分。ICF 允許透過評估的方式來判斷障礙程度，但它並不是一項測量工具。ICF 分類系統補充了世界衛生組織的「國際疾病與相關健康問題統計分類」（第十版）（The International Statistical Classification of Diseases and Related Health Problems, 10th Revision, ICD-10）的不足，因為 ICD 只包含了疾病診斷與健康條件的資訊，卻沒有功能性狀態的描述。ICD 與 ICF 目前是世界衛生組織國際分類家族（The WHO Family of International Classifications, WHO-FIC）中的核心分類系統。不過，目前台灣大部分專業人員及家長，對於 ICF 以及各評估工具與 ICF 編碼之連結仍需更多熟悉，有關社會參與及環境之評估方式與標準仍然很模糊；因此，若要落實 ICF 架構去進行身心障礙者鑑定及評估，仍有許多人員培訓的挑戰。此外，教育與醫療系統的評估要求以及流程的不一致也亟需統整與更多的溝通合作，以減少家長在系統間疲於奔命，也避免資源的重複與浪費。

問題與討論

1. 當幼兒園的教師察覺某位兒童有異常的行為與發展時，可以採取哪些步驟來了解這位兒童的問題？
2. 承上題，在評量上述兒童的過程中，教師如何落實幼兒評量的六項原則？
3. 評量為何應儘量在自然情境中進行？
4. 在評量的三大階段中，各有哪些在台灣常用的工具可以使用？
5. 當一位幼兒園的教師想進行真實評量，需要蒐集哪些資料內容？可以採用哪些方法來蒐集？

參考文獻

【中文部分】

王于欣（2006）。家長對兒童發展聯合評估中心評估服務指標之研究（未出版之碩士論文）。國立台中教育大學，台中市。

王天苗（2005）。嬰幼兒綜合發展測驗之預測效度研究。**特殊教育研究學刊，29，** 1-24。

王天苗（編）（2000）。**學前特殊教育課程**。台北市：教育部特殊教育小組。

王天苗、廖華芳（2007）。嬰幼兒綜合發展測驗之判定準確度及切截點分析。**特殊教育研究學刊，36**（2），1-15。

王天苗、蘇建文、廖華芳、林麗英、鄒國蘇、林世華（2004）。**嬰幼兒綜合發展測驗編製報告**。台北市：國立台灣師範大學特殊教育中心。

王珮玲（2016）。**幼兒發展評量與輔導**（第六版）。新北市：心理。

余民寧（2011）。**教育測驗與評量：成就測驗與教學評量**（第三版）。台北市：心理。

身心障礙及資賦優異學生鑑定辦法（2013 年 9 月 2 日修正發布）。

兒童及少年福利與權益保障法施行細則（2020 年 2 月 20 日修正發布）。

林麗英（2009）。**早期療育課程評量：指導手冊**。台北市：心理。

邱佳寧（2000）。談特殊兒童家長的權利賦與。**特教園丁，16**（1），28-30。

香港協康會（1987）。**兒童發展手冊**。香港：作者。

張世彗（2011）。**特殊幼兒評量**。台北市：五南。

張世彗、藍瑋琛（2014）。**特殊教育學生評量**（第七版）。台北市：心理。

張嘉芸、黃湘茹（譯）（2008）。**卡羅萊納課程：為特殊需求嬰幼兒所設計**（原作者：N. M. Johnson-Martin, S. M. Attermeier & B. J. Hacker）。台北市：心理。（原著出版年：2004）

陳麗如（2006）。**特殊學生鑑定與評量**（第二版）。台北市：心理。

傅秀媚（譯）（2005）。**嬰幼兒特殊教育：出生到五歲**（原作者：F. G. Bowe, 1995）。台北市：五南。

曾淑賢（2007）。學前特殊教育的服務對象與鑑定安置。載於曾淑賢（主編），**學前特殊教育輔導手冊**（頁 19-30）。桃園縣：私立中原大學特殊教育中心。

曾淑賢、王文伶（2007）。影響早期療育相關機構間合作的因子之探討。**特殊教育研究學刊，32**（1），57-76。

黃惠玲（2000）。**零歲至六歲兒童發展篩檢量表**。台北市：心理。

第一社會福利基金會（2006）。**嬰幼兒早期療育課程網要**。台北市：作者。

楊碧珠（譯）（2009）。**幼兒特殊教育**（原作者：S. R. Hopper & W. Umansky）。台北市：心理。（原著出版年：2004）

瑞復益智中心（譯）（2000）。**嬰幼兒評量、評鑑及課程計畫系統**（第一冊）：**出生至 3 歲的 AEPS 測量**（原作者：D. Bricker）。台北市：心理。（原著出版年：1993）

瑞復益智中心、林珍如（譯）（2000）。**嬰幼兒評量、評鑑及課程計畫系統**（第二冊）：**出生至 3 歲的 AEPS 課程**（原作者：J. Cripe, K. Slentz & D. Bricker）。台北市：心理。（原著出版年：1993）

廖華芳、黃靄雯（2009）。「國際功能、障礙和健康分類」（ICF）簡介及其於台灣推廣之建議。**物理治療，34**（5），310-318。

衛生福利部社會及家庭署（無日期）。**發展遲緩兒童早期療育服務流程**。取自：https://www.sfaa.gov.tw/SFAA/Pages/List.aspx? nodeid=1203

衛生福利部國民健康署（無日期）。**兒童發展聯合評估中心服務聯絡資訊**。取自：https://www.hpa.gov.tw/Pages/Detail.aspx? nodeid=148&pid=548

鄭玲宜、鄒國蘇、呂俐安（1998）。學前兒童發展檢核表。台北市：台北市政府。

雙溪啟智文教基金會（1994）。**Portage 早期教育指導手冊**。台北市：作者。

【英文部分】

Association for Supervision and Curriculum Development. [ASCD] (2006). *Multiple measures of assessment: Policy paper*. Alexandria, VA: Author.

Bagnato, S. (2009). *Authentic assessment for early childhood intervention*. New York, NY: The Guilford Press.

Bagnato, S. J., Neisworth, J. T., & Munson, S. M. (1989). *Linking developmental assessment and early intervention: Curriculum-based prescriptions*. Rockville, MD: An Aspen Publication.

Blasco, P. (2001). *Early intervention services for infants, and their families*. Upper Saddle River, NJ: Pearson.

Bronfenbrenner, U. (1979). *The ecology of human development*. Cambridge, MA: Harvard University Press.

Commission on the Whole Child. (2007). *The whole child*. Alexandria, VA: Association for Supervision and Curriculum Development.

Division for Early Childhood. (2005). *DEC recommended practices*. Longmont, CO: Sopris West.

Division for Early Childhood. (2014). *DEC recommended practices in early intervention/ early childhood special education 2014*. Retrieved from http://www.dec-sped.org/recommendedpractices

Division for Early Childhood. (2016). *DEC recommended practices with examples*. Retrieved from http://www.dec-sped.org/recommendedpractices

Erickson, H. (2007). *Concept-based curriculum and instruction for the thinking classroom*. Thousand Oaks, CA: Corwin Press.

Fewell, R. R. (2000). Assessment of young children with special needs: Foundations for tomorrow. *Topics of Early Childhood Special Education, 20*(1), 38-42.

Frankenburg, W. K., Dodds, J., Archer, P. et al. (1992). *The Denver Developmental Screening Test (DDST), DENVER II*. Denver, CO: Denver Developmental Materials.

Gallagher, P. A., Rhodes, C. A., & Darling, S. M. (2004). Parents as professionals in early intervention: A parent educator model. *Topics in Early Childhood Special Education, 24*(1), 5-13.

Jones, J. (2003). *Early literacy assessment systems: Essential elements*. Princeton, NJ: Educational Testing Service.

Keilty, B. (2010). *The early intervention guidebook for families and professionals: Partnering for success*. New York, NY: Teachers College Press.

Kingore, B. (2007). *Assessment: Time-saving procedures for busy teachers* (4th ed.). Austin, TX: Professional Associates Publishing.

Linder, T. (1993). *Transdisciplinary play-based intervention*. Baltimore, MD: Paul H. Brookes.

MacDonald, S. (2005). *The portfolio and its use: A roadmap for assessment* (2nd ed.). Little Rock, AR: Southern Early Childhood Association.

McLean, M., Wolery, M., & Bailey, D. (2004). *Assessing infants and preschoolers with special needs*. Upper Saddle River, NJ: Pearson.

National Council of Teachers of Mathematics & National Association for the Education of Young Children. [NCTM & NAEYC] (2002). *Early childhood mathematics: Promoting good beginnings*. Washington, DC: Author.

Ramey, C. T., & Ramey, S. L. (1998). Early intervention and early experience. *American Psychologist, 53*(2), 109-120.

Salvia, J., Ysseldyke, J., & Bolt, S. (2007). *Assessment: In special and inclusive education*. New York, NY: Houghton Mifflin.

Scarborough, A., Hebbeler, K., & Spiker, D. (2006). Eligibility characteristics of infants and toddlers entering early intervention services in the United States. *Journal of Policy and Practice in Intellectual Disabilities, 3*(1), 57-64.

Shackelford, J. (2002). *State and jurisdictional eligibility definitions for infants and toddlers with disabilities under IDEA* (NECTAC Notes No. 11). Chapel Hill, NC: The University of North Carolina, FPG Child Development Institute, National Early Childhood Technical Assistance Center.

Simeonsson, R. J., Scarborough, A. A., & Hebbeler, K. M. (2006). ICF and ICD codes provided a standard language of disability in young children. *Journal of Clinical Epide-miology, 59*, 364-372.

Stiggins, R. (2005). *Using student-involved classroom assessment to close achievement gaps* (4th ed.). Columbus, OH: Merrill Prentice-Hall.

第六章

個別化教育計畫與 個別化家庭服務計畫

林秀錦、柯秋雪

　　小東是個自閉症的孩子，他有一個溫暖融洽的家庭，家人彼此相互支持。在教養上，爸爸、媽媽強調讓小東學習獨立，也會透過溝通的方式、堅持的態度引導其建立適當的行為。

　　小東剛上幼兒園時，媽媽會主動告訴老師有關孩子的脾氣習性和有效處理策略，讓老師能夠很快掌握小東的特質，幫助他適應新的環境並能參與幼兒園生活。關於「個別化教育計畫」（IEP）目標的擬定，媽媽會表明自己的期待，也會將小東在復健診所上課時治療師指導的內容和老師分享，以便於老師能將治療師的意見融入 IEP 中。媽媽也會定期和老師討論 IEP 目標執行的進度，檢視 IEP 目標的績效成果。

上述所提的「個別化教育計畫」（Individualized Education Program，以下簡稱IEP）是特殊教育服務的基礎。國內特殊教育法令規定，教育階段的學校（含幼兒園）應該以團隊合作方式對身心障礙學生訂定 IEP。在美國，法令除了規定為 3 歲以上特殊兒童擬定 IEP 之外，更向下延伸到嬰幼兒階段，為嬰幼兒及其家庭擬定「個別化家庭服務計畫」（Individualized Family Service Plan，以下簡稱 IFSP）。本章將敘述 IEP 與 IFSP 的發展與法令基礎、擬定 IEP 與 IFSP 的流程及參與的相關人員、IEP 與 IFSP 的內容及其比較，以及發展 IEP 與 IFSP 的步驟。

IEP 與 IFSP 的發展與法令基礎

一 美國的發展與法令基礎

IEP 與 IFSP 的起源，可以回溯至 1970 年代的美國。在 1970 年代之前，身心障礙學生的教育權益總是受到忽略或遭到排斥，許多州甚至明文規定，拒絕身心障礙學生入學。這些被學校拒絕的學生，有些安置在不適合的場所，有些則是接受不恰當的教育。教育人員將身心障礙學生編到特殊班，期望特殊班能夠根據學生的能力設計教學，但卻發現編入特殊班的身心障礙學生，其學習進展並沒有比就讀普通班的時候好，學習成果未見提升（Goodman & Bond, 1993）。

儘管這樣的負面評價可能有所偏頗，然而，在當時倡導「正常化原則」、「回歸主流」的風氣下，特殊教育工作者仍試圖尋找一種方法，希望一方面能保障身心障礙學生在最少限制的環境下，獲得適性的個別化教學；另一方面則希望能讓教學者對於身心障礙學生的學習成果負責。因此，

幾位特殊教育學者，例如：J. Gallagher 與 A. Abeson 等人，即開始推動績效責任（accountability）的概念；他們主張簽訂契約書，讓家長可以平等地參與擬定教育方案，評估學習目標的達成情形，也讓教育者為教育方案的成敗負起責任。這種契約書的概念，也是後來 IEP 的雛型（Goodman & Bond, 1993）。

1970 年代是 IEP 概念在美國成熟開花的年代，當時公民權利運動覺醒，社會大眾開始關注身心障礙者受歧視的問題。1971 年有名的訴訟案：「賓州法案」和「哥倫比亞法案」，正是身心障礙者有權接受公立教育的重要里程碑。以「賓州法案」為例，賓州政府曾於 1949 年通過《公立學校法典》（Public School Code of 1949），該法典包含許多歧視條款，導致大批智能障礙學生無法享有免費的公立教育；1971 年，賓州智能障礙兒童協會以及家長提出訴訟，控告賓州政府違反聯邦憲法，最後法院判決賓州政府敗訴，自此智能障礙學生有權與一般孩子一樣，接受免費的公立教育。同年，聯合國大會發表「智能障礙者權利宣言」（Declaration on the Rights of Mentally Retarded Persons），呼籲各國政府為智能障礙者爭取應有的權利，提供機會讓他們發揮最大的潛能。

當時，愈來愈多訴訟案、公聽會以及學術刊物均呼籲，透過個別化的方案，減少隔離性安置、營造最少限制環境、協助家長參與擬定學生的教育目標，並且共同督導教學，評估學生的進步情形。到了 1975 年，美國聯邦政府公布了《全體殘障兒童教育法》（即《94-142 公法》），首次明文規定學校要組成專業團隊，為 3 至 21 歲的身心障礙學生擬定「個別化教育計畫」（IEP），並提供適性的教育方案。1986 年，聯邦政府公布了《全體殘障兒童教育法修正案》（The Education for All Handicapped Children Act Amendments，即《99-457 公法》），將服務對象的年齡層向下延伸，規定專業團隊要為 0 至 2 歲特殊幼兒及其家庭，擬定適合其家庭的「個別化家庭服務計畫」（IFSP）。

表 6-1 為美國有關 IEP 與 IFSP 的重要法令（林素貞，2007；Bateman & Bateman, 2014; Heward, 2005）。

表 6-1 ▶ 美國關於 IEP 與 IFSP 之重要法令整理

年代	法令名稱	特殊教育的規定及 對於 IEP／IFSP 的重要意涵
1975	《全體殘障兒童教育法》（The Education for All Handicapped Children Act，即《94-142 公法》）	• 零拒絕。 • 無歧視的評量。 • 免費且合適的公立教育（Free, Appropriate Public Education, FAPE）（規定每位特殊學生都需要有一份 IEP）。 • 最少限制環境（least restrictive environment）。 • 訴訟程序保障。 • 家長與學生參與、共同決策。
1986	《全體殘障兒童教育法修正案》（The Education for All Handicapped Children Act Amendments of 1986，即《99-457 公法》）	• 除了重申 IEP 的精神之外，更進一步增訂 H 部分的條文（Part H），強調家庭對特殊幼兒的重要性。 • 對 0～2 歲嬰幼兒及其家庭，擬定 IFSP，提供早期療育方案的服務。這是美國聯邦政府為特殊幼兒及其家庭所提供的服務。
1990	《身心障礙者教育法》（Individuals with Disabilities Education Act，簡稱 IDEA，即《101-476 公法》）	• 重申 IEP 中所強調之免費的公立教育及其相關的服務流程與程序，並擴展原有的法案內容，強調早期療育服務與效益，以及轉銜需求。
1997	《身心障礙者教育法修正案》（Individuals with Disabilities Education Act Amendments of 1997，即《105-17 公法》）	• B 部分的條文（Part B）是針對 3～21 歲的身心障礙學生擬定 IEP，提供特殊教育服務。

（續下頁）

年代	法令名稱	特殊教育的規定及 對於 IEP／IFSP 的重要意涵
		・C 部分的條文（Part C）則是針對 0～2 歲的特殊嬰幼兒擬定 IFSP，提供早期療育的服務。 ・轉銜分為兩大階段：早期療育階段轉銜（early intervention transition）及中學階段轉銜（secondary transtion）。 ・針對有行為問題的學生，IEP 的專業團隊必須實施功能性行為評量（functional behavioral assessment）與提供正向行為支持計畫（positive behavioral support, PBS）。
2004	《身心障礙者教育促進法》（The Individuals with Disabilities Education Improvement Act, IDEIA，簡稱 IDEA 2004，即《108-446 公法》）	・減少繁文縟節的 IEP 文件和文書。 ・IEP 三年期長程目標設計之實驗。 ・彈性調整 IEP 會議的形式和必要的出席人員，以及目標的敘述形式。 ・高素質（高合格）的特殊教育教師。

二 台灣的發展與法令基礎

國內特殊教育發展受到美國的影響，於 1979 年開始有學者引進 IEP 的概念，並嘗試推廣 IEP 的擬定，然而這些 IEP 的擬定並無一致的內容（陳明聰，2016），1984 年公布的《特殊教育法》也尚未將 IEP 納入其中；雖然如此，學者與相關從業人員仍不遺餘力地倡導為每個身心障礙學生擬定 IEP。1997 年《特殊教育法》修正，IEP 的規範與內容終於正式納入法令中，其中規定得邀請身心障礙學生家長參與 IEP 之擬定及教育安置。2019 年再次修正《特殊教育法》，在第 28 條中明訂學校應該以團隊合作方式對身心障礙學生訂定 IEP，訂定時應邀請家長參與，必要時家長得邀請相關人

員陪同參與。但在 IFSP 方面，國內目前並沒有相關法源的規定，而是交由各縣市早療個管中心與早療機構因地制宜來擬定與執行。

第二節
IEP 與 IFSP 的擬定流程與參與人員

　　IEP 與 IFSP 是學前特殊教育與早期療育的核心，提供相關服務之前應先確定服務的對象，以確保在服務流程中提供適性的服務。

一　擬定 IEP 與 IFSP 的流程

（一）擬定 IEP 的流程

　　在美國，學校相關的單位與人員應針對 3 歲以上的特殊學生提供一份 IEP；我國也明定每位身心障礙學生應有一份 IEP。Bryant、Smith 與 Bryant（2008）提出擬定 IEP 的具體流程，如下頁圖所示。

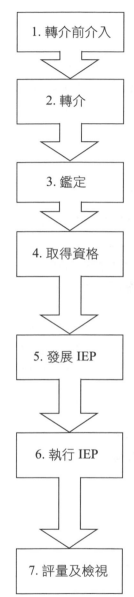

1. 轉介前介入	轉介前輔導之目的是希望透過有效的實務方法,解決學生的學習與行為需求,以避免轉介至特殊教育。
2. 轉介	2004 年 IDEA 強調「發現兒童」(child find)的重要性,家長、學校、公衛護士、日托班老師、醫生等,在發現危險群的兒童(例如:早產兒、低體重,遭受創傷、虐待,或是明顯障礙的兒童)時,應該轉介至相關的專業服務。
3. 鑑定	評量是鑑定過程的基礎。鑑定的流程需要專業團隊的協調與合作,以了解學生的優勢與待加強的地方。
4. 取得資格	由評估資料綜合研判該生是否有障礙、是否符合特殊教育服務的資格,並決定該生的教育安置方式。其責任由普通班老師、特教老師、行政人員,以及相關合適的專業人員共同擔任。
5. 發展 IEP	在經歷過上述的轉介前介入、轉介、鑑定、取得資格等步驟之後,即召開 IEP 會議。IEP 是由專業團隊的成員共同決定合適的目標,然後制定一份優質的教育方案[1]。假如學生有行為問題,需為此生撰寫行為介入計畫。
6. 執行 IEP	安排合適的教育安置場所,依據學生的能力現況與需求擬定 IEP,進行教學與評量的規劃與調整,並提供相關的專業服務與協助。
7. 評量及檢視	2004 年 IDEA 要求 IEP 有其績效責任。檢視 IEP、確保 IEP 是否符合學生的目標,並能檢視學生的學習情形。《沒有一個孩子落後法案》(No Child Left Behind, NCLB)與 2004 年的 IDEA,都要求所有學生皆要參與每年在州或地方的測驗或替代評量。有些評量是每天或每星期實施的,其目的在指導教學與確定預定的介入是有效的。

---

[1] IEP 團隊成員的參與是很重要的,為了使 IEP 會議能有效率地完成,負責召集 IEP 會議的負責人,應在會議前事先蒐集所需要的資料,讓每位成員都可以提供重要的訊息。本章末附錄 1 提供一則 IEP 會議之相關資料檢核表,以供讀者參考。

（二）擬定 IFSP 的流程

　　在美國，IFSP 是針對 3 歲以下的特殊嬰幼兒及其家庭所規劃的服務方案，其強調以家庭為中心的服務，將服務融入家庭生活的作息，以促進嬰幼兒的發展。IFSP 流程的具體說明，如下圖所示（New York State Department of Health, 2009）。

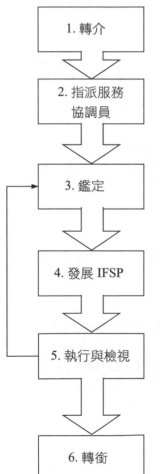

1. 轉介	發現嬰幼兒有障礙或疑似障礙情況時，轉介至早期療育方案。
2. 指派服務協調員	嬰幼兒被轉介至早期療育方案後，指派一位服務協調員（service coordinator），並負責向家長介紹與解釋早期療育的相關服務。
3. 鑑定	至少有兩位專業人員對嬰幼兒進行評估，其中一位是針對嬰幼兒特定問題或障礙的專家，以確定其是否需要接受早期療育的服務，並了解其發展之優弱勢。
4. 發展 IFSP	嬰幼兒在取得服務的資格後，服務協調員須召開會議，以訂定 IFSP。IFSP 是一份書面的計畫，必須在轉介至早療機構 45 天內完成。
5. 執行與檢視	發展 IFSP 之後，嬰幼兒可立即接受早期療育的服務。服務可在家中、早療中心、親子團體、嬰幼兒團體，或是家庭支持團體等地點來進行。IFSP 必須每 6 個月重新檢視一次，而且每年由 IFSP 的團隊成員再次鑑定。
6. 轉銜	早期療育的服務只到 3 歲，嬰幼兒 3 歲時將轉銜到學前特殊教育服務。

二 參與的相關人員與角色

（一）IEP

1.參與擬定 IEP 的人員

　　IEP 是指運用專業團隊的合作方式，針對身心障礙學生特質所訂定的特殊教育及相關服務計畫（Bryant et al., 2008; Martin, 2005）。2004 年，IDEA 中提到 IEP 的專業團隊成員應該包含：學生的家長、至少一名特殊教育教師、至少一名普通班教師（若是學生有接受普通教育時）、地方教育局的代表、能解釋評量結果對教學影響的專家或相關專業人員（由家長或教育主管機關邀請），以及身心障礙學生（如果合適的話）。

　　國內《特殊教育法》（2019 年 4 月 24 日修正）第 28 條即為「個別化教育計畫」之條款，明訂專業團隊擬定 IEP 的必要性：「高級中等以下各教育階段學校，應以團隊合作方式對身心障礙學生訂定個別化教育計畫，訂定時應邀請身心障礙學生家長參與，必要時家長得邀請相關人員陪同參與。」而依照 2013 年修正的《特殊教育法施行細則》第 9 條規定：「……參與訂定個別化教育計畫之人員，應包括學校行政人員、特殊教育及相關教師、學生家長；必要時，得邀請相關專業人員及學生本人參與，學生家長亦得邀請相關人員陪同。」

2.參與人員的角色與任務

　　Bryant 等人（2008）指出，IEP 的擬定與實施，需要團隊成員的合作與分享，提供家長協助與支持，並重視學生的自我決策與自我擁護。學校校長是在每個學校團隊合作中的主要人物，除了校內的協調管理外，應盡可能協助提供特殊教育服務。特殊教育教師則是協助轉介前介入與介入的資料蒐集、進行評量、與家長及相關專業人員合作、發展 IEP、執行 IEP，記錄、評量與調整 IEP 的進步情形，以及協調學生的相關服務。學校心理師

則進行學生的評量工作，以完成心理衡鑑報告。若學生安置在普通班，普通班教師應與特殊教育教師合作與分擔工作，並參與 IEP 會議、協助排課與提供相關的服務、調整課程以提供學生合宜的教育、記錄與評量調整課程後的成效，並與家長溝通與合作（Bryant et al., 2008）。

在 IEP 團隊中，家長是不可或缺的成員，其扮演著獨一無二的角色，與幼兒有著終身的家庭關係（Martin, 2005）。2004 年 IDEA 進一步強調與增強家長的角色，家長為教師的合作者，教師可在 IEP 會議前訪談家長，以了解家長對 IEP 的期待（Churchill, Mulholland, & Cepello, 2008）。

（二）IFSP

1.參與擬定 IFSP 的人員

IFSP 之擬定與執行，需要專業團隊的合作與協調，參與的人員包含：家長（主要照顧者或是其他家庭成員）、家長要求參與的人員、負責執行 IFSP 的服務協調員、早期療育行政人員、鑑定的相關專業人員，以及服務提供者（Cook, Klein, & Chen, 2016）。

2.團隊合作中家長與服務協調員的角色與任務

在參與 IFSP 的相關專業團隊成員中，服務協調員扮演著非常關鍵性的角色，他們是執行 IFSP、協調各機構與專業人員提供早期療育服務的主要人員（U.S. Department of Education, 2004）。一般而言，其任務可能包含下列幾個事項（Allen & Cowdery, 2015; Cook et al., 2016）：

（1）協調個別幼兒的評量與確認家庭的需求。

（2）提供家庭相關服務的資訊。

（3）使家長能融入專業團隊中。

（4）安排 IFSP 會議的時間。

（5）鼓勵相關人員交換想法與建議。

（6）增進有創意、整合與協調的介入意見。

（7）紓緩人員協調時之問題與衝突。

（8）與家長約定家訪時間，並定期更新管理紀錄。

（9）協助家長獲得適當的服務之單一窗口。

（10）協調兒童轉銜到其他方案與提供追蹤服務。

家長為 IFSP 專業團隊的成員之一，並扮演著非常重要的角色。在《99-457 公法》中提到，IFSP 的內容應該充分為家長解釋，在提供早期療育服務之前，須取得家長的同意，並簽訂書面同意書。此外，專業人員應協助幼兒及其家長從 IFSP 至 IEP 之轉銜服務，相關事宜則主要交由服務協調員來執行。

 專欄

為文化殊異家庭擬定 IEP 與 IFSP 的原則

美國是文化的熔爐，讓不同文化背景的家庭有意義地參與 IEP 與 IFSP，是重要的課題。國內早期療育新移民家庭與新移民之子的議題也日益受到重視，為文化殊異家庭擬定 IEP 與 IFSP，除了釐清家庭優勢、需求和家庭資源，擬定符合幼兒優勢與需求的目標之外，更應注意以下兩個原則（Zhang & Bennett, 2003）：

1.考慮跨語言、跨文化的原則：對於不同文化的家庭，若專業人員缺乏了解或是溝通困難，可能會誤判孩子的能力，而導致錯誤的鑑定與安置。有學者即建議需聘請翻譯員，解決語言溝通的問題；翻譯員應該要熟悉特殊幼兒家庭的文化和語言，也要能了解特殊教育的專業知識。透過翻譯員，可以協助專業人員了解家庭的價值、行為意涵、語言和家庭儀式，也可以幫助家庭了解特殊教育專業人員所持的價值信念、行為意涵，以及特殊教育服務的內涵。

2. 擬定教育目標時，需要考慮不同文化的家庭信念和價值：為了發展出符合社會價值和家庭可以接受的教育目標，專業人員需要考量孩子和家庭的生態脈絡（例如：在家使用的語言、孩子每天生活的社區環境等），真誠、開放地與家庭討論。比較自身與家庭之間信念的差異，在符合家庭特質、信念和優勢下擬定幼兒的教育目標。

第三節
IEP 與 IFSP 的內容及其比較

本節主要陳述 IEP 與 IFSP 的內容，最後將 IEP 與 IFSP 加以統整，並比較其異同。

一 IEP 的內容

國內的 IEP 已納入 1997 年所修正的《特殊教育法》之中，各縣市目前已依據法令的內容規定進行特教評鑑。2013 年修訂之《特殊教育法施行細則》第 9 條重申 IEP 是運用團隊合作方式，針對身心障礙學生個別特性訂定之特殊教育及相關服務計畫。IEP的內容亦有所調整，而且與舊法不同，在第 10 條除規定新生及轉學生應於入學後一個月內訂定 IEP 外，其餘在學學生則應於開學前訂定 IEP。第 9 條所訂定之 IEP 內容，則調整成下列事項：

1. 學生能力現況、家庭狀況及需求評估。

2. 學生所需特殊教育、相關服務及支持策略。

3. 學年與學期教育目標、達成學期教育目標之評量方式、日期及標準。

4. 具情緒與行為問題學生所需之行為功能介入方案及行政支援。

5. 學生之轉銜輔導及服務內容。

前項第五款所定轉銜輔導及服務，包括升學輔導、生活、就業、心理輔導、福利服務及其他相關專業服務等項目。

值得一提的是，IEP的內容強調家庭狀況及需求評估的必需性，以及為情緒與行為問題學生提供所需的行為功能介入方案與行政支援。

在美國，IDEA則說明了IEP是一份書面的文件，內容應包含以下幾個要點（U.S. Department of Education, 2004）：

1. 學生目前學業與功能性表現的能力現況。
2. 可測量的年度目標，包含學業與功能性目標。
3. 針對會議訂定的年度目標，並敘述學生進步的情形。
4. 特殊教育與相關服務。
5. 參與普通班的課程及相關活動，若學生無法參與普通班的課程及活動，IEP 中也要說明不能參與的原因。
6. 服務的起迄與計畫的修正。
7. 採用適當的評量調整方式，以測量學業成就與功能性的表現；若採用替代性評量，須說明不能參與一般性評量的原因，以及替代性評量是否適合該生。
8. 學生的第一份IEP不能晚於 16 歲，並須每年更新一次；轉銜服務需能協助學生達到轉銜訂定的目標。

三 IFSP 的內容

IFSP 包含促進兒童發展，以及提升家庭促進兒童發展服務的相關資訊。經由 IFSP 的服務流程，將家庭成員與服務提供者變成一個團隊，共同計畫、實施與評量關於家庭資源、關切事項與優先順序（Bruder, 2000）。IFSP 應該包含哪些內容，國內並沒有相關的法令規範，而美國的 IDEA 則明確規範了以下幾項 IFSP 書面資料的內容（U.S. Department of Education,

2004）：

1. 嬰幼兒目前生理、認知、社會或情緒，以及適應能力發展的狀況。

2. 說明家庭資源、關切事項與優先順序，以提升嬰幼兒的發展。

3. 描述嬰幼兒及其家庭的預期成果，包括：適合該嬰幼兒識字前語言能力的目標、決定進步程度的評量標準、程序與持續時間，以及是否需要調整預期成果以及相關服務。

4. 所提供的服務必須是經過實證研究有效的早療服務，在合理可行的範圍內，所提供之服務的頻率、程度與方式，應滿足嬰幼兒及其家庭的特殊需求。

5. 早期療育的服務最好在自然環境中提供，若是無法在自然環境中提供，則必須提出正當理由。

6. 服務的起迄日期與頻率。

7. 確定服務協調員。服務協調員應是與嬰幼兒及其家庭需求最直接相關的專業人員（或是其他具有相關資格的專業人員），負責執行計畫，並與其他機構和人員協調，其中也包括轉銜服務。

8. 支持身心障礙幼兒轉銜至學前或其他適當的服務。

三 IEP 與 IFSP 之比較

基本上，美國已經有明定的條文來規範 IEP 與 IFSP。IFSP 以家庭為中心，服務對象以 0 至 2 歲的嬰幼兒與家庭為主，而 IEP 則以幼兒為中心，兩者皆考量到家庭與幼兒的優勢與需求，需要專業的團隊合作與協調，且家長是團隊的成員之一，強調家長的參與及合作，重視 IFSP 到 IEP 之無縫隙的轉銜。表 6-2 是以美國為例，針對 IEP 與 IFSP 比較其異同處（Bruder, 2000; Gargiulo & Kilgo, 2019; Ray, Pewitt-Kinder, & George, 2009）。

相較於美國以年齡層區分 IFSP（0 至 2 歲）和 IEP（3 歲以上）的服務對象，國內情形略有差異。國內並沒有明文規定要為特殊嬰幼兒及其家庭擬定 IFSP，但實務上許多社會福利機構推動 IFSP 已經行之有年。有些社會

表 6-2 ▶ 美國 IEP 與 IFSP 之比較

向度	IFSP	IEP
服務對象	0～2 歲嬰幼兒及其家庭	3～21 歲的學生
服務地點	自然情境、家中、機構、診所	學校
家庭花費	家庭需自行負擔部分費用	無須收費
執行單位	州政府指派，並指派一位服務協調員，在計畫的發展、實施與評鑑中協助家庭	授權學校管理學生的服務
法令依據	IDEA Part C（早期療育）	IDEA Part B（特殊教育）
服務計畫撰寫時程	45 天內	30 天內
服務重新檢討	每 6 個月一次	每 1 年一次

福利機構針對就讀日托班之 2 至 6 歲特殊嬰幼兒以及家庭，會由個案管理員（簡稱個管員）協助其擬定 IFSP，且由教保員協助擬定 IEP，每隔半年就會檢視 IFSP 和 IEP 兩份文件的內容做適當的修改，當幼兒即將進入幼兒園就讀前，會協助其做轉銜工作的準備。

　　至於進入教育體系就讀幼兒園的 2 至 6 歲特殊幼兒，幼兒園則根據《特殊教育法》及《特殊教育法施行細則》的規定，在新生及轉學生入學後一個月內訂定 IEP，其餘在學學生則應於開學前訂定 IEP，每學期應至少檢討一次。

第四節
發展 IEP 與 IFSP 的步驟

　　IEP 是著重以「兒童」為本位所規劃的教育計畫；IFSP 則是針對特殊

嬰幼兒及其家庭所規劃的服務方案，以「家庭」為本位提供服務，強化家庭的能量，促進嬰幼兒的發展。雖然兩者所強調的焦點不同，但是 0 至 6 歲的幼兒與家人長時間相處，家庭環境和生活作息對幼兒的發展影響甚鉅。因此，在學前階段，不論是 IEP 或是 IFSP，都應該著重家庭支持，與家庭共同合作，促進孩子的發展。

對許多學前教師或早期療育人員而言，IEP 與 IFSP 都是沉重的負擔。他們不知道該如何擬定 IEP 與 IFSP，認為這些文件只是行政單位要求的紙上作業，對教學的幫助不多（李翠玲，2007），尤其要如何敘寫年度目標和短期目標，更讓許多特教老師或學前老師感到困惑與困難。以下首先說明發展 IEP 與 IFSP 的步驟，其次，特別針對特殊幼兒年度目標與短期目標的擬定提供示例做法。

一 擬定 IEP 與 IFSP 的步驟

關於 IEP 與 IFSP 的擬定，可參考以下的具體步驟（Bruder, 2000; Drasgow, Yell, & Robinson, 2001），其中，前兩項是擬定 IFSP 的重點項目，亦可作為擬定 IEP 的參考。

（一）了解家庭資源、家庭關切事項及優先順序

了解家庭資源、家庭關切事項以及優先順序是提供個別化支持與服務的基礎。在家庭資源方面，必須了解家庭教養特殊幼兒所擁有的人力資源、經濟資源和社區資源；而在家庭關切事項與優先順序方面，則必須了解家庭在教養特殊幼兒上關注哪些事情，以及這些關注事情的優先順位為何。Bailey（2004）指出，大部分家庭所關切的事項包括：希望了解有關孩子障礙方面的資訊、處理孩子問題行為的策略、目前適合孩子的療育方案，以及未來可能的教育方案。此外，有些家庭也關心孩子的開銷（基本開銷或特殊輔具的花費）、照護（喘息照顧、日托服務等）、特殊幼兒的手足、專業支持或社區支持（諮商、家長團體或家庭醫生等），以及個案管理服

務（可以協助取得社區資源，協助提供跨機構整合性服務）等事項。

（二）分析幼兒所處家庭及社區活動場域

　　幼兒透過日常生活經驗，逐漸成長與發展，因此 IEP 或 IFSP 團隊成員，需了解幼兒在家庭、幼兒園或社區中的活動場域，檢視幼兒在這些饒富意義且有趣的環境下（例如：洗澡時間、吃飯時間或遊戲時間等）能否有足夠參與和充分的學習機會？例如：在家用餐時間，家人會讓幼兒自己拿湯匙吃飯，容許幼兒飯菜掉得滿桌滿地？或是因為擔心弄髒地板，而由家人餵食？在幼兒園戶外活動時間時，老師是否讓特殊幼兒有公平參與和學習的機會？

（三）評量幼兒能力與需求

　　評量幼兒目前在生活自理、動作發展、溝通、認知、社會情緒等發展領域的能力現況與需求，是擬定 IEP 學年教育目標（或 IFSP 年度目標）的基礎，也是日後評估幼兒進步的起點能力。要提醒的是：最好由一位熟悉幼兒的評量者，在幼兒每天所處的自然環境中進行觀察或評量；此外，孩子日常生活所需的功能性技能，應該是評量的重點。

（四）擬定未來一年的預期成果

　　在蒐集幼兒現階段發展現況、了解幼兒所處環境生態等相關訊息後，IEP 或 IFSP 團隊成員要與家庭共同討論，考量家庭的資源、關切事項和優先順序後，訂定未來一年的預期成果，亦即「年度目標」。IEP 的年度目標偏重於「幼兒本身」的教育目標，而 IFSP 服務的對象包含特殊嬰幼兒及其家庭，因此會兼顧特殊嬰幼兒以及家庭的需要擬定年度目標，不僅限於幼兒個人。

　　編擬年度目標後，IEP 或 IFSP 團隊成員再將年度目標分成數個階段性目標，即為短期目標。短期目標必須和年度目標有相關，是可觀察、可評

量的具體目標，後續才能檢視特殊幼兒的進步情形並持續朝年度目標推進。

　　國內《特殊教育法施行細則》（2013）規定要為身心障礙學生擬定「學年與學期教育目標」。學年教育目標即是上述所稱年度目標，至於學期教育目標可以視為短期目標，或依據學期教育目標再細分為短期目標。

（五）責任分配

　　訂定未來一年的預期成果之後，IEP 或 IFSP 團隊成員要分配工作，以確保一年後能達到預期的效果。由於特殊幼兒最密切接觸的成人通常是老師或家長，建議採用跨專業團隊的模式來實施 IEP 或 IFSP。透過跨專業團隊模式，所有的團隊成員（包括家庭）都要互相教導、彼此學習和共同合作，主要由一個人或少數人執行介入工作，其他成員則提供直接或間接諮詢的服務，例如：職能治療師的角色不再是直接為幼兒進行復健治療，而是在用餐時間觀察幼兒使用餐具的表現，然後建議家長（或老師）如何指導或協助孩子。

（六）確定執行 IEP 或 IFSP 的策略

　　要達成未來一年的預期成果，團隊成員需要共同合作，提供幼兒的學習機會，善用生活周遭的環境，促進幼兒學習，並找出幼兒喜歡的增強方式，選擇最有效策略以達成目標，例如：為了提升嬰幼兒溝通能力發展，團隊成員提供的策略可能包括：建議家長每日陪嬰幼兒讀繪本或聽故事光碟半小時、協助家長規劃交通路線，或讓嬰幼兒有機會到住家附近的親子館聽故事媽媽說故事，並且學習說故事的技巧。

　　教學策略則應融入每天的日常生活中，幫助幼兒學習實用性的技能，使幼兒能夠更獨立，並且提供類化的機會。例如：教導幼兒用口語表達需求，老師和家長可以營造各種機會讓孩子類化這項技能，如將物品放高處讓幼兒拿不到而須開口請求、經常詢問「怎麼了」、運用扮演區製造對話機會等。此外，一個活動應該要能夠融合各種發展領域的技能，例如：在

用餐時間，幼兒想要多喝一些湯，需要溝通技能；抓握餐具，需要精細動作；和同儕互動，則需要社會技巧。介入的情境應該在自然情境下進行，例如：要提升幼兒的精細動作能力，就要鼓勵幼兒多從事著色畫圖、玩拼圖、堆疊積木、拿玩具、用餐具，或是玩手指遊戲等活動。總之，執行 IEP 與 IFSP 的策略應該融入每天的日常生活中，強調學習功能性的能力，並盡可能讓幼兒有能力參與。

國內的《特殊教育法》（2019）規定，需為特殊學生擬定 IEP，並且明確指出 IEP 的內容，因此，幼兒園老師可以根據法令規定，發展幼兒的 IEP。至於 IFSP，因為國內至今並未於相關法令進行規範，因此對於 0 至 2 歲的特殊嬰幼兒，各社福單位所發展出的 IFSP，其內容和格式各有特色。本章附錄 2 和附錄 3 分別提供 IEP 與 IFSP 之表格範例，供讀者參考使用。

三　擬定年度目標及短期目標的具體做法

美國 IDEA 法令（U.S. Department of Education, 2004）規範 IEP 應包含年度目標，雖然沒有明文規定要從年度目標衍生短期目標，不過很多專業人員和學校仍然鼓勵使用短期目標，家長也可以要求在 IEP 中列入短期目標，以協助檢視學生進步情形（Winnick, 2017）。國內《特殊教育法施行細則》（2013）規範 IEP 的內容應包含學年與學期教育目標，學年教育目標即為年度目標。至於學期教育目標，有些 IEP 團隊人員視為短期目標，但也有些 IEP 團隊成員訂定學年與學期教育目標後，會再根據月份細分為數個短期目標，以便進行階段性評量。

國內外學者檢視 IEP 文件，發現關於幼兒的年度目標與短期目標存在一些問題：幼兒能力評量的資訊不足以反映幼兒的能力和需求、幼兒的能力和需求與年度目標的連結相當薄弱、敘寫出來的年度目標與短期目標經常是無法評量的（李翠玲，2007；Capizzi, 2008）。如何敘寫出合適的教育目標呢？可參考以下幾項做法。

（一）評量幼兒的能力與需求

　　擬定年度目標的第一步工作是先評量幼兒目前的能力水準與需求，包括：感官動作、認知、溝通、生活自理、社會情緒等各領域的能力現況，以及這些能力在日常生活功能性表現樣貌。評量可以透過自然情境觀察、訪談、檢核表、課程本位評量、先前療育紀錄以及正式測驗等多元方式蒐集資料，再進行分析彙整。這些幼兒的評量資訊，可以幫助團隊人員勾勒出有意義且真實的年度目標與短期目標，提供教學計畫方面的實用訊息，也能作為日後檢視幼兒學習進展的基礎水準。從圖 6-1 可以看出「評量幼兒的能力與需求」和「年度目標」、「短期目標」的順序與邏輯關係。首先，透過各種評量方式評估幼兒的能力與需求；其次，基於幼兒的能力基礎，訂定一年內努力的方向（年度目標）；最後，為了系統性地評估幼兒的逐步進展情形，再將年度目標區分為數個短期目標，以作為階段性評量的指標（Capizzi, 2008）。

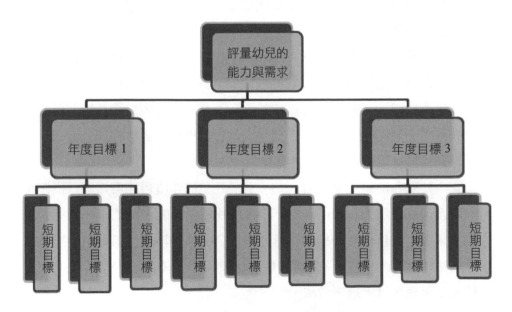

圖 6-1 ▶ 評量與年度目標、短期目標的邏輯

資料來源：取自 Capizzi（2008）。

　早期療育

團隊成員在評估和彙整相關資料後，應敘寫幼兒目前的能力現況。敘寫的原則如下。

1.指出幼兒的「能力」

　　幼兒的能力水準是提供教學介入的起點（Capizzi, 2008），應該正向陳述幼兒的「能力」，而非只關注幼兒「表現弱」或是「無法做到」的行為，例如描述一個 5 歲幼兒：「唱數到 100 有困難」，並無法得知孩子的能力基礎在哪裡，若寫成：「能唱數 1 到 100，但是在遇到 10、20、30……等轉換時，偶爾需提醒才能連續唱數」，此句就可以清楚呈現幼兒的基礎水準；又例如寫為：「描述生活經驗的能力弱」，只能得知幼兒的弱點，仍然看不出幼兒的能力水準，若寫成：「無法完整描述生活經驗，但是用一問一答的方法，可以用簡單句回答經驗」，則有助於教學介入的重點。

2.找出幼兒的優弱勢能力

　　每個特殊幼兒都有其優勢潛能，強化幼兒的優勢能力可以提升孩子的學習自信。從幼兒的優勢能力出發，提升其弱勢能力，也能夠讓教學介入的效果事半功倍。以本章前言所述的「小東」為例，小東在認知能力、溝通、社會互動、生活自理方面均比同年齡孩子遲緩，但是其記憶力佳、喜歡音樂、喜歡團體動態活動等，此即為其優勢能力；因此，團隊成員透過音樂性活動製造同儕互動的機會，能讓小東在愉悅的情境下學習社會互動。

（二）根據優先順序決定年度目標

　　在了解幼兒的能力現況與優弱勢能力後，接下來便是擬定未來一年的預期成果，也就是：「到了明年此時，我們希望幼兒能達到……（預期的表現）」。有些特殊幼兒可能在各個發展領域都落後一般幼兒，但是若將所有落後的能力都列入年度目標，可能會因為目標過多而導致難以達成，因此需要考量輕重緩急優先順序，選擇最重要、最急迫的項目年度目標（李

翠玲，2007）。至於哪些能力要優先處理而列為年度目標呢？以下提出四點考量。

1.功能性的技能

年度目標的選擇，應該考量目標的功能性或實用性，可以幫助孩子更獨立、能改變環境的能力，宜列為優先教導的重點，例如：教導 5 歲幼兒「能自己解開釦子及扣釦子」、「如廁後能自己擦拭乾淨」、「能用手勢或口語表達需要」等，都是功能性的技能。

2.能在自然情境中指導的普遍性技能

幼兒要優先習得的技能，需能夠融入家庭或學校等自然情境中學習。此外，年度目標要能代表一種普通的概念或是一種行為的類別，而不是鎖定在一件獨特的項目或單一的情境，例如：「能疊高數種物品」、「能放置許多不同的物品」、「能拆解許多不同的物品」，會比「能疊高二分之一英吋的積木」、「能將袋中的豆子倒入容器中」更實用。當年度的目標愈能用普遍化的字句陳述，學前教師或家長就愈能彈性地在各種不同情境中教導孩子這項技能，也才能依彈性變換不同的材料及事件（Gargiulo & Kilgo, 2019; Pretti-Frontczak & Bricker, 2004）。

3.家長對幼兒的期待

IEP 與 IFSP 是團隊成員與家庭共同擬定的文件，因此需要考量家長的意見，將家長對幼兒的期待適時納入年度目標中。有些學前教師反應，部分家長對幼兒的期待並不切實際，對孩子的期望過高；此時，並非是與家長之間的拉鋸爭執，而是考量如何將家長的期待融入，例如：家長可能會期望提升幼兒的認知能力，團隊成員則認為幼兒最需要學習的是生活自理，團隊成員可以考慮家長的意見，在生活自理的活動中融入認知的學習，例如：認識餐具、認識常見的蔬菜水果、了解蔬菜水果對人體的益處等。

4.未來環境所需的能力

　　如果特殊幼兒一年後即將轉銜到新環境，則必須考量將未來環境所需的能力納入年度目標，並融入日常生活中教導，例如：大班幼兒的年度目標，可以考慮將小一老師所期待的自理能力、表達需求能力、遵守團體規範等入學準備能力，列為年度目標（林秀錦、王天苗，2004）。

　　團隊成員應根據前述四個考量要點，釐清介入的優先順序後決定年度目標。以小東為例，在評量小東的能力與需求後，羅列小東的所有需求共有七項，經團隊人員討論優先順序之後，決定將「增進與同儕之間的互動能力」、「提升參與團討的注意力」，以及「提升安全意識」、「提升遵守團體規範的能力」等四項列為優先介入的年度目標（如表6-3所示）。

表6-3 ▶ 年度目標優先順序檢核表

幼兒的需求向度	功能性	自然情境	家長期望	未來所需	優先順序
1. 提升手臂肌力		✓			
2. 提升生活經驗的表達能力	✓			✓	
3. 增進與同儕之間的互動能力	✓	✓	✓	✓	1
4. 提升遵守團體規範的能力	✓	✓		✓	3
5. 提升參與團討的注意力	✓	✓	✓	✓	2
6. 提升數量概念、圖形配對能力		✓	✓		
7. 提升安全意識	✓	✓		✓	3

　　年度目標的數量多寡或是難易程度，可從「幼兒」和「環境」兩個層面來加以考量。有些幼兒是來自文化不利或經濟弱勢的家庭，並沒有生理

上的缺陷，若 IEP 與 IFSP 團隊成員評估幼兒具有學習潛能，可以擬定較多數量或是較具挑戰性的年度目標。此外，家庭和學校的人力資源也是考量的重點，家長積極地主動參與、家庭和學校人力資源充沛，團隊成員就可以擬定較多或較具難度的目標。

（三）敘寫年度目標

根據優先順序決定年度介入方向之後，便可以敘寫年度目標。關於年度目標的敘寫方式有不同的觀點，有人認為年度目標是較為概括性的描述（Allen & Cowdery, 2015）；不過也有人認為，應該以具體、可觀察、可評量的方式敘寫年度目標，讓團隊成員一年後可以清楚評估該目標是否已經達成（李翠玲，2007；Lignugaris/Kraft, Marchand-Martella, & Martella, 2001）。

1.以概括性文字陳述年度目標

Allen 與 Cowdery（2015）建議應從較廣泛性、一般性的描述敘寫年度目標，如「能和同儕相處」、「能更獨立」等。值得注意的是，年度目標是期望幼兒表現出的正向或適當行為，因此宜以正向語句陳述，例如：若幼兒在團體活動中，經常出現分心、不專注的行為，年度目標建議以「能專心參與團體活動」取代「改善分心行為」。

若以概括性文字敘寫年度目標，則必須在短期目標說明具體行為、評量標準，這部分後續會介紹。

2.以可觀察、可評量的方式陳述年度目標

另有學者主張以具體可評量的方式呈現年度目標，一方面讓團隊成員可以掌握精確的努力方向，另一方面也可以更具體評量介入的成效。持此觀點者認為，年度目標的敘寫應該包含三個元素：「情況」（condition）、「具體可觀察的行為」，以及「表現的標準」（Lignugaris/Kraft et al., 2001），敘寫方式可參照「短期目標」小節。

（四）將年度目標細分為短期目標

從年度目標衍生出數個短期目標，以便進行階段性評量。短期目標即是在階段性評量中所期望達成的短期成果。短期目標的敘寫，應該要包含前述「情況」、「具體可觀察的行為」和「表現的標準」等三個元素。

1. 情況：情況是敘述用來評量學習成果的材料或是條件，例如：給予身體五官的圖片，小東能正確說出兩個部位；此時，「給予身體五官的圖片」就是情況。

2. 具體可觀察的行為：通常是指團隊成員希望幼兒表現出來的動作或行為，例如：幼兒能正確「說出」五種動物的名稱、幼兒能「指出」紅黃綠三種顏色、幼兒能「用搖頭點頭表示」要和不要等，透過具體可觀察的行為，團隊成員才能夠檢視是否達到目標。請儘量避免使用模糊籠統而難以觀察的行為，例如：了解、知道、認識、發現或察覺等詞彙，舉例來說，幼兒能「認識」五種動物或幼兒能「了解」三種顏色，這樣的敘寫方式並不容易評量。事實上，要評估幼兒是否「認識」、「了解」，勢必需要幼兒「回答」、「指認」或是「區辨」，因此，具體可觀察的行為是敘寫短期目標的重點。

3. 表現的標準：幼兒表現出來的技能或行為必須可以計量，如頻率或持續時間，例如：「能參與靜態的團體活動持續五分鐘，連續五天有四天達到」（Gargiulo & Kilgo, 2019; Pretti-Frontczak & Bricker, 2004）。表現的標準包含三個部分：通過標準、持續次數或時間，以及評量的頻率，說明如下：

   （1）通過標準：通常用正確百分比或是正確反應的比率來表示。

   （2）持續次數或時間：幼兒習得的技能應該要精熟才能夠算學會，因此必須清楚載明幼兒要連續幾次或持續多久才算精熟，例如：連續三次有達到標準就可以算精熟，或者是連續一週達到

標準就算精熟。至於到底要連續幾次通過或連續多久通過才算精熟，則可以由老師的經驗來決定。

（3）評量的頻率：這部分是希望提醒老師評量的頻率，例如：每個星期評量一次或是每週評量兩次。

一個年度目標底下，應該要敘寫幾個短期目標呢？這並沒有一個簡單的答案；事實上，短期目標的數量端視老師的經驗和判斷而定。原則上，要決定擬定幾個短期目標，可以考慮兩點：「這些短期目標需要教多久時間？」以及「根據過去教導這個幼兒的經驗，其他目標達成的時間需多久？」（Lignugaris/Kraft et al., 2001）。

國內《特殊教育法施行細則》（2013）規範 IEP 的內容，需包含學年與學期教育目標，以及達成學期教育目標之評量方式、日期及標準。因此，本文以小東為例呈現 IEP 目標的擬定程序，首先評量小東的能力與需求，其次與家長討論後決定其學年教育目標，最後再根據學年教育目標衍生學期教育目標（如表 6-4 所示）。若 IEP 團隊希望將學期教育目標再細分數個短期目標，方便更密集評量，也是可行的做法。

2004 年的 IDEA 修正案，為了減少 IEP 繁瑣的文書作業，取消了短期目標，只需敘寫年度目標；但是，許多人對此表示嚴重的關切，他們認為短期目標可供老師或家長監控孩子的進步情形，倘若取消了短期目標，將無法了解教育方案的成效，也將無法掌握孩子的進展（Capizzi, 2008）。

表 6-4 ▶ IEP 學年與學期教育目標擬定程序

| 學生姓名：小東 |
| 需求向度：社會互動 |

評量結果：

1. 大多數時間都是一個人獨自玩耍，專注於自己喜歡的玩具。偶爾會和同學玩同一類型的玩具，但口語、肢體互動很少。
2. 和大人的互動較多，能回答老師或大人的問題，哭泣時會尋求大人擁抱與口語安慰。特別喜歡老人和小嬰兒，面對特定喜愛的對象（老人、小嬰兒）時，會主動使用口語互動（「你來了喔！」「你要去哪裡？」），也會熱情地接近。
3. 少有眼神接觸，大人提醒後會看人 1 至 2 秒，隨即轉開。不排斥陌生人的接近，但互動的態度不積極。

需求：需要增進與同儕之間的互動能力。

| 學年教育目標（可觀察、可評量的陳述方式）：

在團體活動時間（全園活動、戶外遊戲時間等）內，每天至少提供五次與同儕相處的機會，使小東能與同儕有社會性互動。連續一個月的觀察後，能達到 80% 就算通過。 | 學年教育目標（概括性描述方式）：
能和同儕互動。 |

學期教育目標：

1. 在團體活動時間（全園活動、戶外遊戲時間等）內，每天至少提供五次機會讓小東靠近同儕，小東能有四次待在同儕身邊，持續一個月就算通過。
2. 在團體活動時間（全園活動、戶外遊戲時間等）內，每天至少提供五次打招呼的機會，小東能有四次和同儕打招呼，持續一個月就算通過。
3. 在團體活動時間（全園活動、戶外遊戲時間等）內，每天至少提供五次請求協助的機會，小東至少有四次能請求同儕幫忙，持續一個月就算通過。

第五節 結語

IEP 的最初目的是績效責任，希望教育人員對於身心障礙學生的學習成果加以負責。發展至今，IEP 已經成為引導課程與教學的方向，並且成為特殊教育評鑑的重要指標。

國內的《特殊教育法》以及《特殊教育法施行細則》已經明文規範，應以專業團隊方式擬定 IEP，並且具體列舉 IEP 的內容。至今，雖尚未有法令規範要為特殊嬰幼兒發展 IFSP，但許多社會福利機構推動 IFSP 已行之有年。因應教育體系服務 2 歲的特殊幼兒，更需要以家庭為中心提供特殊教育服務，建議公私立幼兒園老師在擬定 IEP 時，除了與家長合作為這群幼兒擬定合宜的學年與學期教育目標之外，也能融入 IFSP 精神，提供家庭所需的支持服務。

問題與討論

1. 請說明並比較擬定 IEP 與 IFSP 參與人員的角色與任務。
2. 請說明 IEP 與 IFSP 的內涵，並比較其異同。
3. 為特殊幼兒擬定 IEP 與 IFSP 有什麼優點？有哪些困難？
4. 敘寫可觀察、可評量的年度目標和短期目標時，應該注意哪些重點？

參考文獻

【中文部分】

李翠玲（2007）。**個別化教育計畫（IEP）理念與實施**。台北市：心理。

林秀錦、王天苗（2004）。幼兒入學準備能力之研究。**特殊教育研究學刊，26**，89-108。

林素貞（2007）。**個別化教育計畫之實施**。台北市：五南。

特殊教育法（2019 年 4 月 24 日修正公布）。

特殊教育法施行細則（2013 年 7 月 12 日修正發布）。

陳明聰（2016）。個別化教育計畫。載於林寶貴（主編），**特殊教育理論與實務**（第五版）（頁 351-383）。台北市：心理。

臺北市南區特教資源中心（2020）。**IEP 與會議記錄表參考表格**。取自 https://www.wsses.tp.edu.tw/uploads/1587435593210EFoRlwzO.pdf

臺北市政府社會局（2002）。**個案管理工作手冊**。台北市：作者。

【英文部分】

Allen, K. E., & Cowdery, G. E. (2015). *The exceptional child: Inclusion in early childhood education* (8th ed.). Stamford, CT: Cengage Learning.

Bailey, D. B. (2004). Assessing family resources, priorities, and concerns. In M. McLean, D. B. Bailey Jr. & M. Wolery (Eds.), *Assessing infants and preschoolers with special needs* (pp. 172-203). NJ: Merrill.

Bateman, D. F., & Bateman, C. F. (2014). *A principal's guide to special education* (3rd ed.). Arlington, VA: Council for Exceptional Children.

Bruder, M. B. (2000). *Individual Family Service Plan (IFSP)*. ERIC Early Childhood Digest #E605. Arlington, VA: ERIC Clearinghouse on Disabilities and Gifted Education. (ED 449634)

Bryant, D. P., Smith, D. D., & Bryant, B. R. (2008). *Teaching students with special needs in inclusive classrooms*. Boston, MA: Pearson.

Capizzi, A. M. (2008). From assessment to annual goal: Engaging a decision-making process in writing measurable IEPs. *Teaching Exceptional Children, 41*(1), 18-25.

Churchill, L. R., Mulholland, R., & Cepello, M. R. (2008). *A practical guide for special education teachers*. Upper Saddle River, NJ: Pearson.

Cook, R. E., Klein, M. D., & Chen, D. (2016). *Adapting early childhood curricula for children with special needs* (9th ed.). Boston, MA: Pearson.

Drasgow, E., Yell, M. L., & Robinson, T. R. (2001). Developing legally correct and educationally appropriate IEPs. *Remedial and Special Education, 22*(6), 359-373.

Gargiulo, R. M., & Kilgo, J. L. (2019). *An introduction to young children with special needs: Birth through age eight* (5th ed.). Belmont, CA: Wadsworth Cengage Learning.

Goodman, J. F., & Bond, L. (1993). The individualized education program: A retrospective critique. *The Journal of Special Education, 26*(4), 408-422.

Heward, W. L. (2005). *Exceptional children: An introduction to special education* (8th ed.). Englewood Cliff, NJ: Prentice-Hall.

Lignugaris/Kraft, B., Marchand-Martella, N., & Martella, R. C. (2001). Writing better goals and short-term objectives or benchmarks. *Teaching Exceptional Children, 34*(1), 52.

Martin, N. R. M. (2005). *A guide to collaboration for IEP teams*. Baltimore, MD: Paul H. Brookes.

New York State Department of Health. (2009). *The early intervention program: A parent's guide for children with special needs: Birth to age three*. Retrieved from http://www.health.state.ny.us/publications/0532.pdf

Pretti-Frontczak, K., & Bricker, D. (2004). *An activity-based approach to early intervention* (3rd ed.). Baltimore, MD: Paul H. Brookes.

Ray, J. A., Pewitt-Kinder, J., & George, S. (2009). Parenting with families of children. *Young Children, September*, 16-22.

U.S. Department of Education. (2004). *Individuals with Disabilities Education Act (IDEA)*. Retrieved from http://www.ed.gov/policy/speced/guid/idea/idea2004.html

Winnick, J. P. (Ed.). (2017). *Adapted physical education and sport* (6th ed.). Champaign, IL: Human Kinetics.

Zhang, C., & Bennett, T. (2003). Facilitating the meaningful participation of culturally and linguistically diverse families in the IFSP and IEP process. *Focus on Autism and Other Developmental Disabilities, 18*(1), 51-59.

早期療育

附錄 1　IEP 會議相關資料檢核表

IEP 會議相關資料檢核表

本校預計於○○○○年○○月○○日召開○○○的 IEP 會議，請各位在會議前準備下列資料，俾便會議有效率地進行。如有任何問題，請洽○○○。

家長／監護人

☐ 最近的就醫紀錄或檢查報告。

☐ 最近與相關服務單位接洽所取得的資訊或文件。

☐ 您或家人對這孩子期待的目標。

☐ 孩子在家或社區中的優勢能力。

☐ 您對這孩子重視的事情及其他關切事項。

提供服務之人員

☐ 最近對這孩子的評量或觀察紀錄。

☐ 這孩子在您的教學領域（或治療領域）方面之優勢和需求。

☐ 建議的年度目標。

☐ 上次 IEP 會議至今，這孩子的進步情形。

☐ 這孩子所需的專業服務（類型、頻率）。

普通班老師

☐ 最近這孩子在教室裡的表現（評量報告或觀察資料）。

☐ 這孩子的優弱勢。

☐ 這孩子在普通班學習所需要的支持或調整。

☐ 這孩子所需專業服務的（類型、頻率）。

校外機構

☐ 貴機構給這孩子的服務資訊以及聯絡方式。

☐ 家長允許貴機構與學校溝通的同意文件。

☐ 貴機構為這孩子設定的目標。

行政人員

☐ 瀏覽這孩子的紀錄，以了解其學習史。

☐ 蒐集校內外可提供教育方案的相關資訊。

資料來源：引自 Capizzi（2008）。

附錄 2 「個別化教育計畫」（IEP）範例

臺北市_____區_____幼兒園_____學年度第____學期

個別化教育計畫

幼生姓名：_____

就讀班級：_____

訂定日期：民國_____年_____月_____日

參與訂定者簽名：

	職稱	簽名		職稱	簽名
班級教師與教保員	教師／教保員		特教與相關專業人員	特教巡迴輔導教師	
	教師／教保員				
行政人員	園長／主任		家長		

蔡昆瀛&臺北市南區特教資源中心 107.05.30 修訂

一、幼生能力現況、家庭狀況及需求評估

（一）基本資料

1. 幼生出生日期：民國_____年_____月_____日
2. 幼生性別：□男　　□女
3. 障礙情形：
   （1）特教鑑定結果：_____
   （2）身心障礙證明：□無　　□有
   　　　障別：_____　　等級：_____　　ICD 診斷：_____
   　　　鑑定核發日期：_____　　重新鑑定日期：_____
   （3）重大傷病證明：□無　　□有，卡證有效起迄日：_____
   　　　（類別：_____　　病名：_____）
   （4）醫療評估或診斷結果：_____
   　　　評估單位：_____　　下次鑑定日期：_____
4. 健康情形：_____
5. 就讀班別：（1）□普通班　□集中式特教班　　（2）□全日班　□半日班
   　　　　　　（3）□混齡班　□分齡班（□大班　□中班　□小班　□幼幼班）
   　　　　　　（4）□國小適齡暫緩入學

（二）家庭狀況

家庭背景	1. 同住家庭成員： 2. 手足人數及排行： 3. 使用語言： 4. 家庭社經背景： 5. 其他說明：
親職功能	1. 主要照顧者： 2. 教養態度與方式： 3. 親子活動與時間： 4. 家庭優勢： 5. 其他說明：
家庭特殊需求	1. 福利補助需求： 2. 教養資訊需求： 3. 療育資源需求： 4. 其他需求：
家長期望	

（續下頁）

（三）評量摘要

評量方法／工具名稱	評量日期	評量者	評量結果

（四）能力現況

領域	已具備及優勢能力	弱勢能力
認知發展 （記憶、理解、推理、注意力等）		☐無　☐有
溝通發展 （語言理解、表達、語言發展等）		☐無　☐有
動作發展 （粗大動作、精細動作）		☐無　☐有
社會情緒發展 （人際關係、社交技巧、情緒管理、行為問題等）		☐無　☐有

（續下頁）

領域	已具備及優勢能力	弱勢能力
自理能力發展 （飲食、如廁、盥洗、購物、穿脫衣褲、上下學能力等）		☐無　☐有
感官知覺與其他 （視、聽、觸、嗅、味覺及其他）		☐無　☐有

（五）特殊需求分析

（請依幼生的障礙特性及學習現場實地評估，具體陳述其在幼兒園學習、適應與個人生理的相關需求，並依其各領域的能力做綜整的需求分析。）

（續下頁）

二、幼生所需特殊教育、相關服務及支持策略

項　　目	內　　　　　容	
特殊教育服務	□提供學前巡迴輔導服務（巡迴輔導教師入班與班級教師共同設計教學或生活中可以運用的策略及活動，進而提供教學支持及追蹤個案學習狀況）： □其它：	
相關專業服務	□物理治療： □職能治療： □語言治療： □社工／個案管理： □其它：	
支持策略	環境調整	□提供時間結構　□提供無障礙設施　□提供空間結構 □安排合宜的教室位置　□調整教室進出或活動進行的動線 □調整教室設施（如：桌椅高度、燈光） □避免會分散注意力的刺激　□安排獨立工作的學習區或情緒轉換區 □其它：
	教學輔導	1. 教材調整： □提供特殊視覺輔助　□視幼生能力適當調整學習作業單 □運用電腦輔助教學　□運用工作分析法簡化教材內容或工作 □其它： 2. 教法調整： □安排同儕協助　□提供同儕楷模　□運用多感官教學 □提供工作結構化教學　□採取同儕合作學習 □提供充分的練習機會　□訂定有系統的增強方式 □重複或簡化指令並要求幼生複述 □給予指示或呈現教材時要靠近幼生 □建立每日工作檢核表，並加以紀錄 □將教學重要訊息或內容加上視覺提示 □多樣化活動且富機動性，以提高學習興趣 □以口語、肢體、表情及示範協助幼生瞭解 □其它： 3. 評量調整： □調整對幼生的評量方式及標準 □其它：
	親師合作	□親師之間及管教者之間有一致的教養態度 □提升家長教養知能　□家長在家進行教學輔導 □協助轉介早療社工　□協助家長運用相關資源 □其它：
	行政支持	□申請或提供學習輔具　□調配所需園內人力　□餐點調配 □申請相關補助款　　　□申請相關專業服務　□編班機制 □學校護理師生理照護　□提供醫療器材　　　□特教宣導 □其他：

（續下頁）

三、學年與學期教育目標，達成學期教育目標之評量方式、日期及標準

領域	學年教育目標				
	學期教育目標（含評量標準）	評量方式	評量日期		教學決定／備註
			評量結果		
		□觀察 □操作 □口語發表 □動作指認 □其他_____			
		□觀察 □操作 □口語發表 □動作指認 □其他_____			
		□觀察 □操作 □口語發表 □動作指認 □其他_____			
		□觀察 □操作 □口語發表 □動作指認 □其他_____			
		□觀察 □操作 □口語發表 □動作指認 □其他_____			

（續下頁）

第六章 個別化教育計畫與個別化家庭服務計畫　179

領域	學年教育目標						
	學期教育目標（含評量標準）	評量方式	評量日期			教學決定／備註	
			評量結果				
		□觀察 □操作 □口語發表 □動作指認 □其他＿＿＿					
		□觀察 □操作 □口語發表 □動作指認 □其他＿＿＿					
		□觀察 □操作 □口語發表 □動作指認 □其他＿＿＿					
		□觀察 □操作 □口語發表 □動作指認 □其他＿＿＿					
		□觀察 □操作 □口語發表 □動作指認 □其他＿＿＿					

說明：1. 評量方式可自行訂定，例如：1 行為觀察、2 操作評量、3 口語評量、4 其他。

2. 評量結果註記方式可自行訂定，例如：0 無反應、1 完全協助、2 部分協助、3 獨立完成；或○通過、Δ部分通過、×完全不通過；或 NO 無法做到、PP 動作提示、PD 動作示範、VP 口語提示、PS 獨立完成；或完全被動接受、25%獨立完成、50%獨立完成、75%獨立完成、100%獨立完成。

3. 教學決定係指依據評量結果對教學進行通過、簡化、擴充、放棄等因應或調整。

（續下頁）

四、具情緒與行為問題幼生所需之行為功能介入方案及行政支援

□無需行為功能介入方案

標的行為	項目	內容	
	行為功能	□獲得內在刺激（　　　　　　） □獲得外在刺激（　　　　　　） □逃避內在刺激（　　　　　　） □逃避外在刺激（　　　　　　）	
	行為介入目標		
	介入策略	生態環境改善策略	□物理環境調整 □調整作息 □視覺提示 □調整座位 □調整睡眠 □環境結構化 □教學結構化 □改變或調整教材教法 □就醫評 □調整班規 □調整作業（形式、時間、方式、難度、份量） □其他：＿＿＿＿＿＿＿＿＿＿＿＿＿＿＿ ※說明：＿＿＿＿＿＿＿＿＿＿＿＿＿＿＿
		前事控制策略	□先兆出現時提醒 □重新指令 □提供更多協助 □延長時間 □促進溝通、表達關切 □轉移注意 □預告 □避免負向語言或刺激 □感覺刺激替代、削弱或改變 □建立可取得刺激的預期 □主動提供正向互動及氛圍 □其他：＿＿＿＿＿＿＿＿＿＿＿＿＿＿＿ ※說明：＿＿＿＿＿＿＿＿＿＿＿＿＿＿＿
		行為教導策略	□教室行為訓練 □溝通訓練 □放鬆訓練 □社會技巧訓練 □系統減敏訓練 □社會理解教導 □生活技能訓練 □自我管理計畫 □專注力訓練 □訂立契約 □其他：＿＿＿＿＿＿＿＿＿＿＿＿＿＿＿ ※說明：＿＿＿＿＿＿＿＿＿＿＿＿＿＿＿
		後果處理策略	增加適當行為：□原級增強 □活動增強 □代幣系統 □社會性增強 □自我增強 □其他：＿＿＿＿ ※說明：＿＿＿＿＿＿＿＿＿＿＿＿＿＿＿ 減少不當行為：□消弱 □反應代價 □隔離 □回復原狀 □過度矯正 □其他：＿＿＿＿ ※說明：＿＿＿＿＿＿＿＿＿＿＿＿＿＿＿

（續下頁）

標的行為	項目		內容
		其他個體背景因素介入策略	
	行政支援		
	執行期間		
	執行人員		
	執行結果		

※備註：「獲得內在刺激」指為滿足聽覺、視覺或其他感官刺激的自我刺激行為。

「獲得外在刺激」指為得到他人注意、獲得想要的物品或活動。

「逃避內在刺激」指為逃避疼痛、癢、飢餓或其它不舒服的感覺。

「逃避外在刺激」指為逃避注意或逃避不想做的工作、活動或情境等。

（續下頁）

五、轉銜輔導及服務內容

項目	內容	執行人員
☐升學輔導	1. 行政支援： 　☐填寫特教通報網「各教育階段身心障礙學生個案轉銜服務各類資料表」 　☐召開轉銜會議 　☐轉銜資料移交小學或新幼兒園 　☐園內換班時移交幼生相關資料 2. 家長支持： 　☐協助申請及提供鑑定安置資訊 　☐提供幼小轉銜宣導資料與活動資訊 　☐安排參訪小學或機構 3. 幼生輔導： 　☐提供幼小銜接課程與活動 　☐安排畢業生回園分享 　☐建議參加入國小準備班 　☐升小學後轉銜追蹤 4.其他：	☐班級教師／教保員 ☐園內行政人員 ☐巡迴輔導教師 ☐國小教師／行政人員 ☐家長 ☐社工 ☐相關專業人員 ☐其他：
☐心理輔導	☐提升與同儕或成人互動技巧 ☐提供情緒與行為輔導 ☐協助入小學或環境轉換的心理準備及調適 ☐其他：	☐班級教師／教保員 ☐園內行政人員 ☐巡迴輔導教師 ☐家長 ☐社工 ☐相關專業人員 ☐其他：
☐生活輔導	☐指導生活自理能力　　☐提升團體規範的遵循 ☐提升團體生活適應　　☐增進問題解決能力 ☐培養自我決策能力　　☐協助輔具的運用 ☐協助安排無障礙環境 ☐其他：	
☐福利服務	☐協助申請教育補助　　☐提供經濟補助資訊 ☐提供社會福利資訊　　☐提供醫療服務資訊 ☐轉介社工服務 ☐其他：	☐班級教師／教保員 ☐園內行政人員 ☐巡迴輔導教師 ☐家長 ☐社工 ☐相關專業人員 ☐其他：
☐相關專業	☐物理治療　☐職能治療　☐語言治療 ☐心理治療 ☐其他：	
☐其他		

資料來源：臺北市南區特教資源中心（2020）。

「個別化家庭服務計畫」（IFSP）範例

臺北市發展遲緩兒童早期療育個別化家庭服務計畫（IFSP）

案主姓名：　　　　　案號：　　　　　　　個案管理中心：

填表日期：　　　年　　月　　日

計畫執行日期：　　年　　月　　日至　　年　　月　　日

後續評估（會診）日期：　　年　　月　　日　　評估單位：

第　頁　共　頁

案家問題或需求	介入目標	優先順序	策略			後續追蹤		備註
			方式（服務及資源）	期間	執行者	時間	評估	

案家問題或需求	介入目標	優先順序	策略			後續追蹤		備註
			方式（服務及資源）	期間	執行者	時間	評估	

◎填表說明：（1）需求包含案主及其家庭之需求項目及專業團隊之療育建議。

（2）備註欄須註明該項建議擬定時之參考資料（例如：參考鑑定中心報告書）。

（3）本服務計畫至少半年修擬一次，若有特殊狀況可隨時修訂之。

監護人簽章：＿＿＿＿＿＿＿＿＿　　　個案管理員簽章：＿＿＿＿＿＿＿＿＿＿＿

專業團隊簽章：＿＿＿＿＿＿＿＿＿＿＿＿＿＿＿＿＿＿＿＿＿＿＿＿

資料來源：臺北市政府社會局（2002）。

早期療育

第七章

課程設計與教保策略

盧明、曾淑賢

一位新手老師在 Line 群組上的求助留言：

　　我帶的中班班級上有個小女孩，她是班上年紀最大的小孩，但是她主動開口講話的次數卻很少，會使用的字彙也很貧乏，每次遇到問題時，都用尖叫的方式處理，不然就發脾氣、摔東西，問她為什麼發脾氣也不會回答。例如：之前她拿水壺喝水時，因為不會打開蓋子就鬧脾氣，我和幼兒園的其他老師及家長討論之後，就請家長買較易打開、有彈跳按鍵的水壺給她，也重複教導她遇到不會的事情要請老師幫忙。現在，只要她覺得不會做的事情，都會開口叫老師，發脾氣的情形有大幅改善。但是，還有什麼方法可以幫助她開口說更多的話呢？而這些問題是屬於幼教老師還是特教老師的責任呢？

在早期療育愈來愈受到重視的趨勢下，特殊幼兒的教育和學習經驗亦成為研究和實務的重要議題。幼兒教育、特殊教育和補償教育（例如：Head Start 方案）是影響特殊嬰幼兒教育的三大基礎。以生理和心理發展的年齡和特質來看，幼兒教育是特殊幼兒發展和學習的核心；對特殊幼兒的個別化需求而言，特殊教育提供他們有效的學習途徑；而補償教育則提供特殊幼兒、高危險群幼兒發展和學習的及早介入。特殊嬰幼兒教育的內涵與方法，即結合了幼兒教育、特殊教育、補償教育的教育精神、課程理念和教保策略。

第一節
課程設計與教保策略的原理原則

不論是以理論或發展領域為導向的課程，早期療育課程的立論核心仍在於：所有幼兒的發展過程都是一樣的，而個別差異是必然存在的發展現象。原則上，早期療育的課程是由教師、家長以及幼兒共同決定。課程發展的過程，能幫助教師將課程目標融入幼兒的生活經驗當中。在此過程中，教師須不斷評量幼兒的需求，以發展合宜的課程支持，並加強幼兒之整體發展、成長和學習，而遊戲是所有幼兒發展和學習的重要課程要素和管道。

美國特殊兒童協會幼兒分會（Division for Early Childhood of the Council for Exceptional Children, DEC）與美國幼兒教育協會（National Association for the Education of Young Children, NAEYC）分別為學前特教領域和幼兒教育領域具領導力的專業團體，所發布的實務指標或立場聲明能充分反映美國幼教專業人員及學者的共識。

NAEYC 提出了「發展合宜實務」（Developmentally Appropriate Practice, DAP）之重要性，並於 1997 年經過修訂（Bredekamp & Copple, 1997），強調適齡、適性、適文化的實務基礎。「發展合宜實務」已成為學前專業人員對課程品質的共同評量準則（徐聯恩、江佩穎，2015；陳淑芳，2002）。最新的修訂內容持續反映這些理念並據此提出幼教教師在作教學決定時的核心考量（NAEYC, 2009）：

1. 關於兒童的發展與學習的了解：即各年齡階段會有的特質，能讓我們預測最能促進兒童學習與發展的經驗為何。

2. 關於每一位兒童個別的了解：根據實務工作者對個別兒童的了解，能使其針對個別差異給予最佳的回應和調整。

3. 對幼兒所生活的社會和文化情境之了解：指形塑兒童在家庭與社區生活中的價值、期待、行為和語言常規。實務工作者必須致力於理解這些文化差異，以確保幼兒在學校或介入方案中的學習經驗是有意義、與其相關，且尊重每個兒童與其家庭。

NAEYC並提出以下幾項根據現有理論和文獻研究基礎之符合發展合宜實務的原則（NAEYC, 2009）：

1. 所有發展與學習的領域都很重要：包括身體動作、社會情緒、認知領域。兒童在某個領域的發展與學習會影響其他領域的發展與學習，反之亦然。

2. 幼兒在多數領域的發展與學習皆依循已被充分確認的順序，而後來習得的能力、技巧和知識，皆建構於前面的基礎之上。

3. 不同幼兒的發展與學習速度皆有所不同，而個別兒童在不同領域發展之間的速度也不一致。

4. 發展與學習是生理成熟與經驗累積兩者之間動態且持續互動的結果。

5. 早期經驗對幼兒的發展與學習的累積或遲緩皆有重大的影響；而對某些發展與學習是有其最佳的時期。

6. 發展是朝著更高的複雜度、自我調節和抽象表徵能力的方向進行。

7. 幼兒在與會回應他的成人之間有安全和穩定的關係時，並且有正向同儕關係機會的情況下發展得最好。

8. 發展與學習是發生在多元的社會和文化情境中，並受其所影響。

9. 幼兒用各種方式來學習並心智上總是活躍於理解周遭的世界，很多教學策略和互動都能有效地支持其學習。

10. 遊戲是發展自我調節很重要的媒介，也能促進語言、認知和社會能力。

11. 當被挑戰去超越現有的程度並且有很多機會練習新習得的技能時，幼兒的發展和學習就會進步。

12. 幼兒的經驗形塑他們的動機和學習方式，例如，堅持、主動和彈性；反之，這些性格和行為影響他們的學習與發展。

以上這些發展合宜的實務原則即為建構幼兒課程與教學的基礎，尤其是在融合教育的環境中，這些原則更是規劃、實施課程內容和教學方式的重要參考綱領。然而，對特殊幼兒的需求而言，「發展合宜實務」仍有所不足（Wolery & Bredekamp, 1994），因此，美國特殊兒童協會幼兒分會（DEC, 2005, 2014）另有針對早期療育及特殊幼兒教育的實務建議（DEC Recommended Practices）。其主要的原則重視：

- 以家庭為中心的教育經驗：課程應反映家庭的目標和對幼兒的優先事項與願景，應支持和鼓勵家庭提出意見，尊重家庭為其孩子所做的決定。
- 以研究或價值為依據的教育經驗：專業人員所使用的策略應有實證研究的根據，和家庭有共同的價值認定。
- 具多元化觀點的教育經驗：教育經驗應反映家庭的文化背景和價值觀，肯定幼兒和其家庭的文化背景有助於課程發展。

- 多專業團隊意見提供的教育經驗：各專業領域人員所提供的意見，應整合於課程中。
- 具發展和年齡合宜性的教育經驗：注重個別化需求，將幼兒發展和學習的需求與課程結合，並注重物理環境、社會環境、課程與教學策略，以及素材與設備的調整。
- 正常化的教育經驗：包括對特殊幼兒的教育安置、教育計畫、課程規劃、教學策略、物理環境、社會環境、以家庭為中心等正常化原則的檢視。

此外，Wolery 在 2005 年的《DEC 實務推薦指標》提出了以下三項以兒童為中心的服務原則和實務指標：

1. 成人設計環境來促進兒童的安全、主動投入、學習、參與，以及歸屬關係：如空間及材料的安排需考量到兒童的偏好及興趣；運用各樣適宜的情境及自然發生的活動促進學習與發展；提供會鼓勵主動學習的介入等。
2. 成人根據持續的資料蒐集來個別化地調整做法，以符合兒童變化的需求：如根據兒童的行為與能力，和家庭與環境的要求來調整實務；根據數據來做實務修正的決定；解讀與回應兒童行為的因果等。
3. 成人在環境、活動和日常作息之內與之間，使用系統化的程序來促進兒童的學習與參與：跨情境和人、物、地使用一致性的實務做法；在執行實務之前先將情境考量納入計畫之中；特殊的教學策略嵌入於活動之中來實行等。

值得注意的是，NAEYC 與 DEC 皆共同強調課程與教學應重視多元需求與個別差異。整體而言，綜合上述論點，理想的早期療育課程具有以下幾項特質：

1. 具有理論的基礎和架構。

2. 具有統整性的內涵。

3. 因應個別差異。

4. 適合幼兒的生理年齡。

5. 符合幼兒的發展程度。

6. 具有促進幼兒發展能力及改善遲緩情形的功能。

7. 能增進幼兒類化技能。

 專 欄

學習者的個別差異

學習涉及複雜的互動歷程，包括：認知、學習策略和情感（情緒）的交互作用。雖然個體在學習歷程中，大部分的大腦反應歷程和區域相同，但是研究者發現（Caine & Caine, 1991），每個人都會有自己的學習特質或路徑，例如：某些人在學習歷程中須依賴圖像，才能充分地理解訊息，有些人則以聽覺理解為主要的學習策略，而也有人需要透過操作產生學習訊息的意義。這些學習差異和學習風格反映了個體的學習優勢、弱勢和 Howard Gardner 所提出的多元智能（Multiple Intelligence）。研究結果告訴我們，對學習者而言，多元而有彈性的課程與教學設計非常重要，在多元性的學習活動、教學方式、學習評量中，學習者才有機會運用優勢參與學習、有效學習。

第二節 課程模式與教保設計

　　特殊幼兒的課程內涵與教學方法因所建構的理論基礎不同，而發展出不同的模式，例如：蒙特梭利教學（Montessori Model）、發展模式（Development Model）、應用行為分析模式（Applied Behavioral Analysis Model）、活動本位取向（Activity-Based Approach）等。除了以理論為課程基礎的模式之外，也有以幼兒的發展領域為中心所建構的課程，例如：認知模式（Cognitive Model）、以提升語言發展為主的隨機教學模式（Incidental Teaching Model），以及問答模式（Mand Model）。

　　早期療育的主要課程模式基礎源自於發展理論，美國著名的 Head Start Program（啟蒙方案）、Portage Project（玻特基方案）等，即是以發展理論為課程架構與內容的充實性課程模式（Enrichment Model）。發展課程模式（Development Curriculum Model）強調，以提升障礙幼兒朝向發展常模為其主要目標，其課程內容包括各發展領域的系列內容，例如：身體動作發展（粗大、精細動作）、生活適應發展（自理、日常生活技能）、社會發展，以及溝通發展。發展課程模式的活動設計之重點，乃在於提供幼兒練習和學習發展里程碑任務的機會。

　　此外，早期療育的課程亦受到行為主義學派的影響，因而產生了行為課程模式（Behavioral Curriculum Model）。行為主義學派學者（如 B. F. Skinner、Sidney Bijou）認為，學習乃是環境刺激、行為和行為結果（增強或處罰）的連結；運用直接教學（Direct Instruction）的系統化教學（提示、塑形、增強）方式，可改變學習者的學習行為，達到障礙幼兒學習的目標。

以上兩種課程模式奠定了早期療育課程模式的基礎，並受到 Jerome Bruner 等發展心理學者強調；幼兒的社會發展乃是認知、語言溝通等先備發展能力之研究發現的影響（Bruner, 1977; Ratner & Bruner, 1978）；不過，早期療育的哲學理念，逐漸由以幼兒為中心移轉到以家庭為焦點的服務概念，因此晚近的早期療育課程模式則以自然取向（Naturalistic Trend）為主要的模式。

一 自然課程模式

自然課程模式（Naturalistic Curriculum Model）之主要目標，是在增進發展遲緩或障礙幼兒於自然的社會和物理環境中自我控制、參與和互助；此課程模式乃為歷程性模式（Process Model），其課程內容和教學技巧乃源自於幼兒生活環境的分析，例如：在一般幼兒園普通班級的自然生活情境中，每天可為特殊幼兒提供多元又理想的互動與學習機會（Copple & Bredekamp, 2009; McWilliam, Wolery, & Odom, 2001），包括：在如廁、洗手、飲食和午睡等作息常規中，提升特殊幼兒的功能性、適應性和生活自理等重要相關技能（Hull, Capone, Giangreco, & Ross-Allen, 1996; Wolery, Brashers, & Neitzel, 2002）；在活動和遊戲中，特殊幼兒與同儕使用相同的教材教具，完全且有意義地一起參與其中（Copple & Bredekamp, 2009; Wolery, Brashers, & Neitzel, 2002）；在不同情境布置的角落活動中，促進特殊幼兒學習各項與情境相關的技能（Bruder, 2001; Dunst, Trivette, Humphries, Raab, & Roper, 2001）。

McDonnell 與 Hardman（1988）也指出，優質的早期療育實務應具備以下幾項條件：

1. 課程內涵須符合幼兒的獨特需求和生活型態（包括家庭、同儕和社區生活）。
2. 教學計畫須能自然地在幼兒家庭日常生活中執行。

3. 強調幼兒所學的技能具有現在和未來的功能性。師承於活動本位的重要學者 Diane Bricker 之 Pretti-Frontczak 與其同事，將與自然情境教學取向（naturalistic teaching approach）的相關文獻，界定為包括下列幾類的範圍：活動本位（activity-based intervention）、嵌入式學習（embedded learning opportunities），及作息本位（routines-based instruction）（Pretti-Frontczak, Barr, Macy, & Carter, 2003）。雖然在文獻中有這些不同的名詞，但這三者以及自然情境教學法的概念皆有許多被重疊使用的地方，而大多數的文獻都集中於活動本位、嵌入式學習的自然情境教學取向。

（一）實施自然課程模式的步驟

Noonan 與 McCormick（1993）提出實施自然課程模式的步驟，說明如下：

1. 進行生態評量，決定嬰幼兒目前和未來生活環境的需求：透過訪談幼兒家長或主要照顧者，蒐集嬰幼兒的發展能力、需求和參與家庭活動之資訊。生態評量的調查內容，包括：幼兒的成長史、醫療史、療育（教育）經驗、家庭的物理和心理環境、家庭活動、幼兒的興趣、幼兒的能力現況、未來所需技能的發展與學習需求。

2. 確立優先順序，決定教學目標的先後順序：對嬰幼兒的學習內容和目標的優先順序，早期療育專業人員應和家庭（家長或主要照顧者）共同討論，以建立共識。以下幾個問題可幫助家庭思考如何將需求和專業人員溝通：

（1）哪些技能是孩子參與家庭活動所需要的？

（2）哪些技能可促使家人擁有更輕鬆的家庭生活？

（3）哪些技能是孩子已經學會的？

（4）哪些技能可增進孩子參與更多的家庭活動？

3. 掌握嬰幼兒能力現況：對嬰幼兒各發展領域的能力進行精細的評量，以確定嬰幼兒的能力現況，作為訂定個別化目標的依據。

4. 教學目標：運用以上的訊息，擬定具優先順序的教學目標，而教學目標應包括下列幾項特質：

　　（1）教學目標（基本的發展目標、治療性目標）應融入功能性和發展合宜的活動中。

　　（2）教學情境須清楚。

　　（3）教學目標須具類化功能（例如：「會使用湯匙舀黏稠食物」，比「會使用湯匙舀粥」有類化的功能）。

　　（4）須包括功能性標準（功能性標準是指在自然情境中有意義、有相關的技能）。

5. 教學計畫：擬訂個別化教學計畫和評量資料蒐集計畫。

6. 教學行事曆：確定執行教學計畫的功能性或自然情境。

7. 執行教學。

8. 評量與評鑑：掌握嬰幼兒的進步情形，進一步計畫嬰幼兒技能的類化，以及教學計畫的修訂。

（二）自然教學取向與教保策略

　　自然教學取向強調運用自然的情境，以兒童的動機為導向來製造情境，進行教學，以提升兒童的學習動機及類化能力。自然教學取向具有以下幾項特質（Kaiser & Hancock, 2003）：

1. 教學在自然環境中進行。

2. 個別化教學的互動分散在日常生活活動中。

3. 以隨著幼兒主動（child-initiated）的互動為主。

4. 運用自然結果（natural consequences）增強嬰幼兒為學習型。

自然教學取向的策略可有效地運用在嬰幼兒不同發展領域的學習，例如：語言和溝通（Kaiser & Hancock, 2003）、社會技能（Kaiser & Hancock, 2003）、自理技能（Kayser, Billingsly, & Neel, 1986）等。

通常自然教學取向會視情況結合以下一種或多種的教保技巧，以增進嬰幼兒的學習效果（盧明譯，2002），包括：隨機教學、口語提示、遺忘策略、新奇策略、見而不及策略、違反期望策略、漸進策略、協助策略、中斷或延宕策略等。自然情境教學法即是其中一種重要的教學方法，其源起於Hart與Risley（1968, 1975）所提出的「隨機教學策略」（Bricker, Pretti-Frontczak, & McComas, 1998; Kaiser, Yoder, & Keetz, 1992），之後由其他學者延伸使用（Kaiser, Hendrickson, & Alpert, 1991），再加入示範、提問—示範、時間延宕等三個教學技巧，成為今日的自然情境教學法。

之後，Kaiser、Ostrosky與Alpert（1993）修改了情境教學法，提出了加強式情境教學法（enhanced milieu teaching），除情境教學法四個策略外，再加入環境安排及回應互動策略（responsive interaction strategies），也是目前普遍被使用的情境教學法之版本。

以下以情境教學法使用的策略為例來加以說明，需要注意的是，在運用這些教學技巧之前，必須先以兒童興趣的焦點，建立共同的注意力（劉斐文，2001；謝彬彬，2008；Hancock & Kaiser, 2006; Kaiser et al., 1993）：

1. 示範：教學者對兒童有興趣的內容進行示範教學，若兒童反應正確，教學者應立即給予稱讚；若兒童反應不正確，教學者需示範正確反應。

2. 提問—示範：提問是一種口語行為，功能包括命令、教學指令或要求。教學者提問後，若兒童無法正確操作，再進行示範。

3. 時間延宕：教學者呈現教學指令後，不立即提供協助或呈現教材，而是延宕數秒後（例如：5秒），才進一步給予反應或提示。

4. 隨機教學：在日常生活中，當兒童表現出對某物品或某活動有興趣時，教學者藉由此情境，使用上述三種策略來教導兒童。

5. 環境安排：適當的安排環境以提升兒童的學習動機與效果，例如：建立共同注意力，提供部分、不完整的教具引發兒童想要更多的部分，或製造愚蠢情境等。

6. 回應互動策略：跟隨著兒童引導，並且教學者與兒童平衡地輪流，例如：維持兒童的話題等。

（三）自然情境的規劃與調整

一個規劃良好的學習環境，能夠增進障礙嬰幼兒的發展與參與互動（Moore, 1986），多元且發展合宜的硬體、軟體設施和素材，是為學齡前幼兒規劃環境時的重要原則，而活動學習區被認為是理想的學習情境。通常學習區包括以下七種類型：

1. 積木區（擺設不同尺寸、形狀和材質的積木、交通工具和動物小玩具等）。

2. 扮演區（擺設家家酒玩具、衣物、玩偶、娃娃、不同材質的布等）。

3. 沙水區〔擺設室內沙箱（盒）、水箱（盒）、沙水玩具、水彩、畫架等〕。

4. 感官區（擺設符合嬰幼兒使用的桌椅、各種畫畫材料、軟黏土、麵團、豆子、動力沙、紙張等）。

5. 安靜區（擺設小地毯、大抱枕、玩偶、書籍等）。

6. 操作區（擺設拼圖、小型組合建構玩具、插洞板、珠子、桌上遊戲等）。

7. 大肌肉遊戲區（擺設彈性球、小布球、呼拉圈、平衡遊具等）。

專　欄

大腦喜歡什麼樣的學習環境？

　　腦科學的研究結果對於兒童發展和學習提供了許多重要訊息。R. Caine 與 G. Caine（1997）在《教育的可能性》（*Education on the Edge of Possibility*）一書中指出，兒童的學習效果受到心理環境和物理環境的影響。讓兒童在有安全感的明亮舒適空間，以及具有適度挑戰（如教師為不同能力兒童所設計的學習鷹架）的環境中學習，他們的學習歷程或結果都會呈現出正向的成效。相較於固定教材和直接教學，大腦對於統整在豐富並有意義經驗中的訊息反應，更有助於兒童理解和記憶學習訊息，同時也能增進兒童問題解決的能力。

（四）針對感官障礙及身體病弱幼兒的策略

　　早期療育專業人員在引導障礙嬰幼兒參與活動時，須特別留意在適當情境中，將幼兒的個別化目標融入在活動中，並且鼓勵幼兒遊戲的動機，以及和其他同儕的互動。早期療育專業人員應視幼兒的障礙狀況，在參與活動時調整教保策略，來增進幼兒與環境的互動。以下即針對聽覺障礙、視覺障礙、身體病弱或肢體障礙嬰幼兒，提供環境規劃與教學調整的原則。

1.聽覺障礙嬰幼兒

- 用自然的語調和他（她）說話。
- 先叫他（她）的名字，再做例行活動，例如：「安安，我們現在要換衣服囉！」。
- 正面面對他（她）說話。
- 說明或描述物品、事件時，提供適當的線索，例如：拉著幼兒的手指來摸物品。

- 和他（她）互動時，避免站在強光的光源前。

2.視覺障礙嬰幼兒

- 依情境調整他（她）的位置（或座位）。
- 儘量保持地面無雜物。
- 鼓勵和提示他（她）用語言表達。
- 避免過度推論他（她）的語言表達和認知能力之相關性。

3.身體病弱或肢體障礙嬰幼兒

- 若他（她）有服藥的需要，須有家長和醫生的同意授權證明文件。
- 熟練坐姿、擺位、抱起他（她）的技巧。
- 熟悉他（她）的輔具使用方法。
- 若必要時，請家長或治療師協助他（她）參與活動。

三 直接教學課程模式

　　對於有獨立學習困難，或是較無法主動在遊戲情境中學習的幼兒，教師可運用直接教學的方法，直教教導幼兒發展和學習需求的技能。直接教學課程模式源自於 1960 年代中期，美國 Bereiter 和 Engelmann 兩位學者以學習理論為基礎，為文化刺激不利的 3 歲和 4 歲幼兒所設計的讀（閱讀）、算（數學）、語文課程，其目的在於增進幼兒基本能力和學科的學習技巧，使這些幼兒在上小學之後的學習表現不致落後太多（Bereiter & Engelmann, 1966）。之後，其他學者即以這兩位學者的姓氏簡稱來稱呼此課程，即「B-E 模式」（Bereiter-Engelmann Model）。

　　「B-E 模式」的作息安排包括每天上課的時間為 2 小時，每天都有讀、算和語文的課程，每堂課 20 分鐘，由 5 位幼兒組成一個上課小組，以小組教學進行課程。「B-E 模式」的教學主要具有以下五個特質：

　　1. 學習速度快，幼兒在 20 分鐘內須完成五項或五項以上的作業，並且在學習的過程中被要求須有所反應。

2. 教學中強調以工作為核心，減少與幼兒學習無關的工作。

3. 強調幼兒的口語反應。

4. 以上課前設計好的小單元之課程為教學內容，教學過程中不斷提供幼兒回饋。

5. 幼兒須努力完成工作，才能得到獎賞。

三 結構式教學法

結構式教學法是由美國北卡羅萊納大學（University of North Carolina）的教授，累積多年的教學經驗所發展出結構式教學的 TEACCH 方案（Treatment and Education of Autistic and Related Communication-Handicapped Children），也就是自閉症及溝通相關障礙兒童之介入與教育。至今，TEACCH 在特殊教育上，尤其是在自閉症及具有溝通困難學生的教學應用上，已十分普遍。

TEACCH 的基本理念是利用自閉症兒童在視覺處理上的優勢，根據兒童所要學習的目標，對學習情境（包括：時間、空間、教材、教具、活動等）所做的一種有系統、有組織的安排。以顏色、線條、圖片、文字等視覺表徵，將物理空間、時間表、工作學習系統、作業程序等予以結構化，協助接受性語言有障礙的兒童，了解外在的空間、時間表與活動的結構與程序（倪志琳，1998）。結構式教學法強調教學環境、材料及程序的組織性與系統性，能讓學生掌握學習內容的意義及概念，有助於減少及緩和學生容易分心、時間意識不足與缺乏安排時間能力等問題（賴碧美、林慧娟，2006）。

（一）空間環境結構化

TEACCH 相當著重結構化的物理環境，強調有組織、有系統地安排教學環境、材料及程序（鈕文英，2003），例如：不同活動區域的區隔與布置之界限要分明，使幼兒容易分辨不同活動區域的活動任務，幼兒因而能

清楚地知道自己的活動區域、位置及工作（鈕文英，2003）。教師可以運用矮櫃、地墊、彩色膠帶等明顯的視覺提示，來區隔教室中的遊戲區、團體討論區、小組活動區、角落等不同的活動區域。明確間隔教室的學習區域，各個區域清楚劃分能幫助學生確認不同活動的學習區域。

（二）作息時間結構化

作息時間結構化的設計，能幫助幼兒依據作息時間表中的預期活動內容進行活動，例如：教師將班級活動作息的內容排列在一張表格上，利用不同顏色與圖示或文字呈現，按照時間順序從左到右或從上到下排列，使幼兒預先知道學習順序或工作以及完成的時間，幫助幼兒能依流程完成工作，以避免幼兒因為無所適從或因某些固執的特質而引發其他的行為問題。

（三）工作系統化

教師根據學生發展程度，將要學習的內容進行工作分析，亦即將複雜的工作內容細分成數個小步驟或規則，並清楚標示每項工作的要求。再透過認知字圖卡來傳達該時段的活動順序內容，讓學生按照認知字圖卡的順序進行各項學習或工作內容。例如：依照幼兒能力及工作內容進行工作分析，並製成不同顏色的卡片，作為幼兒的工作指令、工作內容或規則。

（四）個人工作結構化

結構式教學亦強調依照每個學生的能力與學習需求，個別化地設計及安排。教師根據幼兒的個別能力設計出適合的工作系統，例如：對於能力較高的幼兒，可以用圖示加上文字來傳遞訊息，而對於程度較弱的幼兒，則以圖片、符號、數字等來傳達訊息，傳達的內容包括：應做什麼、要做什麼、如何做完，或完成工作之後接續做什麼。

（五）視覺線索結構化

視覺線索結構化是利用視覺的優勢特質，透過視覺提示、視覺組織及視覺指導等技巧，應用結構化的教材教具，建立及維持幼兒的專注力，使他們容易接收和明白環境中的資訊，增加學習效果，其包括：（1）訊息內容包括能清楚辨識的視覺圖像；（2）組織明確的視覺提示；（3）步驟順序有明顯的視覺線索等。

這些策略能使抽象的概念具體化，讓指示或指令表現完整、清晰和統一，不僅能幫助學生理解活動內容，減少重複提示的次數，有效支持學生的獨立工作，也能幫助學生建立及維持學習專注力（賴碧美、林慧娟，2006）。

結構式教學法也可結合運用行為改變技術或教學策略來提升教學效果，包括不同程度的提示或增強策略等。

第三節
多層次的教保介入策略

由於國內外融合教育的發展趨勢，愈來愈多的特殊幼兒家長以融合教育為其子女就學的第一選項。然而，教育安置只是融合教育的第一步，接下來更重要的是，如何提供能促進這些特殊幼兒發展與學習的教學輔導。但是，目前提供巡迴輔導服務的特殊教師資源普遍嚴重不足，各縣市融合人數增加的速度遠遠超過巡迴輔導教師人事的擴編與培訓速度。在沒有適當的專業支持之下，一般幼兒園的教師普遍缺乏教導特殊學生的專業知能與心理準備，故整個學前融合教育的趨勢對幼教老師帶來的衝擊頗為巨大（王天苗，2003；鐘梅菁，2002；Bredekamp, 1993）。

為了能更有效地及早協助在融合教育中學習落後的幼兒，特殊教育領域的學者們開始改革過去先鑑定再介入的方式，而提出先介入再鑑定的「介入效果模式」（Reponsiveness-to-Intervention, RTI）（詹士宜，2007；Fuchs & Fuchs, 2005, 2009; Fuchs, Fuchs, & Speece, 2002）。例如，Fuchs 等人（2002）提出了「學習障礙鑑定與教學模式」，該模式分為三個層次介入，來逐步預防與介入學生學習落後的情形；前兩個層次在普通教育中進行，最後一個層次則在特殊教育中實施。

　　在學前階段，Horn、Palmer、Butera 與 Lieber（2016；盧明、劉學融譯，2020）提供了一個統整性課程、多層次教學支持的架構，即「兒童在校成功學習精進計畫課程架構」（Children's School Success Plus [CSS+] Curriculum Framework，簡稱 CSS+課程架構）。其中提出主要課程結構包括全方位學習、差異化教學策略、個別化實施嵌入式學習三大部分的內容。多層次的教學介入系統可以及早介入學生的學習，以避免問題的惡化，再針對學習問題提供有效而直接的介入策略，並強化普通教師的教學效能（詹士宜，2007；Buysse, 2008; Fuchs & Fuchs, 2005, 2009; Fuchs et al., 2002）。多層次教學支持的例子還有 Buysse 及 Peisner-Feinberg（2011）所提出的「回應及辨認系統」（Response and Recognition System）之三階層介入模式（Tiered Model）。以下即簡述三階層介入模式（Buysse et al., 2013）以及 CSS+的內涵及策略。

一　第一階層介入

　　第一階層介入（Tier 1 intervention）的進行強調適性教學（Buysse et al., 2013）。首先需篩選高危險群幼兒，並確認普通班教學的適當性。第一階層介入的重點在於提升普通班的教學成效，因此，此步驟的執行以普通班教師為主，特殊教育老師為輔，需共同檢視整體課程與教學設計的品質。在這個階段中，DAP 對實務上的做法提供了八項課程要點，可作為檢視課

程品質的指引（Bredekamp & Copple, 1997）：

1. 一個適合幼兒發展的課程應該包含所有領域的幼兒發展領域，並應以教師對幼兒的觀察為基礎，來計畫課程的內容。
2. 課程將學習視為一個互動作用的過程，所有的學習活動和學習材料都要是具體和適切的。
3. 課程應能符合不同發展程度和興趣的孩子之需求。
4. 教師所提供的一切教材和經驗需漸次增加難度和複雜性，在孩子從事活動、發展新的認知和技巧時，成人應不斷地給予孩子挑戰。
5. 成人應持續提供讓幼兒從多種活動、材料和設備中做選擇的機會，還應讓孩子有足夠的時間活躍探索。
6. 課程應包括多元文化的、無性別偏見的經驗、教材和設備。
7. 一天之中的動、靜態活動應求平衡。
8. 應提供給所有年齡的孩子戶外活動經驗。

　　教師可以根據整體課程檢視的結果，來調整教室環境、活動流程、幼兒位置或姿勢，運用多元的材料與型式、增加口語的解釋、提供教師示範，或推動閱讀活動等策略來協助落後學童。

　　整體而言，在第一階層介入時，教師應考量不同幼兒的特質，然後刻意地設計和安排能提供所有幼兒充分參與學習活動以達成課程目標的機會。而在CSS+課程架構中提出的方式是透過全方位學習設計（Universal Design for Learning, UDL），讓教師思考如何結合多元的方法，提供幼兒多元路徑習得學習內容、以多樣化的方法表達所學，並融入多種學習興趣，以增進所有兒童主動投入學習活動和專注地參與。

　　當第一階層教學品質提升介入後，若幼兒仍然表現落後，即需進行下一階層的介入。

二 第二階層介入

第二階層介入（Tier 2 intervention）仍是以普通班級的教學內容為基礎，由特殊教育老師提供專業諮詢，普通班教師可以提供落後學童相關的補充教材、教材或作業的調整，或小組加強等方式，來增進高危險幼兒特定領域的落後能力，例如：增加練習次數、設計替代性任務或作業，或是使用同儕協助等策略。此外，針對個別幼兒的需求來設計課程調整，亦是此階段的重要策略。

鈕文英（2003）將課程調整分為外在與內在調整策略，如表 7-1 所示。

其中，內在調整是針對學生的行為，提供自我管理或提醒等解決策略，可逐步建立其內在的能力，是相當重要的調整策略，但卻也容易被忽略。而外在調整則可從下列幾個方面著手（鈕文英，2003）：

1. 課程目標的調整：（1）調整達到的標準：如獨立完成的程度、達成的正確性、達成的精熟度、完成的分量、品質或速度；（2）調整目標行為出現的情境或條件。

2. 課程內容的調整：（1）教材：a.修正教材（亦即修正課程內容的呈現方式）；b.簡化教材（減少課程內容的分量，或降低其難度）；c.補充教材（添加額外的課程內容）；d.改換教材（更換課程內容）；（2）工作任務：a.調整任務的內容（配合學生的興趣和能力，給予適合的任務內容）；b.調整工作任務的分量；c.調整工作任務的形式；d.調整工作任務的難度；e.調整工作任務的繳交期限。

3. 課程組織的調整：（1）調整課程內容的順序：如不同單元教導的先後順序；（2）加強課程內容間的聯繫與統整：如加強生活經驗間的連結。

4. 課程運作過程的調整：（1）調整教學方法／活動、教具和輔助性科技；（2）調整教學地點和情境：如改變教學環境或教學分組；（3）延長或改變教學時間；（4）調整教學評量等。

表 7-1 ▶ 課程調整的策略

調整的向度			調整的內涵
外在調整策略	課程目標		1. 調整學習結果或內容。 2. 調整表現學習結果的行為或動作。 3. 調整目標行為出現的情境。 4. 調整達到的標準。
	課程內容		1. 修正（修正課程內容的呈現方式，包括：型式、結構、修正活動的步驟或規則）。 2. 簡化（刪除部分課程內容，或將文本中的語彙或詞句變得更簡短易懂）。 3. 補充（增加額外的課程內容）。 4. 改換（更換課程內容）。
	課程組織		1. 調整課程內容的順序（例如：調整活動步驟的順序）。 2. 加強課程內容間的聯繫與統整。
	課程運作過程	教學方法、策略和教具	1. 調整教學方法和策略。 2. 採用新材料／工具或改變原有的材料／工具。 3. 使用輔助性科技。 4. 增加刺激的資料。
		教學地點和情境	1. 調整教學地點。 2. 調整教學情境（在環境上增加、減少，或把環境加以變化）。 3. 調整教學人員與學生間的比例。
		教學人員	1. 增加或改變教學人員。 2. 加強教學人員間的協同合作。
		教學時間	1. 增加或改變教學時間。 2. 延長教學進度。
		評量方法	1. 調整評量內容的呈現時間、情境和方式。 2. 調整學生反應的方式。
內在調整策略			調整學生行為（例如：教導學習策略、替代的溝通方式和問題解決策略）。

資料來源：引自鈕文英（2003，頁 265）。

《特殊教育課程教材教法及評量方式實施辦法》第 4 條規定，「高級中等以下學校實施特殊教育課程，應依學生之個別需求，彈性調整課程及學習時數，經學校特殊教育推行委員會審議通過後為之。前項課程之調整，包括學習內容、歷程、環境及評量方式」（教育部，2000）。

　　類似課程調整的概念，CSS+在此階段提出差異化教學（Differentiation）以支持幼兒盡可能地參與在普教課程中；並根據 Sandall 與 Schwartz（2002，引自盧明、魏淑華、翁巧玲譯，2008）提出八種調整策略（如表 7-2 所示）：

1. 內容調整：活動簡化、幼兒喜好的運用。
2. 過程調整：同儕支持、成人支持、隱性支持。
3. 學習環境調整：特殊器材、環境支持、素材調整。

　　不過，需要注意的是，此八項調整策略未涵蓋評量方式調整與內在調整。評量調整是教育部明定的課程調整方式之一；內在調整策略則能透過幼兒本身的執行以提升學習效能，亦是相當重要而不可忽略的調整類型。

　　最後，在第二層介入策略無效時，普幼教師應協助落後學童進行鑑定流程，以接受第三階層的介入服務。

三 第三階層介入

　　第三階層介入（Tier 3 intervention）強調的是提供個別化、結構化且目標明確的鷹架策略給需要更密集支持的幼兒（Buysse et al., 2013）。這個階段會正式評估幼兒的能力表現，並且協助其進入特殊教育鑑定與安置的流程。完成鑑定安置之後，由特殊教育老師依學生能力設定個別化的教學目標，然後進行教學設計。在此階段中，經常被採用的教學策略包括本章之前所介紹的自然取向隨機教學、直接取向結構式教學，或視覺等提示系統與工作分析法等，以及上述之課程調整策略形成學習鷹架來協助學童。

表 7-2 ▶ 學齡前融合教育課程調整類型

調整類型	定義	策略
環境支持	調整物理、社會和當下環境，以增進幼兒參與和學習。	・改變物理環境 ・改變社會環境 ・改變當下環境
素材調整	調整素材讓幼兒盡可能獨立參與。	・將素材或設備置於最佳位置（如高度） ・改變素材尺寸 ・調整反應方式 ・將素材放大或使其更鮮明
活動簡化	將複雜的工作分為小部分或減少工作的步驟。	・分為小部分 ・減少工作步驟 ・成功地結束活動
幼兒喜好的運用	如果幼兒不能參與活動，將幼兒喜好的物品融入在活動中。	・拿著喜歡的玩具 ・運用喜歡的活動 ・運用喜歡的人
特殊器材	運用特殊器材或輔具來增進幼兒參與的程度。	・運用特殊器材以增加其使用的方便性 ・運用特殊器材以增加參與程度
成人支持	以成人介入的方法支持幼兒的參與和學習。	・示範 ・加入幼兒的遊戲 ・運用讚美和鼓勵
同儕支持	利用同儕來幫助幼兒學習重要的目標。	・示範 ・協助 ・讚美和鼓勵
隱性支持	在活動中刻意安排自然發生的事件。	・依序輪流 ・在課程中依序安排活動

資料來源：引自盧明、魏淑華、翁巧玲譯（2008，頁 41）。

值得一提的是，有些學者開始注意到幼兒某些行為的展現，例如：主動性、獨立性與問題解決等能力，可以引發出其他能力的發展。他們稱這些能力為「軸心行為」（pivotal behavior）（Humphries, 2003; Koegel, Koegel, & Carter, 1999; Mahoney & Perales, 2003; Mahoney, Kim, & Lin, 2007）。根據 Koegel、Koegel、Shoshan 與 McNerney（1999）的定義，軸心行為就是居於重要且能影響推廣至其他功能領域的行為，因此軸心行為的改變將會提升一連串的相關行為。幼兒若能表現出愈多的軸心行為，這些軸心行為便愈能促進認知、溝通和人際互動能力的發展。幼教老師若能在教室的日常情境中融入有效的教學策略，以促進特殊幼兒軸心行為的表現，將能增進其廣泛的發展，減緩或停止遲緩與落後。

　　在現有的相關文獻中，Koegel 及其同事（Koegel et al., 1989）所提出的策略是較為簡單具體的方式，包括：提供兒童選擇的機會、變化活動以維持兒童的興趣、將新活動參差穿插於幼兒已精熟的活動中，以提供成就感、示範恰當的社會互動，以及對於幼兒所有的嘗試都給予增強，而不是只在幼兒成功時才增強。

　　他們所建議的七點回應式互動策略，可分為兩大部分。首先，提問或指導應該要：

1. 清楚，先確認幼兒注意力的建立，並給予清楚適當的提問或指令。
2. 將欲學習的行為融入已精熟的行為中使用，讓幼兒在學習新的行為時仍有成功的經驗，以提高兒童的自信與動機。
3. 提供幼兒選擇的機會，讓幼兒在教學的互動過程中，有機會選擇活動或是談話的主題。
4. 提供多重的提示，協助幼兒察覺到，並能同時回應環境中兩個或兩個以上的提示。

　　其次，關於增強，執行時應該要：

5. 直接伴隨行為發生，能以即時、適當且連結於正確的行為或嘗試，讓幼兒清楚知道行為與增強的連結，並適時逐步褪除增強。

6. 對於兒童所有的目標導向、合理的嘗試都給予增強，而不只在幼兒成功時才增強。

7. 使用自然增強，以連結增強物和行為本身之間的直接關係。

　　在學前融合教育之教學支持與資源均有限的現況下，與其教導層出不窮的發展技能，特教老師若能協助幼教老師針對發展遲緩幼兒的學習目標適當設計，並將提升軸心行為的教學策略融入其日常活動中，應該能大幅提升第三階層介入的效果。

　　此外，研究文獻普遍支持嵌入式設計對落實融合教育第三階層個別化介入的教學效益（曾淑賢、楊逸飛，2018；Dinnebeil & McInerney, 2011; Sandall & Schwartz, 2008）。其最重要的概念就是根據特殊生的學習目標，設計出簡短但有系統的教學策略，融入在自然真實、有動機且發展合宜的活動當中，然後適時依學生需求提供提示與支持（Dinnebeil & McInerney, 2011）。嵌入式的學習機會能針對普教課程中未能強調的、個別幼兒獨特的個別化教育目標，提供更多的練習和更直接有效的學習機會（盧明、劉學融譯，2020；Horn, Kang, Classen, & Lieber, 2016）。

第四節
融合教育課程與教保設計之實務

　　一般課程是融合教育課程的基礎，教師除了考量特殊幼兒的發展和學習需求之外，課程和教保活動的設計，仍應以全部（班）幼兒的學習和參與為出發點。第三節介紹了具有步驟性的三階層介入策略，以下則以幼兒園教師在主題或單元教學的課程設計為例，說明結合運用學習鷹架的概念和合作學習的策略，以達到不同能力幼兒在一般課程中都能有機會參與活動的融合教育目標。

一　概念圖

在不同的課程與教學領域中，概念圖（concept maps）的名稱亦有所差異，可被稱為心智圖（mind map）、圖像組織圖（graphic organizers）、故事圖（story maps）、故事網（story webs）、認知組織圖（cognitive organizers），或是語法圖（semantic maps）等。概念圖主要是以視覺提示和圖像呈現訊息，以圖像連結小單元的訊息以及訊息之間的關係，進而幫助幼兒了解整體訊息。概念圖也可以運用在幫助幼兒回顧之前的學習訊息，例如：在「昆蟲」的主題中，教師運用蜘蛛網狀圖，將昆蟲的特徵、生態習性、生命歷程、飼養知識等呈現在團體討論、故事活動中。在主題尾聲時，教師再運用空白網狀圖，以提問的方式（語言鷹架），讓幼兒依其發展能力表達出（說出、畫出、指出）所認識的昆蟲。

教師可以運用概念圖繪圖軟體（如：Edraw Mind Map、CAM editor、Microsoft Visio 等），設計繪製適合學習情境或能引起幼兒興趣的概念圖。以故事圖為例，故事網、故事階層圖、故事臉（Staal, 2000）、故事屋（李美鵑，2012）等設計，即是將故事元素——背景（情境）、主角、配角、問題、結局等，呈現在網狀圖、階層圖、臉部圖像、房屋圖像中（圖像鷹架）。研究結果指出，在教學中運用故事圖，除了可以提升一般兒童和特殊兒童對字詞和句型的理解和表達能力，也能幫助兒童提升對故事內容的理解和敘說故事的能力（李美鵑，2012；Boulineau, Fore, Hagan-Burke, & Burke, 2004; Staal, 2000）。

二　固定情境教學

固定情境教學（anchored instruction）的設計重點在於將學習活動設計在真實的環境情境中，或是以一個需要被解決的問題情境為核心，讓一般幼兒和特殊幼兒共同探索、建構概念、合作學習。以位在新北市板橋區鄰

近林家花園古蹟的幼兒園為例，教師設計「我們的鄰居──林家花園」主題課程時，安排了「探訪花園」（實地參觀）、「花園故事」（建築、服裝、人物的歷史故事）、「林家花園的小書」（創作）、「說林家的故事」（親子說故事）等主題活動。幼兒從古蹟的造訪和故事中，得以了解林家花園的歷史背景，也在情感上和學校社區裡的林家花園有了連結。

由於活動型態和表徵方式的多元性，不同能力的幼兒都有參與學習的機會，幼兒也有機會以自己的發展能力表現其所學所知，例如：幼兒參與「探訪花園」的活動時，在聽導覽員介紹的同時，也實際觀察了建築的特色；在之後的團體討論活動中，教師運用愛心家長幫忙將拍攝的照片設計成經驗圖表（圖像鷹架），以提問（語言鷹架）的方法，讓幼兒回顧林家花園的建築樣貌。語言發展較遲緩的幼兒可以用指出的方式回答問題；繪畫能力優勢的幼兒可以畫出印象中的建築特色；而處於需要增進表達能力的幼兒，教師可鼓勵他（她）們重述其所聽到的內容。

固定情境教學的方法運用於自然生態豐富區域的幼兒園也很合適，幼兒在實境中的體驗學習有助於他們統整經驗，例如：台北市指南國小附設幼兒園，其校園緊鄰指南山步道，在「我們的校園」主題中，教師可以引導幼兒認識校園和指南山步道中的植物、鳥類和昆蟲，觀察步道的生態、比較植物的特徵、查詢所發現的鳥類名稱，並一一記錄在幼兒合作建構的「步道小檔案」中。在主題進行的過程中，幼兒統整了生活裡人與人、人與環境之間相互作用所建構的知識，合作學習的方式也增進了一般幼兒和特殊幼兒的互動。例如：教師設計了植物葉片拓印製作成書籤的活動，因為班上幼兒的手部精細動作發展能力差異頗大，因此教師準備了粗細不同的蠟筆、鉛筆和水彩（多元素材），並安排在每一個小組中都有精細動作發展較成熟的幼兒來協助動作發展較遲緩的幼兒（同儕鷹架）。待書籤完成後掛在教室裡，即成為主題情境布置的一部分，亦是幼兒回顧步道植物的知識訊息線索、作品分享和欣賞的素材。

專 欄

以活動為中心的教學設計

　　Gifford 與 Enyedy（1999）提出了「以活動為中心」的教學設計（Activity Centered Design, ACD）。有別於「以教師為中心」的教學，ACD 教學取向的彈性特質，被認為適合用於學習者個別差異大的學習情境。Vygotsky（1978）以及 Hutchins（1995）的理論精神是此教學取向的基礎，亦即 ACD 強調教學者設計心理與物理環境的鷹架，將課程建構和活動設計統整在「學習者－知識－評量」的三個面向中，支持學習者在有社會互動的文化情境裡，透過素材、同儕與成人的鷹架，部分或全部參與多樣性的活動。這樣的情境對於能力較佳和能力須被提升的學習者而言，都是理想的學習情境。教師在多元活動中觀察與評量學習者的學習歷程和結果，有助於教師發現學習者的優勢、學習風格、同儕關係，以及學習需求。

問題與討論

1. 當幼兒園的教師發現某位兒童有學習落後的情形時，可以應用哪些教保策略來協助他呢？
2. 幼兒園的普幼教師與特教教師在 RTI 的不同階層，要如何分工及合作設計教保策略，以協助落後的兒童呢？
3. 在課程設計與教保策略上，DEC 與 NAEYC 所提出的主要理念有何相同與相異之處？
4. 在本章開頭所描述的案例中，你認為這位老師採用了哪些階層的介入？你還會給她什麼樣的建議？

5. 請選擇一個融合情境的幼兒園班級，觀察並分析其物理環境、心理環境，以及特殊幼兒的能力現況。依觀察分析所得的資料，結合本章中的課程與教學原理原則，為班級設計一週的主題活動。活動設計須包括：主題名稱、主題網（或其他型式的圖示）、活動名稱、活動流程、融合教育的教學策略等。

參考文獻

【中文部分】

王天苗（2003）。學前融合教育實施的問題與對策：以台北市國小附幼為例。**特殊教育研究學刊，25**，1-26。

李美鵑（2012）。**故事結構教學對提升幼兒故事敘說能力之研究**（未出版之碩士論文）。國立台北教育大學，台北市。

倪志琳（1998）。**結構教學法對學齡前自閉症兒童學習成效之研究**（未出版之博士論文）。國立台灣師範大學，台北市。

徐聯恩、江佩穎（2015）。NAEYC 幼教師資認證標準之應用與啟示。**百年幼教論壇暨研討會**。政治大學幼教所。

陳淑芳（2002）。美國《發展合宜實務指引》的發展和修訂對我國幼稚園課程標準修訂之啟示。取自：www.ntttc.edu.tw/shufang。

教育部（2000）。**特殊教育課程教材教法及評量方式實施辦法**。台北市：教育部。

曾淑賢、楊逸飛（2018）。運用嵌入式教學在學前融合教育師資職前培訓之行動研究。**課程與教學季刊，21**（1），43-68。

鈕文英（2003）。**啟智教育課程與教學設計**。台北市：心理。

詹士宜（2007）。介入效果模式的學障鑑定。**特殊教育季刊，103**，17-23。

劉斐文（2001）。結合環境安排與自然情境教學法促進功能性溝通之學習。**屏師特殊教育，1**，70-78。

盧明（譯）（2002）。**活動本位介入法：特殊幼兒的教學與應用**（原作者：D. Brucker）。台北市：心理。（原著出版年：1998）

盧明、劉學融（譯）（2020）。**學前融合教育課程架構：以全方位學習（UDL）為**

基礎支持幼兒成功學習（原作者：E. M. Horn, S. B. Palmer, G. D. Butera, & J. A. Lieber）。新北市：心理。（原著出版年：2016）

盧明、魏淑華、翁巧玲（譯）（2008）。**學前融合教育課程建構模式**（原作者：S. R. Sandall & I. S. Schwartz）。台北市：心理。（原著出版年：2002）

賴碧美、林慧娟（2006）。結構化教學法融入重度和極重度多重障礙學生教學之應用。**特教通訊，36**，7-10。

謝彬彬（2008）。以遊戲建構人際互動情境對增進國小自閉症學童社會適應能力之研究（未出版之碩士論文）。私立中原大學，桃園縣。

鐘梅菁（2002）。學前教師困擾問題之研究：以融合的教師為例。**新竹師院學報，15**，429-452。

【英文部分】

Bereiter, C., & Engelmann, S. (1966). *Teaching disadvantaged children in the preschool*. Englewood Cliffs, NJ: Prentice-Hall.

Boulineau, T., Fore, C., Hagan-Burke, S., & Burke, M. D. (2004). Use of story-mapping to increase the story-grammar text comprehension of elementary students with learning disabilities. *Learning Disability Quarterly, 27*(2), 105-121.

Bredekamp, S. (1993). The relationship between early childhood education and early childhood special education: Healthy marriage or family feud? *Topics in Early Childhood Special Education, 13*(3), 258-274.

Bredekamp, S., & Copple, C. (Eds.) (1997). *Developmentally appropriate practice in early childhood programs*. Washington, DC: NAEYC.

Bricker, D., Pretti-Frontczak, K., & McComas, N. (1998). *An activity-based approach to early intervention*. Baltimore, MD: Paul H. Brookes.

Bruder, M. B. (2001). Inclusion of infants and toddlers: Outcomes and ecology. In M. J. Guralnick (Ed.), *Early childhood inclusion: Focus on change* (pp. 203-228). Baltimore, MD: Paul H. Brookes.

Bruner, J. (1977). Early social interaction and language acguisition. In H. Schaffer (Ed.), *Studies in mother-infant interaction* (pp. 271-289). New York, NY: Academic Press.

Buysse, V. (2008). *Response & recognition*. Chapel Hill, NC: FPG Child Development Institute, The University of North Carolina.

Buysse, V., Peisner-Feinberg, E. S., Soukakou, E., LaForett, D. R., Fettig, A., & Schaaf, J. M. (2013). Recognition & response: A model of response to intervention to promote academic learning in early education. In V. Buysse & E. S. Peisner-Feinberg (Eds.), *Handbook of response to intervention in early childhood* (pp. 69-84). Baltimore, MD: Paul H. Brookes.

Caine, R., & Caine, G. (1991). *Making connections: Teaching and the human brain*. New York, NY: Pearson.

Caine, R., & Caine, G. (1997). *Education on the edge of possibility*. Alexandria, VA: Association for Supervision and Curriculum Development.

Copple, C., & Bredekamp, S. (Eds.) (2009). *Developmentally appropriate practice in early childhood programs serving children from birth through age 8* (3rd ed.). Washington, DC: National Association for the Education of Young Children.

Dinnebeil, L. A., & McInerney, W. J. (2011). *A guide to itinerant early childhood special education services*. Baltimore, MD: Paul H. Brookes.

Division for Early Childhood. (2005). *DEC recommended practices*. Longmont, CO: Sopris West.

Division for Early Childhood. (2014). *DEC recommended practices in early intervention/ early childhood special education 2014*. Retrieved from http://www.dec-sped.org/recommendedpractices

Dunst, C. J., Trivette, C. M., Humphries, T., Raab, M., & Roper, N. (2001). Contrasting approaches to natural learning environment interventions. *Infants and Young Children, 14*(2), 48-63.

Fuchs, D., & Fuchs, L. S. (2005). Responsiveness-to-intervention: A blueprint for practitioners, policymakers, and parents. *Teaching Exceptional Children, 38*(1), 57-61.

Fuchs, D., & Fuchs, L. S. (2009). Responsiveness-to-intervention: Multilevel assessment and instruction as early intervention and disability identification. *The Reading Teacher, 63*(3), 250-252.

Fuchs, L. S., Fuchs, D., & Speece, D. L. (2002). Treatment validity as a unifying construct for identifying learning disabilities. *Learning Disability Quarterly, 25*, 33-46.

Gifford, B., & Enyedy, N. (1999). *Activity-centered design: Towards a theoretical frame-*

work of CSCL. Paper presented at the 1999 CSCS99 International Conference on Computer Supported Collaborative Learning, Stanford, CA.

Hancock, T. B., & Kaiser, A. P. (2006). Enhanced milieu teaching. In R. McCauley & M. Fey (Eds.), *Treatment of language disorders in children* (pp. 203-233). Baltimore, MD: Paul H. Brookes.

Hart, B. & Risley, T. (1968). Establishing use of descriptive adjectives in the spontaneous speech of disadvantaged preschool children. *Journal of Applied Behavior Analysis, 1* (2), 109-120.

Hart, B. M., & Risley, T. R. (1975). Incidental teaching of language in the pre-school. *Journal of Applied Behavior Analysis, 8*, 411-420.

Horn, E., Kang, J., Classen, A., & Lieber, J. A. (2016). Foundations of differentiation and individualization. In E. Horn, S. Palmer, G. Butera, & J. Lierber (Eds.), *Six steps to an inclusive preschool curriculum: A UDL-based framework for children's school success* (pp. 91-110). Baltimore, MD: Paul H. Brookes.

Hull, K., Capone, A., Giangreco, M. F., & Ross-Allen, J. (1996). Through their eyes: Creating functional, child-sensitive individualized education programs. In R. A. McWilliam (Ed.), *Rethinking pull-out services in early intervention: A professional resource* (pp. 103-119). Baltimore, MD: Paul H. Brookes.

Humphries, T. (2003). Effectiveness of pivotal response training as a behavioral intervention for young children with autism spectrum disorders. *Bridges, 2*, 1-10.

Hutchins, E. (1995). *Cognition in the wild*. Cambridge, MA: The MIT Press.

Kaiser, A. P., Hendrickson, J. M., & Alpert, C. L. (1991). Milieu language teaching: A second look. In R. A. Gable (Ed.), *Advance in mental retardation and developmental disabilities*. London, UK: Jessica Kingsley.

Kaiser, A. P., Ostrosky, M. M., & Alpert, C. L. (1993). Training teachers to use environmental arrangement and milieu teaching with nonvocal preschool children. *Journal of the Association for Persons with Severe Handicaps, 18*(3), 188-199.

Kaiser, A. P., Yoder, P. J., & Keetz, A. (1992). Evaluating milieu teaching. In S. F. Warren & J. Reichle (Eds.), *Causes and effects in communication and language intervention* (pp. 9-47). Baltimore, MD: Paul H. Brookes.

Kaiser, A. P., & Hancock, T. B. (2003). Teaching parents new skills to support their young children's development. *Infants and Young Children, 16*, 9-21.

Kayser, J. E., Billingsly, F. F., & Neel, R. S. (1986). A comparison of in-context and traditional instructional approaches: Total task, single trial versus backward chaining, multiple trials. *Journal of the Association for Persons with Severe Handicaps, 11*, 28-31.

Koegel, L., Koegel, R., Shoshan, Y., & McNerney, E. (1999). Pivotal response intervention II: Preliminary long-term outcome data. *The Journal of the Association for Persons with Severe Handicaps, 24*(3), 186-198.

Koegel, R., Koegel, L., & Carter, C. (1999). Pivotal teaching interactions to children with autism. *School Psychology Review, 28*(4), 576-594.

Koegel, R., Schreibman, L., Good, A., Cerniglia, L., Murphy, C., & Koegel, L. (1989). *How to teach pivotal behaviors to children with autism: A training manual.* Unpublished manuscript.

Mahoney, G., & Perales, F. (2003). Using relationship-focused intervention to enhance the social-emotional functioning of young children with autism spectrum disorders. *Topics in Early Childhood Special Education, 16*(1), 26-50.

Mahoney, G., Kim, J., & Lin, C. (2007). Pivotal behavior model of developmental model. *Infants & Young Children, 20*(4), 311-325.

McDonnell, A., & Hardman, M. (1988). A synthesis of "best practice" guidelines for early childhood services. *Journal of the Division for Early Childhood, 12*, 328-341.

McWilliam, R. A., Wolery, M., & Odom, S. L. (2001). Instructional perspectives in inclusive preschool classrooms. In M. J. Guralnick (Ed.), *Early childhood inclusion: Focus on change* (pp. 503-530). Baltimore, MD: Paul H. Brookes.

Moore, G. T. (1986). Effects of the spatial definition of behavior settings on children's behavior: A guasi-experimental field study. *Journal of Environmental Psychology, 6*, 205-231.

National Association for the Education of Young Children. (2009). *Developmentally appropriate practice in early childhood programs serving children from birth through age 8.* Retrieved from https://www.naeyc.org/resources/topics/dap

Noonan, M. J., & McCormick, L. (1993). *Early intervention in natural environment: Methods and procedures*. Pacific Grove, CA: Brooks/Cole.

Pretti-Frontczak, K. L., Barr, D. M., Macy, M., & Carter, A. (2003). Research and resources related to activity-based intervention, embedded learning opportunities, and routines-based instruction: An annotated bibliography. *Topics in Early Childhood Special Education, 23*(1), 29-39.

Ratner, N., & Bruner, J. (1978). Games, social exchange and the acquisition of language. *Journal of Child Language, 5*, 391-401.

Sandall, S., & Schwartz, I. (2008). *Building blocks for teaching preschoolers with special needs*. Baltimore, MD: Paul H. Brookes.

Staal, L. (2000). The story face: An adaptation of story mapping that incorporates visualization and discovering learning to enhance reading and writing. *Reading Teacher, 54*(1), 26-31.

Vygotsky, L. S. (1978). *Mind in society: The development of higher order psychological processes*. Cambridge, MA: Harvard University Press.

Wolery, M. (2005). DEC recommended practices: Child-focused practices. In S. Sandall, M. L. Hemmeter, B. J. Smith & M. E. McLean (Eds.), *DEC recommended practices*. Longmont, CO: Sopris West.

Wolery, M., & Bredekamp, S. (1994). Developmentally appropriate practices and young children with disabilities: Contextual issues in the discussion. *Journal of Early Intervention, 18*(4), 331-341.

Wolery, M., Brashers, M. S., & Neitzel, J. C. (2002). Ecological congruence assessment for classroom activities and routines: Identifying goals and intervention practices in childcare. *Topics in Early Childhood Special Education, 22*(3), 131-142.

第八章

支援服務與資源整合

柯秋雪、曾淑賢

　　小庭，4 歲，就讀於幼兒園普通班，就像一般的孩子一樣活潑愛玩，但是在認知學習、語言能力和精細動作等方面皆有顯著的落後狀況。小庭的爸爸因早年工作受傷，造成行動不便，家庭經濟重擔全落在媽媽身上；由於媽媽忙於工作，所以小庭和就讀國小的三位兄姊，常需要自行解決三餐並協助家務。媽媽雖然希望能協助小庭的發展，但是對於療育知識相當缺乏，也沒有時間帶小庭去做復健，不知道該從哪裡開始，感到很無力。

當家長發現自己的孩子是發展遲緩兒童時，所面對的情緒衝擊極大，可能會經歷否認、生氣、悲傷、自責、挫折無力，以及不確定感充斥等階段。這些情緒和焦慮常常會造成家庭關係的緊張，若再加上經濟壓力，以及對如何運用早期療育資源的不了解，將形成巨大的無助感和家庭壓力。而早期療育往往需牽涉到多重系統的服務，使得家庭更難以了解所有的程序與規定，以及可以預期的服務方式和內容。因此，早期療育相關資源與支持系統的整合顯得十分重要，此將能促進家庭的增能，進而紓解其撫育特殊幼兒的壓力。故整合特殊兒童家庭之早期療育相關資源與支持的需求，為目前學者專家與相關主管單位相當重視的重要議題之一。

第一節 基本概念

美國與我國皆有支援服務的相關規定。美國於 2004 年頒布的《身心障礙者教育促進法》（The Individuals with Disabilities Education Improvement Act, IDEIA，簡稱 IDEA 2004，即《108-446 公法》），要求為身心障礙學生提供合宜的特殊教育與相關服務，以及其在普通班所需的協助與支持。此外，也要為與身心障礙學生工作的所有人員，提供高品質、密集的職前預備與專業發展，以確保所有人員都能具備必須的技巧與知識，包含使用有科學根據（scientifically based）的教學方法，增進身心障礙兒童學業與功能的表現。而美國早在 1986 年的《全體殘障兒童教育法修正案》（The Education for All Handicapped Children Act Amendments，即《99-457 公法》）就已經提出，相關專業人員應與家長合作，並針對障礙兒童及其家庭的需求，擬定「個別化家庭服務計畫」（Individualized Family Service Plan，簡

稱 IFSP，請見本書第六章），提供家庭早期療育及相關服務。

在我國的法規中，《特殊教育法》（2019）第 24 條明定：

各級主管機關應提供學校輔導身心障礙學生有關評量、教學及行政等支援服務，並適用於經主管機關許可在家及機構實施非學校型態實驗教育之身心障礙學生。

各級學校對於身心障礙學生之評量、教學及輔導工作，應以專業團隊合作進行為原則，並得視需要結合衛生醫療、教育、社會工作、獨立生活、職業重建相關等專業人員，共同提供學習、生活、心理、復健訓練、職業輔導評量及轉銜輔導與服務等協助。……

《特殊教育法》（2019）除了身心障礙學生的相關支援外，在第 46 條也指出，學校應該提供特殊教育學生家庭相關的支持服務：「各級學校應提供特殊教育學生家庭諮詢、輔導、親職教育及轉介等支持服務。……」此外，《身心障礙者權益保障法》（2015）第 50 條與第 51 條，分別訂定相關主責單位應提供身心障礙所需的照顧與支持，以提升其個人與家庭生活品質。第 50 條明訂：「直轄市、縣（市）主管機關應依需求評估結果辦理下列服務，提供身心障礙者獲得所需之個人支持及照顧，促進其生活品質、社會參與及自立生活：一、居家照顧。二、生活重建。三、心理重建。四、社區居住。五、婚姻及生育輔導。六、日間及住宿式照顧。七、家庭托顧。八、課後照顧。九、自立生活支持服務。十、其他有關身心障礙者個人照顧之服務。」第 51 條則規範：「直轄市、縣（市）主管機關應依需求評估結果辦理下列服務，以提高身心障礙者家庭生活品質：一、臨時及短期照顧。二、照顧者支持。三、照顧者訓練及研習。四、家庭關懷訪視及服務。五、其他有助於提升家庭照顧者能力及其生活品質之服務。……」

特殊嬰幼兒及其家庭的需求相當多元，相關單位須提供所需的醫療、

教育、心理、社政等方面的資源，才能裨益所有接受早期療育的兒童及其家庭。McWilliam（2005）指出，在早期療育中，家庭的資源需求包含了許多領域，所謂的資源是指家庭所擁有的資產，亦涵蓋物質的支持（包含金錢的協助與設備），以及介入發生的可能場所、活動與環境。McWilliam認為，資源的廣泛性定義若只侷限在一套的服務就太過狹隘，而應該以資源本位取向（resource-based approach）的統整服務來思考，甚至包含與社區的活動、地點與事件的連結。

社會資源通常可分為有形的物質資源與無形的精神資源（張秀玉，2003；潘淑滿，2000）。就早期療育而言，有形的物質資源包含：（1）人力資源：指早療專業工作者（如醫療人員、特教教師、社工人員等）、地方領袖（如支持早療的政黨人物、基金會會長、相關家長團體人士等）、志願服務人員（如早療志工等）、臨時義工（如參與早療相關團體所舉辦活動的義務協助者等）；（2）物力資源：指與早療相關的土地、設備、房舍與器材、活動空間等；（3）財力資源：指中央與地方政府機構的經費補助、私人部門的資源，如基金會本身的資源、企業團體與個人的捐款、義賣、活動收入等。而無形的精神資源是指，對早期療育的社會價值、社會意識、專業技術、社會關係、組織結構、信念等（張秀玉，2003；潘淑滿，2000）。

就特殊需求嬰幼兒之家庭使用早期療育資源的角度而言，則可分為內在資源與外在資源（張秀玉，2003；黃源協、陳伶珠、童伊迪，2004）。內在資源是指，服務對象本身與家庭所具有的能力與積極正向的特質，足以協助服務使用者解決部分問題及滿足需求，例如：發展遲緩兒童的家庭凝聚力、彼此相互支持的力量、人際資源網絡、家長本身正向的人格特質等（張秀玉，2003）。而外在資源是指，提供服務對象必要之服務的個人或組織，涵蓋正式資源與非正式資源（黃源協、陳伶珠、童伊迪，2004）。

上述的正式資源還分為公部門與私部門兩種，通常是行政單位與組織

依照政策與規定所指定的服務，有明文規定與申請條件，符合服務資格者才能接受服務，包含：醫療復健資源（如早療評估、物理、職能、語言等治療服務）、教育資源（包含幼兒教育服務和學前特殊教育服務，如幼兒園、機構的日托服務、融合教育服務、在家教育服務等），以及社會福利資源（包含療育補助、福利服務補助、家庭支持性服務，如家長團體、親職講座、喘息服務、居家服務等）（張秀玉，2007）。

　　非正式資源比較沒有明文的申請條件與規定，通常指多元的有形與無形資源、公部門與私部門之專業人員所提供的服務（Thurmair & Naggl, 2007），包含鄰里、親朋好友、家長團體、宗教團體的支持。早期療育多元的資源，需要相關單位服務的協調與合作，整合相關資源，才能有效提供服務。相關專業人員，例如：學前特教教師、治療師或社工人員等，也應該以團隊合作的方式，整合教育、醫療與社會福利等資源，提供更全面而完整的早療服務。值得注意的是，McWilliam（2005）提到早療家庭接受服務之後往往會不經意地愈來愈依賴正式資源，非正式支持反而愈加縮減。然而，非正式支持常常比正式支持更能長遠陪伴家庭。因此，專業人員應留意提醒家庭持續擴展和穩固非正式資源。

　　以下將從三個層面來了解這些議題：機構間的資源整合、專業人員間的整合，以及家長擴權與支援服務。

第二節
機構間的資源整合

　　特殊幼兒的療育往往需要牽涉到多重的服務種類，包括：特殊教育、社會福利，以及醫療服務等。由於家庭情境在學齡前幼兒的發展與學習中

有著非常重要的影響，使得特殊幼兒及其家庭的服務需求較學齡兒童又更為複雜，因此，早期療育服務機構間的合作互動與資源整合顯得十分重要。機構間若缺乏合作互動的服務系統，將無法發揮最佳的服務效益、降低有限資源的運用，並且容易發生資源提供的重複與浪費，因此，機構間的合作深受社會服務工作者的重視（Harbin, Ringwalt, & Batista, 1998; Peterson, 1991; Smrekar & Mawhinney, 1999），而機構間的合作無疑是一項充滿挑戰且耗時的任務（Friend & Cook, 2000; Peterson, 1991）。以下將分別討論國外與國內的早療機構間合作之現況。

一 國外現況

（一）服務協調與整合之法源基礎及意涵

美國聯邦政府在1986年《全體殘障兒童教育法修正案》的H部分（Part H）（現為《身心障礙者教育促進法》的 C 部分，Part C of IDEA）中，訂定了對特殊幼兒家庭的責任：應為0至2歲的嬰幼兒及其家庭擬定IFSP（詳情請見本書第六章），勾勒出能提供協調性、全面性、專業團隊與跨機構合作，以家庭為中心的早期療育服務（Bruder, 2005）。到了 1990 年，《IDEA 修正案》中的「個案管理」（case management），已被「服務協調」（service coordination）一詞所取代（Dunst & Bruder, 2006）。

在德國，大多數有關身心障礙者的法規，都明定在 2001 年 7 月 1 日生效、2007 年 9 月修訂的《社會法典》（第九冊）（*Sozialgesetzbuch IX*, SGB IX）中，以整合及靈活運用身心障礙服務體系中相關之醫療、治療（特殊）教育、心理及社會資源；第 10 條更明訂了「服務協調」的重要性（Das Bundesministerium für Arbeit & Soziales, 2012）。

文獻中曾用不同的名詞來描述服務整合的努力，例如：「整合」（integration）、「協調」（coordination）或是「合作」（collaboration）等。Crowson 與 Boyd（1996）使用「整合」來描述服務統整的過程。此外，他

們也提出了連續集合（continuum）的概念，認為每一種服務統整的努力，皆可被視為連續集合線上的一個點，此集合線的兩端是從「幾乎未整合」到「理想性」的合作狀態；沿著此連續集合線大致可區別為三個階段：（1）「協力」（cooperation）：多數影響來自於單一機構；（2）「協調」（coordination）：更多同事與機構間相互的調整；（3）「合作」（collaboration）：完全共享服務資源，減少個別機構的自主權，而漸由共同決策取代之。而《IDEA修正案》的C部分目前所採用的是「服務協調」一詞。

Park 與 Turnbull（2003）指出，「服務協調」（service coordination）與「服務整合」（service integration）兩個名詞常被互換使用。服務協調被視為是一種協助家庭成員獲得所需服務和資源的系統化過程，而服務整合則是指，兩個或更多的組織建立連結，以解決服務零碎及配對需求與介入服務的問題，達成改善服務的目的。在提供服務中，機構與服務人員的協調與合作，是早期療育服務的核心原則（core principle）（Bruder, 2005）。

（二）早療機構之間的協調合作與模式

在美國，為因應《IDEA修正案》C部分之執行，州與地方需協調與合作，並成立全州性的「機構間協調委員會」（Interagency Coordination Councils, ICCs），讓行政督導的主導機關能監督方案與活動，包含：負責執行機構間的協議與爭議解決、跨機構與專業團隊服務傳輸模式的發展，提供 IFSP 與指定一位服務協調者以促進與確保 IFSP 的實施，並成立「服務協調研究與訓練中心」（Research and Training Center on Service Coordination），以評估服務協調與合作的情形（Bruder, 2005）。

《IDEA 修正案》的 C 部分強調早療機構間合作的重要性，並要求州政府發展一套統整且跨專業合作的服務系統，以達到促進經費與資源的最佳分配，和提升系統服務的容量與品質之目的（Garrett, Thorp, Behrmann, & Denham, 1998; Peterson, 1991）。基於此，申請聯邦政府補助的州，都必須完成下列幾項要求（Peterson, 1991）：

1. 發展服務資源與專家之主要索引目錄（Developing a central directory of service resources and experts）。

2. 設立「機構間協調委員會」（Establishing ICCs）。

3. 經費之補助須重視機構間的合作（Emphasizing interagency arrangements to fund services）。

4. 協調跨機構所提供的服務（Coordinating the provision of services across agencies）。

5. 建構完整的通報與轉介系統，以避免資源的重複浪費（Establishing a comprehensive child-find and referral system to avoid duplication of effort）。

Bruder（2005）依據機構與服務協調者的服務內容與性質，提出美國各州服務協調的五種模式：

1. 獨立專責模式（independent and dedicated model）：服務協調者的角色僅是協調服務，提供服務協調和服務提供的機構是各自獨立分開的。

2. 獨立但非專責模式（independent and not dedicated model）：提供服務協調和服務提供的機構是各自獨立的，而服務協調者除了協調服務之外，也有其他的責任，例如：系統登錄工作。

3. 專責但非獨立模式（dedicated but not independent model）：服務協調者是在提供療育服務的機構中擔任協調的工作。

4. 混合模式（blended model）：服務協調者提供協調服務，同時也提供幼兒發展的介入。

5. 多層次混合專責模式（multilevel blended and dedicated model）：具多重服務需求的兒童與家庭，會分配一位專責的服務協調者，而早療人員除了為一般兒童與家庭提供療育介入外，也兼任服務協調的相關工作。

Dunst 與 Bruder（2006）的研究顯示，獨立專責模式較無成效，混合模式則較能提供有效的服務。Park 與 Turnbull（2003）指出，不同的單位在服務協調與整合的過程中，可能會遇到一些阻礙整合的因素，包含：（1）個人層面：對於整合網絡的負面態度、抗拒改變，以及對其他同仁缺乏信任；（2）管理層面：角色和責任的定義不精確、缺乏有權力做決定的關鍵人物，以及缺乏合作的基本原則與溝通系統。McWilliam（2006）指出，未來法令應訂出監控服務品質的相關規定，並應了解家長的需求，以落實相關單位與專業人員的服務協調與整合。

　　而在德國，《社會法典》（第九冊）第八章第三節訂定了「身心障礙者參與之協調工作」（Koordinierung der Teilhabe behinderter Menschen），其中第 64 條指出，勞工與社會部應統籌成立諮詢委員會，以協助與協調身心障礙者參與社會的相關問題（柯秋雪，2007）。《社會法典》（第九冊）雖然強調早期療育體系應特別考慮兒童的家庭及其生活環境與團隊合作，不過，對於醫療復健及早期療育機構的權責並無詳細說明。有鑑於此，德國聯邦政府在 2003 年 6 月 20 日通過了《早期療育條例》（Frühförder-ungsverordnung, FrühV），條文中規定了小兒科醫學中心（Sozialpädiatrisches Zentrum）及早期療育中心（Interdisziplinäre Frühförderstelle）為早期療育體系的主要機構，應為每個接受早期療育服務的家庭，提供個別化的療育計畫（Förder-und Behandungsplan），並規範其權責，界定國家保險及社會局費用承擔的範圍（柯秋雪，2007）。

（三）早療機構間的合作與影響其合作之因素

　　研究顯示，機構間合作是一多面向且複雜的過程（Fields, 1992; Flynn & Harbin, 1987），難以用實驗設計的方式來進行研究，因此大部分的研究乃以方案評估為主。這些方案的目的皆強調解決實務運作上的問題，例如：缺乏合作結構、經費與服務的不連貫，或對最佳實務看法的分歧等。整體而言，研究的結果顯示，這些方案的正面成效，包括：建立機構間的連結、

增進機構間活動的多元化、增加成員的共同力量感、提升正向態度,以及增加資訊分享及轉介等。綜合這些方案評估研究的建議,可得知:(1)機構間的合作不會自動地發生,而是需要加以精心設計;(2)合作需求面向之評估是必要的;(3)協調者或協調委員會的角色很重要;(4)機構間合作的訓練是需要的;(5)共同決策的能力需要被培養與支持;(6)應促進合作方案的推廣;(7)生態脈絡會影響服務提供者的合作態度。

而探究影響社福機構間合作的主要因子,包括:法令規定、協調委員會的作用、機構代表間的溝通、領導者的角色、機構及個人的利益考量、人脈網絡、經費、所需時間,以及對療育模式的觀點(Foster-Fishman, Salem, Allen, & Fahrbach, 1999; Gravois, 1995; Malloy, Cheney, & Cormier, 1998; Miller, Scott, Stage, & Birkholt, 1995; Ridgely, Lambert, Goodman, Chichester, & Ralph, 1998; Rivard, Johnson, Morrissey, & Starrett, 1998; Selsky, 1991; Smialek, 2001; Wyly, Allen, Pfalzer, & Wilson, 1996)。此外,針對早期療育領域的機構間合作之促進因素,還包括:正向合作的氣氛、成員的共識和投入程度,以及參與計畫的過程(Fields, 1992; Garrett et al., 1998; Harbin et al., 1998; Johnson, Zorn, Tam, LaMontagne, & Johnson, 2003; Tseng, 2004; Wischnowski, Fowler, & McCollum, 2000)。相反地,文書工作的增加、在有限的資源下服務的增加、具衝突性或制式的政策、適當的支持與結構化機制的缺乏、成員的共識和投入程度的不足、不良溝通,或排他和權力劃分等問題,則會阻礙合作。

早期療育機構間協調委員會扮演著重要中介召集者的角色,並能促進機構間合作的推動(Blatz & Smith, 1998; Gray & Wood, 1991; Peterson, 1991)。以美國為例,上至州政府、下至郡市的每個行政區域,皆設有機構間協調委員會(ICCs);Harbin 等人(1998)即指出,ICCs 在早療系統中扮演了重要的召集角色。而地方機構間協調委員會(Local ICCs, LICCs)在機構間的合作上,也扮演著重要的角色,通常是一個低汰換率的穩定團

體（Harbin et al., 1998）。但是，Harbin 等人也指出了一個隱憂，即許多LICCs會逃避較困難的發展任務，以致於機構間的合作有著不健全的發展。因此，他們建議聯邦和州政府提供相關的技術協助，幫助 LICCs 執行那些較困難的任務。

早期療育服務的成功有賴於各單位與專業人員的協調與合作。在美國，相關法令已訂定服務協調的必要性，並組成全州性的機構間協調委員會，推動機構間的合作；在實務工作中，已成立相關的研究中心，探討服務協調的執行情況，並提出未來更為完善的早期療育服務之具體建議。而在德國，聯邦政府訂有統一的法令，明訂醫療、教育、心理與社政各單位的權責與分工，以及所負責的早期療育服務之各項目費用，並規範了相關單位與人員的服務協調與整合，提供接受早期療育的家庭免費而完善的服務。

二 國內現況

為了落實早期療育的工作，政府於「發展遲緩兒童早期療育服務實施方案」（2019）規範了社政、衛生、教育、警政等單位相關的權責分工及協調合作事宜，明文指出政府應：「結合社政、衛生、教育、警政等相關單位資源，具體確實推動發展遲緩兒童早期發現、早期介入，並促進早期療育各服務流程功能之發揮，以提供發展遲緩兒童及其家庭完善之服務。」其工作項目分為：（1）綜合規劃；（2）發現與篩檢；（3）通報轉介與個案管理；（4）聯合評估；（5）療育與服務；（6）宣導與訓練等六大項。早期療育的各相關專業人員唯有進行專業團隊的整合與協調合作，特殊兒童及其家庭方能獲得具完整性的服務；此方案所需的經費，應由各級政府相關單位按年度編列預算配合辦理。目前各縣市政府皆以此為依據，各相關主責單位分工與合作，期能落實早期療育在地方政府的發展（柯秋雪，2007）。

早期療育的各項議題，雖然在我國已經受到社政、教育、衛生等主管單位的重視，不過在支援特殊嬰幼兒及其家庭方面，整合各主管單位之間

的協調、合作與相關資源，以有效提供早期療育的服務上，仍有待努力。舉例而言，《身心障礙者權益保障法》（2015）第 48 條明訂：「為使身心障礙者不同之生涯福利需求得以銜接，直轄市、縣（市）主管機關相關部門，應積極溝通、協調，制定生涯轉銜計畫，以提供身心障礙者整體性及持續性服務。……」教育部也已制訂《各教育階段身心障礙學生轉銜輔導及服務辦法》（2010），但是目前幼小轉銜的合作協調多在個案資料的轉介上。從劉雅如（2007）的研究得知，家長、學前負責人員、小一教師皆認為，機構間的協調情形是目前所提供的服務中最缺乏且最不足的部分。許多學者也認為，早期療育機構間合作的缺乏，的確是台灣現階段早療服務的困境之一（曾淑賢、王文伶，2007；萬育維、王文娟譯，2002；萬育維、吳肖琪，1997）。台灣的《兒童及少年福利與權益保障法》（2020）明定了對發展遲緩幼兒提供早療服務的規定；《特殊教育法》（2019）在 2014 年修正實施後，身心障礙幼兒之教育服務，則積極往下延伸自 2 歲開始。但遺憾的是，關於早療機構間的合作機制，至今仍然缺乏具體的法令或規範的基礎（孫世恆、廖龍仁、廖華芳、李淑貞，2004）。

　　如前所述，美國肯定了早期療育機構間協調委員會扮演著重要中介召集者和促進機構間合作的推動角色，上至州政府、下至郡市的每個行政區域，皆設有機構間協調委員會（ICCs）。而台灣各縣市之早期療育推動委員會，可以說是有點類似於ICCs的組織，提供教育、社福和醫療單位一對話的平台。但就筆者實務上參與的經驗，台灣的早期療育推動委員會在參與成員方面，較缺乏實際在地的服務提供者；在議題設定上，是由上而下，公部門的主導性較強；而在角色期待上，比較站在外部督導的角度，而非屬於合作成員的團體，因此，無法像國外的ICCs作為一合作對話的平台。早期療育推動委員會當初的成立與運作模式，是在早期療育服務草創和逐步建構的階段時所形成的，而目前各地的早期療育服務系統已逐漸形成架

構，早期療育推動委員會所扮演的角色和運作方式，值得進一步朝更成熟的模式來規劃。

第三節
專業人員間的整合

從 Bronfenbrenner（1979）的生態系統理論來看，家庭需求與兒童需求密不可分，早期療育服務的最大挑戰即在於提供符合家庭需求的服務；但是由於特殊幼兒及其家庭需求，往往需要牽涉到多重的服務內涵，是單一專業服務所無法滿足的，乃需要不同專業人員團隊合作的整合性服務。當家庭需求愈高時，愈需要專業團隊的合作。

Schorr 與 Both（1991）指出，成功的團隊合作機制應具以下特質：

1. 整合性、彈性和彼此回應的特質。
2. 孩子屬於家庭的一份子，家庭屬於社區的一部分。
3. 全備訓練，並能接受和建立信任關係的專業人員。
4. 能回應並堅持對家庭需求的服務。
5. 能展現熱忱、允諾和妥善經營管理的專業態度與知能，並願意嘗試可能的服務做法，忍耐服務的模糊之處。
6. 願意和多元化的人共事共處，並展現合作的共事態度和做事方法。
7. 以服務對象為中心（client-centered）的服務。

以上幾項特質和「美國幼兒教育協會」（NAEYC）所提出的專業倫理（洪毓瑛譯，1999），有著不謀而合的幼兒教育基本理念和專業精神，例如：嬰幼兒肌肉發展的問題，須由物理治療師、職能治療師介入；罕見疾

病嬰幼兒的醫療介入，則須有新生兒科、小兒科、基因醫學科、病理科等醫師的參與。因此，結合多專業的團隊加上家庭參與的合作服務取向，是早期療育理想的合作機制。一個運作完整的團隊應提供合時精準的評量、完整有效的介入、清楚全面的溝通，以及定期的評鑑檢視。團隊成員之間也應該建立相互信任、尊重、學習的態度與行為。

我國的《兒童及少年福利與權益保障法施行細則》（2015）第 8 條指出：「本法所稱早期療育，指由社會福利、衛生、教育等專業人員以團隊合作方式，依未滿六歲之發展遲緩兒童及其家庭之個別需求，提供必要之治療、教育、諮詢、轉介、安置與其他服務及照顧。……」已明定早期療育服務的提供應以專業整合的方式進行。

專業團隊服務模式分為三種基本模式：

1. 多專業團隊模式（Multidisciplinary Model）：指團隊成員獨立進行評量和服務，互相分享他們為嬰幼兒鎖定的目標和進步狀況，彼此間少有直接合作。

2. 專業間團隊模式（Interdisciplinary Model）：指團隊成員共同進行評量、訂定目標，但是分別提供服務。

3. 跨專業團隊模式（Transdisciplinary Model）：指團隊成員肩負不同的專業角色，並結合不同的專業知能進行評量和介入服務。

傳統上，不同的專業領域，例如：語言治療、物理治療、職能治療等，會各自進行評估與服務。家長帶著孩子分別與不同的專業人員會晤、進行評估和訂定服務計畫，再各自執行服務目標，這樣的方式就是第一種的多專業模式。此種模式由專業人員主導，缺乏家長主動積極的參與，專業人員間也無正式的溝通平台，雖然有時可能有非正式的溝通，但是過程中經常會發生不同專業人員的看法有所衝突，而導致家長無所適從的情形（McLean, Wolery, & Bailey, 2004）。而特殊幼兒之間的個別差異很大，個

人和家庭的服務需求很多元，單一專業的服務方式並無法提供完善的服務，且常造成資源的重複使用與浪費。因此，整合不同專業領域的團隊模式，才能提供更完整的服務。團隊成員除了家長為當然成員外，依幼兒的需求情形，還應包括下列人員：心理師、社工師、特教老師、語言治療師、物理治療師、職能治療師、營養師、小兒科醫師等。

　　第二種團隊的進行方式為專業間團隊模式，是改良的形式。除仍由各領域專業人員分別獨立評估與提供服務外，尚應透過團隊會議和個案討論的機制，讓團隊成員能有專業間的互動，並分享所訂的目標，家長與專業人員間也才能有正式的溝通管道（McLean et al., 2004）。因此，在介入階段，各專業的治療計畫較多專業團隊模式能夠融入其他專業所提供的目標，以發展出較完整的療育計畫。在此種模式下，家長比較能夠獲得一些全面整合的建議，不過家長或老師仍然必須在評估階段，對每位專業人員重複述說孩子的情況（孫世恆，2004；傅秀媚，2002）。

　　最後，第三種、也是最符合「美國特殊兒童協會幼兒分會」（The Division for Early Childhood of Council for Exceptional Children, DEC）《DEC 實務推薦指標》的，是跨專業團隊模式（Aldridge, Kilgo, & Bruton, 2015; DEC, 2014）。此模式是由一組專業人員組成的團隊，且家庭成員也被列為當然的團隊成員，同步進行評估並一起討論療育服務的規劃（McLean et al., 2004）。跨專業團隊模式的優點在於，專業人員無需針對同樣的項目重複評估或給予相左的意見，可直接溝通而達成共識，省時省力，且能落實以家庭為中心的服務理念。以家庭為中心的服務目標在於家庭擴權（empowerment），透過與專業人員的合作，家庭能更多參與服務決策，並且更提升親職效能和信念。

　　大多數專業人員的訓練都是直接針對特殊幼兒進行介入，故不容易轉換心態提供以家庭為中心的服務。了解家庭是專業人員在建立信賴聯盟的首要工作，然而專業人員卻往往急於協助案主，而忽略了解的重要（Turnbull & Turnbull, 2001，引自萬育維、王文娟譯，2002：105）。他們通常掌握了資訊與資源，並在決策上過度控制父母，即所謂的「權力凌駕」關係（Turnbull, Turbiville, & Turnbull, 2000: 705）。但近年來，國外的專業人員與家庭之關係已轉向服務者與家庭成員「權力共有」，所有成員（包括家庭成員）都能體認彼此所貢獻的知識和能力之重要，且彼此尊重、資源共享和共同解決問題。更進一步地，能發展出所謂「權力經過」（power through）的夥伴關係，在此關係中，合作團體能全心全意地溝通和通力合作地決策，以能力而不以控制來定義權力，所有團體成員皆可取得所需的資源並可創造且共享權力（Turnbull et al., 2000: 706）。

第四節 家長擴權與支援服務

　　特殊幼兒家庭所面臨之壓力的具體來源，主要包括：獨自承擔教養責任、經濟壓力沉重、投注大量心力但孩子進步緩慢、照顧責任影響與其他家人的關係品質、缺少屬於自己的時間與空間而無法喘息、缺少情緒性的社會支持，以及不斷遭遇孩子不被接納的困境與挑戰等。而由於早期療育往往需要牽涉到多重系統的服務，更讓家庭難以了解所有的程序與規定，以及其可預期的服務方式和內容，所產生的不確定性也是壓力的來源之一。王天苗（1993）的研究發現，低年齡階段及兼有其他障礙的障礙兒童家庭，有較多精神、經濟與服務支援的需求；此外，家庭是否需要經濟或精神上的支援，則與家庭經濟狀況、家庭功能或外力支援情形有關。

　　有些家長在調適的歷程中，能展現出自我效能的積極面，在專業人員提供相關支援時，也希冀能擴權家長的能力。特殊嬰幼兒家庭之支援服務

可分為正式與非正式，以及內在與外在之支持系統。正式支持系統是指，由醫療、教育、社政相關的人員、機構與主管單位所提供之專業支持系統；非正式支持系統則包括鄰里、朋友、家長聚會、宗教團體等人員或單位的協助（Thurmair & Naggl, 2007）。

以家長本身而言，則可分為內在與外在的支持系統。自我內在支持的建立是視個人的人格與信念而定，積極樂觀者通常較能正向面對困境與挑戰；相反的，消極悲觀者則較無法面對失敗與挫折（王天苗，1994）。具體而言，積極樂觀的家長通常會主動尋求資源（例如：閱讀特教、醫療、福利等相關書籍；家人與朋友的協助；宗教信仰等），或運用外在所提供的資源（例如：參加親職教育講座、研習、成長團體、家長團體、協會等），來促進自我的成長，達到家長的自我效能（self-efficacy）。而外在系統的支持，則包含：家庭成員、鄰里、朋友、學校、醫療組織、身心障礙機構、身心障礙社團、家長團體、宗教團體、社會福利系統等（柯秋雪，2008）。

影響兒童身心發展的社會生態系統，以家庭系統的影響最鉅，故家庭在早期療育服務中扮演著相當重要的角色。家庭成員（尤其是擔任主要照顧者的家長）的參與程度與特殊幼兒的發展進步有顯著的相關（Ramey & Ramey, 1998）。因此，早期療育強調以家庭為中心的服務模式，提供家庭支持性和個別化的服務，鼓勵家庭參與，強調家庭擴權，讓家長成為主動的參與者，了解自己在滿足孩子特殊需求上的中樞性和長期性之角色，並能參與決定所需的療育服務與資源（Gallagher, Rhodes, & Darling, 2004）。Hanson 與 Lynch（2004: 190）認為，以家庭為中心的服務模式之根本信念有：

1. 肯定主要照顧者或家長是他們自己孩子的專家。
2. 認同家庭應該是為他們和孩子做最後決定的人。
3. 兒童生命中的服務提供者僅是過客，家庭才是恆常陪伴在其生命中的。

4. 尊重並盡力支持家庭列為優先的目標。

5. 看重專業人員和家長之間信賴與合作的關係。

6. 盡力提供與家庭文化背景相符的服務方式。

根據以上的信念，家庭本位的服務模式期望達成的目標，是希望協助家庭（Raspa & Bailey, 2011）：

1. 能了解他們孩子的優勢、能力和特殊需求。

2. 能知道他們的權利，並有效率地為他們的孩子倡議。

3. 能幫助他們孩子的發展與學習。

4. 能建立支持系統。

5. 能取得或參與想要的服務、方案和社區的活動。

欲達成以上的目標，早療人員首先可以規劃訓練與示範課程，以提升家長或主要照顧者在親子互動上的技巧及策略，也可以對嬰幼兒的整體發展有較完整的認識，再進一步應用在孩子身上。另外，還可以運用工作坊的方式，提升家長個人在自我了解、心理擴權、自我調整，以及獨立自主等向度上之自我決策能力；同時，擴展與建構家長的資源連結網絡。而在心理擴權的部分，這些家長較容易出現焦慮與憂鬱等心理症狀，卻鮮少尋求專業心理協助，因此，跨專業團隊所提供的療育協助，以及心理專業團隊的諮商服務之介入有其重要性。協助特殊幼兒的家長「重新定位」，可重新以不同眼光看待孩子，調整對孩子的期待，增加對孩子的接納與支持陪伴，也調整自己所肩負的教養角色與責任，擁有更多正向力量，以面對在養育孩子過程中所遭遇的挫敗與無力。可以用舉辦團體諮商的方式來進行，增進特殊幼兒父母自我了解、接納與自我肯定，提升自我關照能力，增進正向情緒調適策略，發展健康家庭互動關係。團體可包括：（1）支持性團體：能幫助家長有更多情感支持與經驗分享；（2）自我成長與擴權團

體：能幫助家長自我認識與成長，重新以正向眼光看待孩子與自我，重獲盼望與力量；（3）其他主題的心理工作坊：如抒壓工作坊、溝通達人工作坊等。此外，特殊幼兒家長彼此之間的關懷分享與資訊提供，對新進家長有極大的助益。因此，可以培訓較有經驗的特殊兒童家長擔任家長陪伴者，主動關懷新進家長，並形成家長自助團體。

　　當家長從教養特殊兒童的過程中經歷成長後，就更能有足夠的心理空間與能力，正視與接受所有的挫折、掙扎與挑戰，也才更有能力協助孩子進行早期療育，並為其發聲（Hanson & Lynch, 2004: 101）。

 專欄

德國烏茲堡早療中心「以家庭為中心」之服務簡介

　　烏茲堡早療中心（Frühförderstelle Würzburg）「以家庭為中心」之服務最大的特色，乃是採用雙人模式（Zwei-Personen-Modell）；通常由一位專業人員主要負責療育（如特教老師或物理／職能／語言治療師），另一位專業人員為心理師或具諮商資格的特教老師、社工師，以提供家庭相關之支持性服務。中心會視幼兒與家庭的情況，由早療中心主任召開團隊會議，決定負責的兩位專業人員。接下來，兩位專業人員首先會和家長約家訪，初步了解幼兒的生長史、各發展階段、醫療史，以及其家庭狀況、生活環境之後，即安排幼兒進入早療中心做專業的評估。評估的方式通常是由醫師、心理師、治療師或特教老師個別評估；不過，幼兒的主要負責專業人員通常會在設有單向玻璃（單面鏡）的觀察室，觀看幼兒的評估過程，以確切掌握幼兒的評估狀況，並統整各相關專業人員的評估報告，和家長共同擬訂個別化的療育計畫。此外，轉銜至幼兒園與小學的服務，是由負責的專業人員統整各相關人員對於幼兒發展評估結果報告與家長的需求後，與家長共同擬定個別化的轉銜計畫。在整個服務流程中，雖然兩位

專業人員為幼兒及其家庭的主要負責人，不過，整個專業團隊為背後支持者，定期地以團隊會議來提供諮詢與建議。

資料來源：摘自柯秋雪（2006）

第五節
結語

　　國內雖早已依據相關法令提供特殊幼兒及其家庭支援服務，並建構早期療育服務協調與整合的機制，各縣市政府也陸續成立「發展遲緩兒童早期療育推動委員會」或「發展遲緩兒童早期療育推動小組」，並舉行衛生、教育與社政單位之跨局（處）室的聯繫會議。但是，相較於美國與德國，我國各縣市擁有的早期療育資源不一、城鄉差距大，尤其是偏遠地區之相關資源嚴重不足，而且各主責單位與人員之服務協調與整合狀況尚待落實（柯秋雪，2007）。在現行法令的規範下，重要的是相關單位和人員能與家長積極合作，提供相關的支援服務，建構早期療育服務的整合性指標，以進行有效的資源整合與服務協調，滿足特殊嬰幼兒及其家庭之多面向需求，擴權家長，落實以家庭為中心的早期療育服務。早期療育人員及相關團隊成員應協調與合作，針對特殊幼兒及其家庭的情況，提供所需的早療資訊以及心理或經濟的支援，協助其整合相關資源，以擴權家長。

1. 特殊幼兒家庭可能獲得哪些正式和非正式的早療資源？請舉例說明。
2. 請舉例說明影響早期療育機構合作之因素。
3. 不同的單位在服務協調與整合的過程中，可能會遇到哪些阻礙整合的因素？
4. 成功的團隊合作機制應具備哪些特質？
5. 如何擴權家長與提供「以家庭為中心」的相關支持？

參考文獻

【中文部分】

王天苗（1993）。心智發展障礙兒童家庭需要之研究。特殊教育研究學刊，9，73-90。

王天苗（1994）。心智發展障礙幼兒家庭狀況之研究。特殊教育研究學刊，10，119-141。

各教育階段身心障礙學生轉銜輔導及服務辦法（2010 年 7 月 15 日）。

身心障礙者權益保障法（2015 年 12 月 16 日修正公布）。

兒童及少年福利與權益保障法（2020 年 1 月 15 日修正公布）。

兒童及少年福利與權益保障法施行細則（2015 年 11 月 11 日修正發布）。

柯秋雪（2006）。談德國以家庭為中心的早期療育服務：以烏茲堡早期療育中心為例。載於中華民國特殊教育學會（主編），中華民國特殊教育學會九十五年度年刊（頁 103-109）。台北市：中華民國特殊教育學會。

柯秋雪（2007）。從特殊需求兒童家庭之需求談我國早期療育資源整合之法令。載於中華民國特殊教育學會（主編），中華民國特殊教育學會九十六年度年刊（頁 319-331）。台北市：中華民國特殊教育學會。

柯秋雪（2008）。與孩子同行：特殊需求幼兒家長的親職實踐。載於呂金燮、吳毓瑩、吳麗君、林偉文、柯秋雪、徐式寬……閻鴻中（著），華人教養之道：若水。台北市：心理。

洪毓瑛（譯）（1999）。**幼教綠皮書：符合孩子身心發展的專業幼教**（原作者：C. Copple & S. Bredekamp）。台北市：和英。（原著出版年：1997）

孫世恆（2004）。目標達成量表在早期療育評估之運用。**特殊教育研究學刊，26**，109-125。

孫世恆、廖龍仁、廖華芳、李淑貞（2004）。南投縣發展遲緩兒童早期療育跨專業團隊合作服務模式之建立經驗分享。**物理治療，29**（2），127-138。

特殊教育法（2019 年 4 月 24 日修正公布）。

張秀玉（2003）。**早期療育社會工作**。台北市：揚智。

張秀玉（2007）。影響早期療育家庭使用資源之相關因素。社區發展季刊，**120**，233-251。

傅秀媚（2002）。早期療育中跨專業團隊評估模式相關問題研究。**特殊教育學報，16**，1-22。

曾淑賢、王文伶（2007）。影響早期療育相關機構間合作的因子之探討。**特殊教育研究學刊，32**（1），57-76。

發展遲緩兒童早期療育服務實施方案（2019 年 12 月 25 日）。

黃源協、陳伶珠、童伊迪（2004）。**個案管理與照顧管理**。台北市：雙葉。

萬育維、王文娟（2002）。早期療育中心角色與定位。**兒童福利期刊，3**，201-236。

萬育維、王文娟（譯）（2002）。**身心障礙家庭：建構專業與家庭的信賴聯盟**（原作者：A. P. Turnbull & H. R. Turnbull）。台北市：洪葉文化。（原著出版年：2001）

萬育維、吳肖琪（1997）。**發展遲緩兒童早期療育之研究：轉介中心鑑定中心合作模式之規劃**。內政部社會司委託研究（未出版）。

劉雅如（2007）。台北縣身心障礙兒童幼小轉銜服務與國小生活適應之研究（未出版之碩士論文）。國立台北教育大學，台北市。

潘淑滿（2000）。**社會個案工作**。台北市：心理。

【英文部分】

Aldridge, J., Kilgo, J., & Bruton, A. K. (2015). Transforming transdisciplinary early intervention and early childhood special education through intercultural education. *Inter-*

national Journal of Early Childhood Special Education, 7(2), 343-360.

Blatz, S., & Smith, S. (1998). Using a liaison to increase interagency collaboration in correctional special education. *Intervention in School and Clinic, 34*(2), 126-127.

Bronfenbrenner, U. (1979). *The ecology of human development: Experiments by nature and design* (pp. 3-13). Cambridge, MA: Harvard University Press.

Bruder, M. B. (2005). Service coordination and integration in a developmental systems approach. In M. J. Guralinick (Ed.), *The developmental systems approach to early intervention* (pp. 29-58). Baltimore, MD: Paul H. Brookes.

Crowson, R., & Boyd, W. (1996). Structure and strategies: Toward an understanding of alternative models for coordinated children's services. In J. Cibulka & W. Kritek (Eds.), *Coordination among schools, families, and communities: Perspectives for educational reform*. Albany, NY: State University of New York Press.

Das Bundesministerium für Arbeit & Soziales. (2012). *Sozialgesetzbuch (SGB) Neuntes Buch: Rehabilitation und Teilhabe behinderter Menschen*. Retrieved from http://www.bund.de

Division for Early Childhood. (2005). *DEC recommended practices*. Longmont, CO: Sopris West.

Division for Early Childhood. (2014). *DEC recommended practices in early intervention/ early childhood special education*. Retrieved from https://divisionearlychildhood.egnyte.com/dl/tgv6GUXhVo

Dunst, C. J., & Bruder, M. B. (2006). Early intervention service coordination models and service coordinator practices. *Journal of Early Intervention, 28*(3), 155-165.

Fields, M. J. (1992). *The implementation of the federally prescribed system of interagency coordination in the Maryland Infants and Toddlers Program*. Unpublished Dissertation, University of Maryland, College Park, MD.

Flynn, C., & Harbin, G. (1987). Evaluating interagency coordination efforts using a multidimensional, interactional, developmental paradigm. *Remedial and Special Education, 8*(3), 35-44.

Foster-Fishman, P., Salem, D., Allen, N., & Fahrbach, K. (1999). Ecological factors impacting provider attitudes towards human service delivery reform. *American Journal of Community Psychology, 27*(6), 785-816.

Friend, M., & Cook, L. (2000). *Interactions: Collaboration skills for school professionals.* NY: Addison Wesley Longman.

Gallagher, P. A., Rhodes, C. A., & Darling, S. M. (2004). Parents as professionals in early intervention: A parent educator model. *Topics in Early Childhood Special Education, 24*(1), 5-13.

Garrett, J., Thorp, E., Behrmann, M., & Denham, S. (1998). The impact of early intervention. *Topics in Early Childhood Special Education, 18*(3), 183-190.

Gravois, T. A. (1995). *The relationship between communication use and collaboration of school-based problem-solving teams.* Unpublished Dissertation, University of Maryland, College Park, MD.

Gray, B., & Wood, D. (1991). Collaborative alliances: Moving from practices to theory. *Journal of Applied Behavioral Science, 27*(1), 3-22.

Hanson, M. J., & Lynch, E. W. (2004). *Understanding families: Approaches to diversity, disability and risk.* Baltimore, MD: Paul H. Brookes.

Harbin, G., Ringwalt, S., & Batista, L. (1998). *Local interagency coordinating councils: Purpose, characteristics, and level of functioning.* Chapel Hill, NC: Early Childhood Research Institute on Service Utilization, Frank Porter Graham Child Development Center, University of North Carolina at Chapel Hill.

Individuals with Disabilities Education Act of 1997, Pub. L. 99-457, Part C Regulations, 303.1 (2002).

Johnson, L., Zorn, D., Tam, B., LaMontagne, M., & Johnson, S. (2003). Stakeholders' views of factors that impact successful interagency collaboration. *Exceptional Children, 69*(2), 195-209.

Malloy, J., Cheney, D., & Cormier, G. (1998). Interagency collaboration and the transition to adulthood for students with emotional or behavioral disabilities. *Education and Treatment of Children, 21*(3).

McLean, M., Wolery, M., & Bailey, D. (2004). *Assessing infants and preschoolers with special needs.* Upper Saddle River, NJ: Pearson Education.

McWilliam, R. A. (2005). Assessing the resource needs of families. In M. J. Guralnick

(Ed.), *The developmental systems approach to early intervention* (pp. 215-234). Baltimore, MD: Paul H. Brookes.

McWilliam, R. A. (2006). What happened to service coordination. *Journal of Early Intervention, 28*(3), 166-168.

Miller, K., Scott, C., Stage, C., & Birkholt, M. (1995). Communication and coordination in an interorganizational system: Service provision for the urban homeless. *Communication Research, 22*(6), 679-699.

Park, J., & Turnbull, A. P. (2003). Service integration in early intervention: Determining interpersonal and structural factors for its success. *Infants and Young Children, 16*(1), 48-58.

Peterson, N. (1991). Interagency collaboration under Part H: The key to comprehensive, multidisciplinary, coordinated infant/toddler intervention. *Journal of Early Intervention, 15*(1), 89-105.

Ramey, C. T., & Ramey, S. L. (1998). Early Intervention and early experience. *American Psychologist, 53*(2), 109-120.

Raspa, M., & Bailey, D. (2011). *Family outcome principles and measurement approaches*. Presentation at the third conference of the International Society on Early Intervention, New York, NY.

Ridgely, M., Lambert, D., Goodman, A., Chichester, C., & Ralph, R. (1998). Interagency collaboration in services for people with co-occurring mental illness and substance use disorder. *Psychiatric Services, 49*(2), 236-238.

Rivard, J., Johnson, M., Morrissey, J., & Starrett, B. (1998). The dynamics of interagency collaboration: How linkages develop for child welfare and juvenile justice sectors in a system of care demonstration. *Journal of Social Services Research, 25*(3), 61-82.

Schorr, L. B., & Both, D. (1991). Attributes of effective services for young children: A brief survey of current knowledge and its implications for program and policy development. In L. B. Schorr & D. Both (Eds.), *Effective services for young children: Report of a workshop* (pp. 23-47). Washington, DC: National Academy Press.

Selsky, J. (1991). Lessons in community development: An activist approach to stimulating interorganizational collaboration. *Journal of Applied Behavioral Science, 27*(1),

91-115.

Smialek, M. (2001). *Team strategies for success*. Lanham, MD: Scarecrow Press.

Smrekar, C., & Mawhinney, H. (1999). Integrated services: Challenges in linking schools, families, and communities. In J. Murphy & L. K. Seashore (Eds.), *Handbook of research on educational administration* (2nd ed.) (pp. 443-461). San Francisco, CA: Jossey-Bass.

Thurmair, M., & Naggl, M. (2007). *Praxis der frühförderung: Einführung in ein interdisziplinäres arbeitsfeld*. München/Basel: E. Reinhardt.

Tseng, S. H. (2004). *Interagency collaboration in early intervention: Participants' perspectives*. Unpublished Dissertation, University of Maryland, College Park, MD.

Turnbull, A. P., Turbiville, V., & Turnbull, H. R. (2000). Evolution of family-professional partnerships: Collective empowerment as the model for the early twenty-first century. In J. P. Shonkoff & S. J. Meisels (Eds.), *Handbook of early childhood intervention* (2nd ed.) (pp. 630-650). New York, NY: Cambridge University Press.

Wischnowski, M. W., Fowler, S. A., & McCollum, J. A. (2000). Supports and barriers to writing an interagency agreement on the preschool transition. *Journal of Early Intervention, 23*(4), 294-307.

Wyly, V., Allen, J., Pfalzer, S., & Wilson, J. (1996). Providing a seamless service system from hospital to home: The NICU training project. *Infants and Young Children, 8*(3), 77-84.

第九章

科技輔具

盧明

　　嚴重腦傷的台灣女兒李啟娟坐在輪椅上，她是一位瑞典的「福利移民」，見證了瑞典政府對移民及殘障者的福利照顧。阿娟經歷小兒黃膽、換血、腦傷，如今四十多歲了，雖然她聽得懂國語、台語、廣東話、英語、瑞典語等五種語言，但是只能用左手與左腳和外界溝通：握握左手代表「是」，蹬蹬左腳代表「否」。

　　阿娟 3 歲時移民到瑞典。在家裡，她所有的生活與行動設備，包括：「三台車」（室內與室外的電動輪椅、協助站立行走的全身式助行器）、電動床、移位機等，都由市政府提供，協助照顧者可以輕鬆地移動阿娟。

　　阿娟想獨立生活，政府出錢租屋給她住，派工人來改裝門、加寬玄關、去除門檻、設置特殊衛浴和電腦設備等。阿娟用左腳操作電腦，踩著輪椅踏墊上連到電腦的紅綠色按鈕，那是她的「滑鼠」：按紅色找字，電腦發聲告訴她這是什麼字；綠色則是「確定」鈕。她的頭會不由自主晃動，政府給的特殊電腦設備就貼心地在不同方向設置了兩個螢幕，讓她不論晃到哪一個方向，都能看見操作的進度。

社會發展的變遷影響著生活的發展樣貌，21 世紀的人類生活與科技息息相關，而科技的興起，也為特殊需求者帶來了教育和娛樂學習的新轉機。運用輔助科技（assistive technology）所研發的器具，對於發展和學習有特殊需求的發展遲緩和身心障礙嬰幼兒而言，可增進他們生活適應的獨立性和必要的協助。

第一節 輔具的定義與法令

輔具是指，經過設計或改良（改造）的用具，以符合身心障礙者之個別使用需要，幫助他們在家庭、學校、工作或社會中，發揮其最佳的獨立功能，並扮演適當的角色。有些輔具可以提供身體刺激，以幫助身心障礙者學習正確的操作方式與姿勢，並避免身體變形等情況之發生。舉凡放大開關的玩具、放大鏡、加大的電腦鍵盤、改良踏板的腳踏車、（電動或手動）輪椅、減輕壓力的坐墊等；經過設計改造後，以增進、維持、改善障礙者在家庭、學校、社區、工作場所獨立參與生活的器具、設備、產品等，都屬於輔具的範圍。

輔具的分類通常是依據國際標準化組織（ISO）的標準——國際輔具分類標準 ISO 9999（1998），包括以下十大類別（李淑貞、于宇軒，2011）：

1. 治療與訓練輔具，例如：視覺訓練輔具、溝通訓練輔具。

2. 矯具與義肢，例如：下肢義肢、脊柱矯具。

3. 個人照顧與保護輔具，例如：如廁輔具、穿著保護輔具。

4. 個人移動輔具，例如：輪椅、移位輔具。

5. 居家輔具，例如：準備食物輔具、清洗餐具輔具。

6. 居家與周遭環境的家具與改裝，例如：燈光固定器。

7. 溝通、資訊與信號輔具，例如：聽覺輔具、手寫輔具。

8. 處理產品與貨物輔具，例如：固定物品輔具、操作控制器具。

9. 環境改善的設備和輔具、工具及機器，例如：手操作工具、環境改善輔具。

10. 休閒輔具，例如：運動輔具、攝影輔具。

內政部多功能輔具資源整合推廣中心的「輔具分類說明表」（內政部多功能輔具資源整合推廣中心，2012）則與 ISO 的標準不同，如表 9-1 所示。

表 9-1 ▶ 內政部多功能輔具資源整合推廣中心「輔具分類說明表」

輔具類別	輔具名稱
1. 個人醫療輔具	例如：呼吸治療輔具、循環治療輔具等。
2. 技能訓練輔具	例如：溝通治療與訓練輔具、另類與擴大溝通訓練輔具等。
3. 矯具與義具	例如：脊柱矯具、腹部矯具等。
4. 個人照顧與保護輔具	例如：衣物與鞋子、穿戴於身上之護具等。
5. 個人行動輔具	例如：單臂操作步行輔具、雙臂操作步行輔具等。
6. 居家生活輔具	例如：準備食物與飲料用輔具、餐具清洗用輔具等。
7. 住家及其他場所之家具與改裝組件	例如：桌子、照明裝置等。
8. 溝通與資訊輔具	例如：視覺輔具、聽覺輔具等。
9. 物品與裝置處理輔具	例如：做記號材料與工具、容器處理輔具等。
10. 工具、機器與環境改善輔具	例如：環境改善輔具、量測儀器等。
11. 休閒輔具	例如：玩具、遊戲等。
12. 綜合類	

資料來源：內政部多功能輔具資源整合推廣中心（2012）。

輔助性科技器具或設備除了有增進幼兒發展和學習的功能之外，也應重視其社交功能的性質，讓幼兒在操作使用時，能藉由此物品與他人產生互動，以提升他們的社交技能（Crow, 2010）。對處於「做中學」、「從遊戲中學習」的嬰幼兒來說，玩具或改良式玩具無非是最佳的輔具選擇。根據嬰幼兒的發展和學習需求程度來選擇玩具，一方面可刺激他們的發展和學習，另一方面也可以讓他們享有遊戲的樂趣，例如：對於腦性麻痺嬰幼兒而言，可選擇操作簡單、材質較柔軟，能讓嬰幼兒用手或腳去敲、拍、擠、壓的玩具，藉以增進嬰幼兒的手部和腳部肌肉的發展；也可以改良玩具的開關或按鍵，使他們容易操作，避免挫折感，建立遊戲的自信心。而對於聽覺障礙嬰幼兒而言，則可給他們玩色彩圖案鮮明、視覺刺激較強的玩具。至於視覺障礙嬰幼兒，可提供各種質感的布製玩具，以刺激他們的觸覺發展，也可以選擇操作時會發出音樂或聲音的玩具，來增強他們的聽覺發展。

 專 欄

國內輔具服務之發展

內政部於 2001 年 10 月委託國立陽明大學成立「內政部多功能輔具資源整合推廣中心」，正式開啟了我國的輔具服務。至 2006 年為止，除連江縣外，各縣市均至少有一家縣市層級的輔具資源中心，被賦予該縣市的輔具專業諮詢、評估、維修、回收再利用與推廣教育功能。至 2011 年，在全國輔具服務單位、專業人員以及各級政府共同努力之下，我國輔具服務資源整合成果，包含：（1）全國輔具資訊整合有成：「輔具資源入口網」為國內外輔助科技相關資訊整合與交流的平台，上線四年點閱突破兩億流量；（2）全國輔具文宣出版整合有成：全國性與地方專業服務單位

有效分工，對於輔具期刊、系列教育單張及輔具資訊手冊等，有規模性的專業出版且品質年年進步；（3）全國輔具專業服務整合有成：不僅全國各縣市完成輔具服務之設置，且互相觀摩學習，功能迅速提升；（4）全國輔具國際化整合有成：積極推動輔具服務接軌國際，引進世界衛生組織的「國際健康功能與身心障礙分類」（ICF）系統搭配「國際輔具分類標準 ISO 9999」；經濟部標準局並將 ISO 9999 轉為中華民國輔具標準 CNS 15390，內政部據以提供民眾接軌國際，以更人性化、更彈性的輔具專業服務。輔具補助從原本的 77 項變成 170 項以上，重視產品規格分級，以保障輔具之補助效用，並讓居家無障礙改善更具彈性。而教育部也自 2003 年起，委託成立三家全國性大專校院身心障礙學生學習輔具中心，積極展開大專身心障礙學生輔具服務，成效顯著。

　　輔助科技服務已成為許多重視特殊教育和社會福利國家的政策，法令的訂定保護了身心障礙者在輔具需求方面的權益。以下列舉美國的輔助科技服務相關法令，以及我國有關身心障礙者輔助科技服務的相關規定。

一 美國的輔助科技服務相關法令

編號	法案名稱	通過時間	內容
PL94-142	《全體殘障兒童教育法》（The Education for All Handicapped Children Act，即《99-457 公法》）	1975	提供身心障礙兒童最少限制的環境，提出為障礙兒童提供運用科技方面的支援及補償性輔具。
PL99-506	《復健法修正案》（The Rehabilitation Act Amendments）	1986	規範各州所提供的復健服務中心，增加復健工程。
PL100-407	《身心障礙者相關科技輔助法》（The Technology-Related Assistance for Individuals with Disabilities Act）	1988	第一個為身心障礙者提供科技輔助設備與服務的聯邦政府法案。
PL101-476	《身心障礙者教育法》（Individuals with Disabilities Education Act，簡稱 IDEA，即《101-476 公法》）	1990	在學前、小學、中學階段以及轉銜服務中，為每位障礙兒童提供所需的輔助性科技設備與服務。在特殊教育專業人員的訓練中，增加教育工學與輔助科技的內容。
PL105-394	《輔助科技法》（The Assistive Technology Act）	1998	第一個擴大輔助科技設備與輔具科技服務範圍的法令。

資料來源：引自黃富廷（2007）。

■ 我國的《身心障礙者權益保障法》（2015）

第 25 條：

為加強身心障礙者之保健醫療服務，直轄市、縣（市）衛生主管機關應依據各類身心障礙者之人口數及需要，設立或獎助設立醫療復健機構及護理之家，提供醫療復健、輔具服務、日間照護及居家照護等服務。

前項所定機構及服務之獎助辦法，由中央衛生主管機關定之。

第 26 條：

身心障礙者醫療復健所需之醫療費用及醫療輔具，尚未納入全民健康保險給付範圍者，直轄市、縣（市）主管機關應依需求評估結果補助之。

前項補助辦法，由中央衛生主管機關會同中央主管機關定之。

■ 我國的《特殊教育法》（2019）

第 24 條：

各級主管機關應提供學校輔導身心障礙學生有關評量、教學及行政等支援服務，並適用於經主管機關許可在家及機構實施非學校型態實驗教育之身心障礙學生。

各級學校對於身心障礙學生之評量、教學及輔導工作，應以專業團隊合作進行為原則，並得視需要結合衛生醫療、教育、社會工作、獨立生活、職業重建相關等專業人員，共同提供學習、生活、心理、復健訓練、職業輔導評量及轉銜輔導與服務等協助。

前二項之支援服務與專業團隊設置及實施辦法，由中央主管機關定之。

第二節 通用設計的內涵與原則

　　通用設計又被稱為全方位設計、共用性設計或全民設計，最初源自於 1980 年代美國建築師 Ronald L. Mace 所提出的概念。他認為設計考量的對象不應侷限於特定族群，應追求設計的環境、空間和產品能被大多數人使用，以專業友善的設計，解決孩童、銀髮族、身心障礙人士在生活中的種種需求。通用設計的基本原則包括：公平性、靈活性、易操作性、易感性、寬容性、省能性與空間性（唐峰正，2009）。

　　自從 Ronald L. Mace 於 1987 年開始使用「通用設計」一詞，通用設計的概念即變得愈來愈普及，近年來，在輔具設計上運用通用設計概念的趨勢也愈來愈明顯，亦使輔具有了更人性化的設計觀點。

一　通用設計的意涵

　　從最基本的名稱來說，通用設計的中英文名稱有多種說法，常見的英文名稱有 Inclusive Design、Universal Design 以及 Design for all，其基本精神皆有「包容」的概念，但其中 Universal Design 的涵義最廣，包含了包容、普遍、通用與考量大眾的概念，最符合通用設計的核心精神（余虹儀，2008）。因此，「通用設計」（Universal Design, UD）的意涵即是：「為全年齡層或不同能力的人們，盡可能地提供容易使用的產品或環境」之設計理念。

二　通用設計的原則

　　Mace 以美國《身心障礙者教育法》為基礎，提倡「不為殘障者提供特別待遇，以所有人都能舒適生活為目標」的通用設計理念，並根據其理念

於 1997 年 4 月 1 日公布 2.0 版的通用設計原則，此後開始被設計界廣為採用、研發與開發（陳明石，2008）。通用設計的原則包括以下幾項內容。

（一）公平性：任何人都能公平地使用

公平性（equitable use）是指，設計應該要不分對象，讓所有的使用者皆可使用，不應該侷限在某些使用族群，也不應該排斥或突顯出某些使用族群，還要能維護他們的安全與隱私，例如：一般尺的設計是以右手慣用者為考量，數字刻度通常是由左至右，但是對於左手慣用者來說卻不方便使用，通用設計即是在尺的原本刻度下，多做一排反向的數字刻度，就能讓左、右手慣用者都可方便使用。

（二）靈活性：容許以各式各樣的方式使用

靈活性（flexibility in use）是指，設計應該具有符合不同使用者與使用者環境的彈性，融合使用者不同的喜好與能力，在使用上具有高度的自由度，例如：在手錶的錶面設計上使用清楚略大的數字，或是夜光功能，讓使用者能夠容易判讀時間，即使在黑暗的環境中也能清楚看見。

（三）易操作性：使用方法簡單且容易理解

易操作性（simple and intuitive use）是指，使用方法應該簡單清楚，讓使用者不需經由繁瑣的指示或長時間的思考，即容易了解物品的使用方法，例如：台北捷運的購票系統，其操作方法簡單且有清楚的數字標示出操作步驟，讓使用者能夠容易地購買車票。

（四）易感性：可透過多種感官知覺器官理解訊息

易感性（perceptible information）是指，物品的重要資訊可採用多元的呈現方式，讓不同族群的使用者都能清楚地理解與使用，例如：在呈現產品的使用方法時，除了標示文字外，也可採用圖示法，讓年齡較小的幼兒、

外籍人士等，可以透過圖示的內容了解重要資訊。

（五）寬容性：以錯誤的方法使用也不會引起事故，並能恢復原狀

寬容性（tolerance for error）是指，提高使用的安全性，降低使用時的危險與意外，對於不小心發生的意外也需設計因應的方法，例如：家電類產品在過度使用的狀況下，能夠有自動斷電的裝置，以防止電線走火等意外發生。

（六）省能性：盡量減輕使用者的身體負擔

省能性（low physical effort）是指，讓使用者能有效率地輕鬆使用，以達到省力的效果，例如：在櫃腳或是桌腳增加輪子，需要移動時扳開卡榫，即能不費力地移動櫃子或桌子，完成後再將輪子的卡榫扳回，便能固定位置，讓力氣較小的幼兒、高齡者或行動不便者等，也能輕鬆移動櫃子或桌子。

（七）空間性：確保容易使用的尺寸和空間

空間性（size and space for approach and use）是指，應考量使用者的體格、姿勢與使用情形，讓使用者有方便使用的空間或尺寸，例如：台北市低地板公車方便乘客上下車，車內空間寬敞並設有輪椅停放空間，不論是幼兒、成人、高齡者或身障者，都能舒適搭乘。

美國《輔助科技法》（Assistive Technology Act, 1998）增加了通用設計應用在輔具設計的觀念，特殊科技中心（Center for Applied Special Technology [CAST], 2009）亦提出三項源自於通用設計理念、應用在融合教育課程與教學之全方位學習（Universal Design for Learning, UDL）原則：多元表徵（multiple representation）──提供教學內容的多元呈現，使學習者有多元學習方法的選擇，例如，圖像、符號、文字、影音資料；多元表達

（multiple expression）——提供多元表達學習者所學所知的選擇，例如，口語、動作、圖像的表達；多元參與（multiple engagement）——提供引起學習者動機和維持興趣的多元性方式。

第三節
通用設計應用於幼兒與身心障礙者

通用設計應用於幼兒的國內相關研究付之闕如，在學習環境設計方面，蔡欣庭（2002）以通用設計原則為依據，調查與評價幼兒園的學習空間之適宜性，其研究結果驗證了，若是幼兒學習環境之設計符合通用設計的原則，對於幼兒的整體學習與發展有正面助益，不僅能保障幼兒在空間中的基本需求，通用設計原則亦可成為環境安全的指標。

在國外的文獻中，亦有將通用設計應用於幼兒的例子，其中在特殊教育方面，也有將通用設計應用於輔助科技的相關文獻。通用設計與美國特殊教育中的輔助科技，一直存在著密不可分的關係。有文獻指出，在學齡前幼兒的教室中運用輔助科技，有助於為幼兒帶來認知、語言、動作及社會發展能力的提升，而其中以應用在玩具設計方面最為廣泛（Blake & Izumi, 2010）。

以國內簡詩穎（2005）「自閉症兒童創新玩具設計」的研究為例，研究者設計結合聲光特質之「空間概念輔助學習裝置」，測試兒童對此玩具的接受度反應。研究結果顯示，一般兒童與自閉症兒童都能接受這類玩具；自閉症兒童雖然需要較多的時間與指導來適應和理解玩具的操作方式，但符合研究中所訂定的玩具接受度條件。兒童在與玩具互動的過程中，透過研究者的指導與解說，也增進了兒童與他人互動的機會。此研究將聲光科

技以及適用設計理念應用於玩具設計中，不僅輔助了特殊兒童的學習狀況，也同時提升一般兒童的學習效果。國內在這方面的研究雖然起步較晚，但已逐漸發展開來，也將成為未來的趨勢。

國內將通用設計應用於身心障礙者的相關研究，多為關於輔具設計的研究。在余虹儀（2005）「國內外通用設計現況探討與案例應用之研究」的論文中指出，通用設計的概念介入於產品或空間的設計流程時，必須考慮導入的時機，它會因為不同的類別或使用者而有不同的結合點或應用之處。廖文榆、顏慶全與蕭坤安（2002）的「Universal Design 理念對輪椅設計的影響」研究指出，輪椅使用者會因不同性別、年齡、生理情形或病因等，而對輪椅有不同的需求；使用輪椅者的生理機能、視野高度與生活中所需的空間設計，和一般人差異極大，心理層面的壓力並非一般人所能體會。因此，將通用設計應用於輪椅或其他輔具的設計，除了考量不同使用者的生理條件需求外，最重要的是重視心理層面的感受，以增加使用者的信心與使用的意願。

另外，不同身心障礙類別的輔具需求，也存在著極大的差異，例如：自閉症、腦性麻痺、唐氏症、視覺障礙、情緒障礙等障礙類別，在設計上必須要有跨領域的專業結合，才能充分考量使用者生理與心理的需求。內政部多功能輔具資源整合推廣中心提供多樣化的輔具資源，讓需要輔具協助的使用者，能根據其個別需求購買或租借；此外，並設有輔具研究部門，持續研發輔具新產品，許多輔具產品均已融入了通用設計的理念和原則，這些產品讓有特殊需求的身心障礙者生活更加便利，亦關照其身、心層面的需求。

數位科技與特殊幼兒的學習

　　數位科技的興起帶來了教育和娛樂學習的新轉機，未來的兒童學習勢必將與數位化的趨勢緊密結合（台經院產經資料庫，無日期，引自王鼎銘、張世宗，2006）。目前，數位教育學習的環境設計，仍受限於傳統互動設計的觀點，認為電腦、線上遊戲和玩具是互動設計的主要來源，然而，Edutainment〔整合教育性（Education）和娛樂性（Entertainment）之設計方向〕的概念，才是遊戲和互動學習的最重要本質（王鼎銘、張世宗，2006），也才能將有教育意義的內容和遊戲加以結合。為使兒童在數位學習的環境中產生更多正向的學習經驗，達到寓教於樂的學習，應重視以兒童為中心的設計，針對不同年齡、能力的對象，設計輔助他們發展和學習的互動遊戲。

　　根據國內的文獻顯示，接受特殊教育服務的幼兒普遍都有注意力不集中、學習緩慢等特質，例如：智能障礙兒童在身心發展和學習方面的特質為學習緩慢、短期記憶差、注意力缺陷、辨認學習能力薄弱等（王文科等人，2000；林寶貴等人，2008；郭為藩，1993）；而國外的文獻也指出，聽覺障礙幼兒在語言能力和課業表現上，比有聽覺能力之同儕較差（Marschark, Green, Hindmarsh, & Walker, 2000; Rieffe, Terwogt, & Smit, 2003），喪失聽覺能力會影響語言的發展，且對於社會能力（social proficiency）（Courtin & Melot, 2005; Peterson, 2004）以及認知的發展都有負面的影響（Marschark, 2003; Miller, 2005; Schirmer & Winter, 1993; Yashinago-Itano & Downey, 1996）。

　　遊戲是幼兒建構概念知識最重要的管道（Judge & Lahm, 1998），然而特殊幼兒往往因為身心發展的限制，較難從遊戲中獲得重要的經驗，以建

構概念和知識（Wershing & Symington, 1998）。近年來，由於電腦的普及和數位化的發展，使得資訊取得容易，人們也愈來愈依賴科技；目前市面上有許多互動式教學軟體，不僅補足了傳統教學法之限制，也使幼兒有更多元的管道去涉獵知識。研究亦發現，運用媒體可以促進幼兒的正向社會行為，也能鼓勵幼兒參與遊戲（Larson, 2001; Zielinska & Chambers, 1995）。使用互動式的媒體會提高幼兒對其內容產生興趣，與遊戲內容的互動和興趣也比較持久（Calvert, Strong, & Gallagher, 2005）。Krishna、Balas、Spencer、Griffin 與 Boren（1997）指出，以電腦為基礎的多媒體教育之特性，已被用來解決傳統教育方法較難以突破的面向，且電腦化的教學介入法，已被證明對於不同健康狀態下的幼兒，會產生正向的影響，例如：控制及追蹤氣喘者之互動式多媒體方案（Interactive Multimedia Program for Asthma Control and Tracking, IMPACT），即提供有特殊需求的氣喘幼兒以下幾項獨特的特性：多重的指導性課程、互動性、追蹤學習者理解及處理訊號之過程、監控性，以及提供個人化的資訊（personalization of information）等（Adsit, 1996; Kahn, 1993; Skinner, Siegfried, Kegler, & Strecher, 1993）。多媒體方案能模擬真實生活的情境（real-life situation）、教導病患和照顧者做決定的技巧、提供回饋和增強，以及提升病人及照顧者的溝通（McPherson, Glazebrook, & Smyth, 2001）。

Smeets（2005）建議，科技支持學習的幼兒教育環境，須考慮具備以下幾項特質：融入真實情境、強調知識的建構、運用開放式的學習、以合作學習的方式進行活動、統合能力程度差異化，以及區分性的課程與教學。對於年齡較小或是身心發展遲緩的幼兒而言，利用視覺或圖像、音樂或回聲的模仿來思考，是他們處理生活資訊的重要方式（Calvert, 2007）；而特殊幼兒數學概念的建立，亦不外乎藉由體驗、操作、探索、參與而習得。Clements、Sarama 與 DiBiase（2004）根據文獻整理指出，合作學習活動是特殊幼兒數學學習的有效教學方式，而運用電腦的數學學習活動，可有效

增進一般幼兒和特殊幼兒的數學理解和技能。此外，特殊幼兒的能力獲得提升後，對數學學習的情緒也趨於正向發展。

研究資料顯示，幼兒（3〜5 或 6 歲）喜歡操作電腦、滑鼠或電子產品（如電子故事書），也喜歡和同儕一起玩電腦遊戲，或一起玩教育軟體的活動（Hutiger & Johanson, 1998; Judge, 2006）。Calvert（1999）的研究發現，幼兒在玩電腦遊戲時，如果遊戲裡的人物動作和語言可以緊密配合，幼兒學習語言的效果會比較好。Lyons（2004）利用腳本錄影教學（scripted video instruction）作為媒材，研究結果發現，在融合教育情境中，一般幼兒和特殊幼兒的社會互動，其質和量兩方面都有提升。吳傳仁（2008）以視訊教學遊戲系統為教學媒介，探討其對幼兒感覺統合能力的影響，結果顯示，實驗組幼兒的感覺調適、感覺搜尋、情緒／行為反應，以及感覺統合等四項能力之後測成績，和控制組相較，達顯著差異。Judge 與 Lahm（1998）運用科技增進幼兒選擇解決問題的途徑，以提升幼兒從簡單的因果關係理解到較高層次的思考能力。而 Haugland（1992, 2005）的研究顯示，開放性、探索性及幼兒可控性高的軟體，對幼兒而言才是符合其發展合宜的軟體，這樣的軟體有助於幼兒的發展及教學科技的有效運用，並能夠擴增特殊兒童的學習參與和技能提升。

Delwiche（2006）運用線上虛擬遊戲，提升身心發展遲緩兒童的視覺注意力。此外，Calvert、Strong、Jacobs 與 Conger（2007）的研究顯示，幼兒能參與或與媒體中的人物互動愈多，對於內容的了解就會愈深入。對幼兒而言，看電視、影片和玩電腦，不論是和媒體中的人物互動，或（並）照著它的內容來演練，或者直接依照具有教育意義的內容學習，都可增強幼兒透過媒體的學習和發展。另外，針對小學階段特殊兒童的電腦輔助教學之相關研究，也證實了可提升智能障礙兒童的聽、說、讀、寫、算等基本概念和技能（盧明，1998；Cochran-Smith, 1991），亦可增進特殊兒童和一般兒童的合作與社會互動（林菁、盧明，1996，1998）。Duris（2003）亦指出，多感官教材和教學策略可幫助特殊學生克服認知、動作、知覺問

題所造成的數學學習困難。

　　另外，從特殊幼兒的家長角度來看，多媒體科技結合多感官體驗的玩具和遊戲，對於特殊幼兒的興趣和學習，均有加分的效果。Lindstrand（2001）的調查結果指出，50% 的特殊兒童父母認為，電腦軟體對兒童在遊戲、語言、注意力、協調力、一般發展能力、顏色和形狀、閱讀和數學概念的能力，以及入學準備技能等都很重要。教材內容以多媒體或超媒體的方式設計呈現，則具備了提供特殊幼兒多感官體驗的優點，讓幼兒可以有彈性地反覆練習，以互動的方式來探索教材（Langone, Malone, & Kinsley, 1999）。Hamm、Mistrett 與 Ruffino（2006）的研究則指出，家長為特殊幼兒選擇玩具的條件包括：易操作、有聲光、可以動等，卻較少選擇象徵玩具（如書籍、益智玩具）。盧明與洪怡君（2007）的調查研究反映，國內特殊幼兒的家長認為有聲光、易操作使用的玩具以及電腦遊戲等，是家長經常選購、也是幼兒喜歡的玩具。

　　科技和輔助科技走入幼兒學習環境中，不僅成為支持教師教學和特殊幼兒學習的有利工具，也促使一般幼兒和特殊幼兒產生更多的互動（Albert, 1996）。科技的角色和功能，讓特殊幼兒個別化目標的學習有更多元的管道得以練習、精熟，也使特殊幼兒和一般幼兒透過科技的中介，突破互動及溝通的困難，使得所有的幼兒在學習情境中都有機會獲得成功的經驗（Crow, 2010）。

　　在幼兒教育中運用科技或輔助科技，並將軟體教材融入融合教育的課程教學中，通用設計的概念乃為合宜有效的方法（Crow, 2010）。1998年，美國在《輔助科技法》中定義了通用設計：「通用設計為一種設計觀念與哲理，為符合最多數人可以使用的功能性設計。」Crow（2010）建議，通用設計的概念適合應用整合於幼兒教育的課程和教學中，而對於身心障礙幼兒而言，通用設計的核心概念能使課程和教學加以調整，適用範圍更大、更有彈性（Hardman, Drew, & Egan, 2008）。Rose 與 Meyer（2000）以及 Meyer 與 Rose（2000）指出，通用設計乃以身心障礙學生的角度，去思考

他們差異化的學習需求，但是也顧及了一般學生的使用性。Ashman
（2007）亦認為，通用設計應用在融合教育情境中，對於學生的學習方式
和表現，以及教師的教學方法和素材而言，具有多樣化、彈性化的優點。
通用設計的概念運用在教育性輔助科技的設計應用實例愈來愈多，例如：
適合銀髮族、幼兒或腦性麻痺者使用的滑鼠；為左手使用者設計的筆和剪
刀；多層次程度的遊戲軟體或電腦輔助教學軟體。這些通用設計的應用案
例為學習者在各種學習活動中提供了系統化、有彈性、多樣性、便利性的
技能發展機會。

 專 欄

有趣的輔具故事：檸檬鴨子

　　檸檬是一隻北京鴨，自從在蘿拉・貝克曼老師任教的羅德島波茲矛斯
市幼兒園裡孵出來後，就是殘障的。

　　檸檬一孵出來，平衡問題就一眼可見。由於某種神經系統問題，她無法
自己走路——現在也還是沒辦法。為她健診的那位獸醫猜想，引起問題的原
因可能是孵化期間溫度或溼度出錯，以及病毒或其他病源穿透蛋殼所導致。

　　貝克曼和她所任教班級的小朋友們餵養檸檬、為她換尿布、教她用輪
椅走路。現在檸檬能用她自己的蹼足，在一輛特別設計的「檸檬車」裡四
處遊走了。貝克曼已將檸檬的生命故事，製作成了兒童繪本《鴨子檸
檬》，藉以教導兒童寬容，啟發希望（殘障小鴨　知足常樂，2009）。

1. 試簡要敘述科技輔具對特殊幼兒的意義。
2. 請舉出三種類別的輔具，並說明其功能。
3. 請舉出我國和美國有關科技輔具的重要法令，並簡要說明之。
4. 試說明通用設計的原則，並舉例說明其在輔具設計上的應用。

參考文獻

【中文部分】

內政部多功能輔具資源整合推廣中心（2012）。**輔具分類說明表**。取自輔具資源入
　　口網，http://repat.moi.gov.tw/11sitemap/category.asp

王文科、葉瓊華、周台傑、何東墀、林惠芬、徐享良……林宏熾（2000）。**新特殊
　　教育通論**。台北市：五南。

王鼎銘、張世宗（2006）。未來兒童前瞻設計趨勢研究。「**兒童知識與創新設計國
　　際研討會**」發表之論文，國立台北科技大學。

余虹儀（2005）。**國內外通用設計現況探討與案例應用之研究**（未出版之碩士論
　　文）。私立實踐大學，台北市。

余虹儀（2008）。**愛‧通用設計**。台北市：網路與書。

吳傳仁（2008）。**視訊教學遊戲系統對幼童感覺統合之影響**（未出版之碩士論
　　文）。國立台北教育大學，台北市。

李淑貞、于宇軒（2011）。**2011 輔具資訊手冊－ CNS15390 輔助科技技術手冊**。內
　　政部輔具資源整合推廣中心、陽明大學 ICF 暨輔具推廣中心。取自 https://new-
　　repat.sfaa.gov.tw/home/download-file/2c90e4c7638695fc01638aed2beb004d；
　　https://newrepat.sfaa.gov.tw/home/cns15390

身心障礙者權益保障法（2015 年 12 月 16 日修正公布）。

林菁、盧明（1996）。電腦輔助教學對聽障與普通幼兒社會互動行為之影響。「**八
　　十五學年度師範學院教育學術論文發表會**」發表之論文，國立台東師範學院。

林菁、盧明（1998）。合作電腦繪圖對輕度智障兒童與普通兒童之社會互動行為影

響的探討。「八十七學年度教育學術研討會」發表之論文，台北市立師範學院。

林寶貴、林宏熾、沈慶盈、陳明聰、王淑娟、王欣宜……黃志雄（2008）。**特殊教育理論與實務**（第二版）。台北市：心理。

唐峰正（2009 年 3 月 23 日）。**通用設計與輔具**。（上課講稿）

特殊教育法（2019 年 4 月 24 日修正公布）。

郭為藩（1993）。**特殊兒童心理與教育**。台北市：文景。

陳明石（2008）。台灣通用設計發展現狀及未來機會。**2007 台灣文化創意產業發展年報**。台北市：經濟部工業局。

殘障小鴨　知足常樂（2009 年 1 月 31 日）。**聯合晚報，2** 版。

黃富廷（2007）。**輔助性科技的人文意涵**。台北市：心理。

廖文榆、顏慶全、蕭坤安（2002）。Universal Design 理念對輪椅設計的影響。「**人因觀念應用於設計之發展趨勢**」研討會發表之論文，明志技術學院。

蔡欣庭（2002）。**以通用設計概念應用於幼兒室內學習環境評價研究**（未出版之碩士論文）。私立樹德科技大學，高雄市。

盧明（1998）。統合 CAI 於輕度智障兒童單元教學之研究。「**第七屆國際電腦輔助教學研討會**」發表之論文，國立高雄師範大學。

盧明、洪怡君（2007）。特殊幼兒父母選購玩具之研究。「**第八屆 PECERA 年會**」發表之論文，香港九龍。

簡詩穎（2005）。**自閉症兒童創新玩具設計**（未出版之碩士論文）。國立台北教育大學，台北市。

【英文部分】

Adsit, K. I. (1996). Multimedia in nursing and patient education. *Orthopaedic Nursing, 15*, 59-63.

Albert, L. (1996). *Cooperative discipline*. Shoreview, MN: AGS.

Ashman, A. F. (2007). School and inclusive practices. In R. M. Gillies, A. F. Ashman & J. Terwel (Eds.), *The teacher's role in implementing cooperative learning in the class-room* (pp. 163-183). New York, NY: Springer.

Assistive Technology Act, P.L. 105-394, Enacted by the 105th Congress, November 13,

1998.

Blake, S., & Izumi, T. S. (2010). *Technology for early childhood education and socialization: Developmental applications and methodologies*. Hershey, NY: Information Science Reference.

Calvert, S. L. (1999). *Children's journey through the information age*. Boston, MA: McGraw-Hill.

Calvert, S. L. (2007). *Children's journey through the information age* (2nd ed.). Boston, MA: McGraw-Hill.

Calvert, S. L., Strong, B. L., Jacobs, E. L., & Conger, E. E. (2007). Interaction and participation for young Hispanic and Caucasian children's learning of media content. *Media Psychology, 9*(2), 431-445.

Calvert, S. L., Strong, B., & Gallagher, L. (2005). Control as an engagement feature for young children's attention to, and learning of, computer content. *American Behavioral Scientist, 48*, 578-589.

Center for Applied Special Technology. (2009). *What is universal design for learning?* Retrieved from http://www.cast.org/udl/index.html

Clements, D. H., Sarama, J., & DiBiase, A. (Eds.) (2004). *Engaging young children in mathematics*. Mahwah, NJ: Lawrence Erlbaum Associates.

Cochran-Smith, M. (1991). Word processing and writing in elementary classroom: A critical review of related literature. *Review of Educational Research, 61*(1), 107-155.

Courtin, C., & Melot, A. (2005). Metacognitive development of deaf children: Lessons from the appearance-reality and false belief tasks [Electronic version]. *Developmental Science, 8*(1), 16-25.

Crow, R. (2010). Using assistive technology: Enabling all children to feel capable and connected in the early childhood classroom. In S. Blake & S. Isumi-Taylor (Eds.), *Technology for early childhood education and socialization: Development applications and methodologies* (pp. 114-130). Hershey, NY: Information Science Reference.

Delwiche, A. (2006). Massively multiplayer online games (MMOs) in the new media classroom. *Educational Technology and Society, 9*(3), 160-172.

Duris, A. L. (2003). Using touch math for students with physical impairment to tech and enhance beginning math skills. *Physical Disabilities: Education and Related Services, 21*, 1-2.

Hamm, E. M., Mistrett, S. G., & Ruffino, A. G. (2006). Play outcomes and satisfaction with toys and technology of young children with special needs. *Journal of Special Education Technology, 21*(1), 29-34.

Hardman, M. J., Drew, C. J., & Egan, M. W. (2008). *Human exceptionality: School, community and family* (5th ed.). Boston, MA: Houghton Mifflin.

Haugland, S. (1992). The effect of computer software on preschool children's developmental gains. *Journal of Computing in Childhood Education, 3*(1), 15-30.

Haugland, S. W. (2005). Selecting or upgranding software and web sites in the classroom. *Early Childhood Education Journal, 32*(5), 329-340. doi: 10.1007/s10643-005-4401-9

Hutiger, P., & Johanson, J. (1998). Software for young children. In S. L. Juge & H. P. Parette (Eds.), *Assistive technology for young children with disabilities* (pp. 76-126). Cambridge, MA: Brookline Books.

Judge, S. (2006). Constructing an assistive technology toolkit for young children: Views from the field. *Journal of Special Education Technology, 21*(4), 17-24.

Judge, S. L., & Lahm, E. A. (1998). Assistive technology applications for plan, mobility, communication, and learning for young children with disabilities. In S. L. Judge & H. P. Paretee (Eds.), *Assistive technology for young children with disabilities* (pp. 16-44). Cambridge, MA: Brookline Books.

Kahn, G. (1993). Computer-based patient education: A progress report. *MD Computing, 10*, 93-99.

Krishna, S., Balas, E. A., Spencer, D. C., Griffin, J. Z., & Boren, S. A. (1997). Clinical trials of interactive computerized patient education: Implication for family practice. *Journal of Family Practice, 45*, 25-33.

Langone, J., Malone, D. M., & Kinsley, T. (1999). Technology solution for young children with developmental concern. *Infants and Young Children, 11*, 65-78.

Larson, M. S. (2001). Interactions, activities and gender in children's television commercials: A content analysis. *Journal of Broadcasting Electronic Media, 45*(1), 41-57.

Lindstrand, P. (2001). Parents of children with disabilities evaluate the importance of the computer in child development. *JSET E. Journal, 16*(2).

Lyons, C. D. (2004). *The effect of video instruction on social interactions of children in the inclusive preschool.* Unpublished doctoral dissertation, University of Nevada, Les Vegas, NV.

Marschark, M. (2003). Interactions of language and cognition in deaf learners: From theory to practice [Electronic version]. *International Journal of Audiology, 24*, 41-48.

Marschark, M., Green, V., Hindmarsh, G., & Walker, S. (2000). Understanding theory of mind in children who are deaf [Electronic version]. *Journal of Child Psychology & Psychiatry & Allied Disciplines, 41*(8), 1067-1074.

McPherson, A., Glazebrook, C., & Smyth, A. (2001). Double click for health: The role of multimedia in asthma education. *Archives of Disease in Childhood, 85*, 447-449.

Meyer, A., & Rose, D. H. (2000). Universal design for individual differences. *Educational Leadership, 58*(3), 39-43.

Miller, P. (2005). Reading comprehension and its relation to the quality of functional hearing: Evidence from readers with different functional hearing abilities [Electronic version]. *American Annals of the Deaf, 150*(1), 305-323.

Peterson, C. C. (2004). Theory-of-mind development in oral deaf children with cochlear implants or conventional hearing aids [Electronic version]. *Journal of Child Psychology & Psychiatry, 45*(6), 1096-1106.

Rieffe, C., Terwogt, M. M., & Smit, C. (2003). Deaf children on the causes of emotions [Electronic version]. *Educational Psychology, 23*(2), 159-169.

Rose, D., & Meyer, A. (2000). Universal design for learning. *Journal of Special Education Technology, 15*(1), 67-70.

Schirmer, B. R., & Winter, C. R. (1993). Use of cognitive schema by children who are deaf for comprehending narrative text [Electronic version]. *Reading Improvement, 30*(1), 26-34.

Skinner, C. S., Siegfried, J. C., Kegler, M. C., & Strecher, V. J. (1993). The potential of computers in patient education. *Patient Education & Counseling, 22*, 27-34.

Smeets, E. (2005). Does ICT contribute to powerful learning environments in primary education? *Computers & Education, 44*, 343-355.

Wershing, A., & Symington, L. (1998). Learning and growing with assistive technology. In J. H. P. Parette (Eds.), *Assistive technology for young children with disabilities* (pp. 45-75). Cambridge, MA: Brookline Books.

Yashinago-Itano, C., & Downey, D. M. (1996). Analyzing deaf or hard-of-hearing students' written metacognitive strategies and grammar propositions [Electronic version]. *Volta Review, 98*(1), 63-64.

Zielinska, I. E., & Chambers, B. (1995). Using group viewing of television to teach preschool children social skill. *Journal of Educational Television, 21*, 85-99.

早期療育

第十章

早期療育的親職教育、親子關係與親師溝通

柯秋雪

　　小立是個中度自閉症的男孩，媽媽很早就發現他不太喜歡和人互動，常常自己一個人玩著小汽車的輪子。在醫生的評估下，媽媽第一次聽到「自閉症」這個專有名詞。知道小立的情況後，媽媽暗地裡不知道哭過多少回，幸好小立爸爸與家人都能接受孩子是自閉症的事實，在早療相關人員的協助下，一方面調適心情，另一方面則積極安排小立的療育。此外，媽媽還主動參與親職教育的講座與課程，爸爸有空也會參與，共同學習如何和小立互動、如何教導他，並建立良好的親子關係。上了幼兒園之後，幸好老師也多能配合；一開始入園時，媽媽甚至還提供了一些「小撇步」來協助老師教導小立，親師溝通順暢、合作愉快，小立的學習因此進步不少。

　　小剛在上幼兒園後，老師就發現他很喜歡動來動去，尤其是在上主題課程的時候常坐不住，經常離座，也喜歡從背後拍打其他同學，拍完後就跑掉，因此常和同儕產生衝突；而老師交代的事情也常忘東忘西，叮嚀多次仍忘記。老師和小剛媽媽討論這樣的情況後，希望媽

媽有時間可以帶小剛到醫院接受評估。媽媽一聽到老師這麼說，第一個反應就是駁斥老師，並提到小剛在家都會乖乖聽話。媽媽又提到，若是小剛不聽話，老師可以用「愛的小手」處罰他，或者老師也可以告訴媽媽，讓她在家裡處理這個問題。小剛的爸爸和媽媽對他有高度期待，堅持要讓小剛學鋼琴，而且覺得老師教得不夠多，還打算請家教老師來教小剛！幼兒園老師面對小剛爸爸與媽媽的教養方式實在有很大的無力感，不過，還是得秉持著教育的良心，用心教導小剛，希望不久之後能夠讓小剛的爸爸和媽媽理解小剛的狀況並和老師合作。

在教學現場中，幼兒園教師若是遇到像小立父母一樣的家長，那麼教師就如同吃了顆定心丸，親師溝通合作會很順暢；但若是遇到像小剛父母一樣的家長，堅持不願意面對與接受自己孩子的行為與學習問題，那麼親師溝通就會產生困難——當家長一再否認、拒絕，甚至把問題歸咎於教師或選擇轉校，那問題將會非常複雜。欲達到親師合作的成功，教師首先要了解家長的心路歷程與其教養的問題，再視不同孩子的問題狀況與父母需求，提供父母建議，才能對症下藥。以下針對早期療育的親職教育、親子關係以及親師溝通與合作等三個重要議題，加以論述與討論。

第一節 早期療育的親職教育

一 親職角色的意義

親職角色指的就是母職與父職的角色。不論社會建構理論或是生物決定論，都提及生育、養育、情感的支持是母職的內涵（何華國，2009），

不過，母子關係現在已擴展到親子之間的關係；具體來說，子女的教養責任已由母親擴及至主要照顧者。母職與父職是社會、文化與意識形態的產物（Hacking, 1999）。Mintz（2007）指出，在 17 世紀的美國，家庭中的教養甚至婚姻的決定，都受到新英格蘭傳統父權的影響；到了 18 世紀，西歐、英格蘭和美國則逐漸形成養育孩子和建立孩子的道德觀應該是母親責任的信念（柯秋雪，2008）。Badinter（1992）生動地勾勒出歐洲（尤其是中歐）在社會期待下的母親圖像，強調的是無私無我、自我奉獻與犧牲的母愛。1970 年代，開始強調共同親職（co-parenting）的概念，父親應該與母親共同教養孩子，雙方的角色在許多地方是平等的，而且是可以互相取代的（Pleck & Pleck, 1997）。美國受到女性主義與婦女運動的影響，當今的媒體常塑造父親為養育照顧者，必須和母親一樣做家事、照顧孩子，同時也能扮演「母親」的角色（Mintz, 2007）。近年來，我國隨著女性在就業市場頭角崢嶸與傳統性別角色的變遷，經濟具有主導權，家庭的地位因而顯著提高，而男性也逐漸參與家務，甚至也有男性擔任「家庭主夫」的角色。隨著時代的變遷，「親職」一詞取代了父親與母親的分野，父職與母職有共同的責任，教養子女不再只是母親的責任，父親對孩子的重要性是不可被取代的（柯秋雪，2008）。

不過，已婚的兩性在傳統的家務分配上仍然不平等，對特殊幼兒的父母來說也是一樣。Sohns（2000）指出，母親是特殊嬰幼兒的主要照顧者；在台灣的兩性關係與家庭結構中，母親也是主要負擔家事與照顧心智障礙子女者（周月清，1998）。

三 早期療育親職教育的意義與發展沿革

在生命的歷程中，父母是孩子接觸最早、最頻繁與最密切的重要人物（柯秋雪，2008）。誠如 Maria Montessori 所言：「父母是孩子第一個、也是最重要的學習典範，除了引導孩子日常生活練習之外，也能帶領孩子在

家務工作中一起學習」（Anderlik, 2006）。德國學者 Papoušek 與 Papoušek（1999a, 1999b）提出家長的直覺式親情（intuitive parenting），以及直覺式家長的早期教育（intuitive elterliche Früherziehung）。他們認為父母天生就有教養孩子的能力，然而這種天生的親職能力，有為數不少的特殊幼兒家長是無法彰顯出來的，仍需要親職教育的提供與心理的支持；親職教育的提供更是幫助家長擴權不可或缺的要素。教育部（2012）《重編國語辭典修訂本》對「親職教育」的解釋為：「屬於成人教育的一部分，為提供父母對兒童教養和改善家庭生活所實施的一種教育。目的在促成健全的家庭生活，範圍包括指導父母如何從事嬰兒育養、兒童保健、就學、社會行為、性教育等，乃至指導父母協調家庭關係，善盡對社會應盡的責任。」郭靜晃（2015）也指出，親職教育是一種父母的再教育，是對父母或準父母提供專業教育，藉以培養他們教育子女的專業知能，以充實其扮演稱職的現代父母角色。

　　「親職教育」（parent education）與「父母合作」（parent collaboration）的概念常被一起引用（Dinnebeil, 1999; Mahoney et al., 1999），也常和「父母參與」（parent involvement）一詞互用；親職教育被視為增進父母參與的主要途徑之一（Bridgemohan, Van Wyk, & Van Staden, 2005）。Mahoney 等人（1999）認為，早期療育中的親職教育，乃是提供父母與其他主要照顧者合適的知識與教養技能之過程，以達到提升兒童發展與能力的目標。Kaiser 等人（1999）則強調，親職教育能促進親子間雙向、互動的溝通行為（communicative act）。綜合上述，透過親職教育，能傳授給父母適切的教養知識與技巧，不僅可增進父母的參與，並能進一步提升親子互動與促進幼兒的持續發展。

　　在美國，早期療育親職教育可追溯到 1960 年代末期與 1970 年代初期，美國聯邦政府開始要求學校邀請家長參與「個別化教育計畫」（Individualized Education Program, IEP）（Reedy, 2007）。此外，「啟蒙方案」（Head

Start Program）強調父母參與為方案的基石，主張父母是孩子教育的決定者
（萬育維、王文娟譯，2002；Reedy, 2007）。1970 年代盛行教導父母學習
兒童發展原理，使其能得心應手教導孩子，提升自己的發展；當時認為父
母也具學習者的角色（萬育維、王文娟譯，2002；Mahoney et al., 1999），
這是因為法令與相關方案賦予家長「教導」的角色，家長需要相關課程與
方案的協助，以提升其能力。目前，親職教育主張典範轉移（paradigm
shift），從訓練父母轉向以親子關係為焦點（relationship-focused），強調
父母或主要照顧者和孩子之間的關係，互相參與的溝通是親職教育的主要
成分（萬育維、王文娟譯，2002；Kelly & Barnard, 1999; Mahoney et al.,
1999）。Turnbull、Blue-Banning、Turbiville 與 Park（1999）認為，在早期
療育以家庭為中心的思維下，親職教育的焦點已轉化成為伙伴教育（part-
nership education）。

　　親職教育已成為早期療育相關人員主要的工作之一（Mahoney et al.,
1999）。親職教養的經驗深受個人生活習慣和文化經驗的影響，每位一般
幼兒家長的親職實踐經驗不同，對於每位特殊幼兒家長也是如此；身為特
殊幼兒的家長，其所遭遇到的衝擊絕對比一般家長來得大（柯秋雪，
2008）。因此，了解家長的需求、發展有效能的親職教育訓練方案，以協
助家長提升教養的知能與有效的問題解決，是非常重要的事情。

三　親職教育的理論基礎與訓練方案

　　並非每位特殊嬰幼兒的家長天生就有能力教養自己的孩子，因此親職
教育方案可以協助家長相關的需求。蔡淑桂（2003）的研究指出，親職教
育方案的內容在於協助家長在教養發展遲緩幼兒的父母角色上，有更正確
的認知，並增加其自信心與積極、樂觀的態度，非常有助於其自我成長。
以下，首先將提出親職教育的理論基礎，繼而介紹幾個比較著名的親職教
育方案。

（一）親職教育的理論基礎

郭靜晃（2015）指出，親職教育在發展上包含父母的發展與兒童的發展，其實施與運用源自於六種心理及社會學理論：心理動力理論、行為學習理論、家庭系統理論、家庭生命週期理論、家庭壓力理論，以及溝通分析理論。以下將簡單介紹這幾項親職教育理論。

1. 心理動力理論（psychodynamic theory）強調，塑造個人之人格發展中的人際需要與內在需要的重要性（郭靜晃，2015）。Freud的中心思想在於，人格是個人透過性心理階段的塑造、潛意識動機和自我防衛機轉，而具有獨特的價值；Erikson則強調個人與社會互動中的人生發展，人是社會的產物。不過，兩者的理論皆指出兒童期的發展非常重要，早期經驗對其人格發展有深遠的影響（周念縈譯，2005；郭靜晃，2015；謝佳容、楊承芳、周雨樺、郭淑芬、徐育愷譯，2007；蘇建文，1995）。

2. 行為學習理論（behavioral learning theory）運用行為修正原則，提供具體改變孩子不良行為的方法，以改善其行為問題，並建立良好的習慣，強調父母是教導孩子的社會化代理人（socialized agent）。父母透過訓練與學習，可以增進其親職教養能力，並有助於提升管控子女不當的行為（郭靜晃，2015；蘇建文，1995）。

3. 家庭系統理論（family system theory）視家庭為一個系統，強調應從整個家庭系統著手來了解與協助個人（Minuchin, 1974），其親職教育方案是援引外在資源介入家庭，改變原有的家庭系統之結構與關係，進而改變家庭成員之間的關係與互動（郭靜晃，2015；Innes, 2002）。

4. 就家庭生命週期理論（family life cycle）而言，家庭是一個系統，個人及家庭在不同生命階段（兒童、學齡、青少年與成人）中，有其

獨特的職責與發展任務，重要的是應整合家庭各成員的資源，並滿足個人的發展任務或需求，才能協助與提升家庭成員之間的協調及共同解決問題的能力，使家庭產生良好的適應功能（郭靜晃，2015）。

5. 家庭壓力理論（family stress theory）指出，家庭面臨生活中累積的壓力，需儘快處理與調適，重要的是社會支持及個人信念（能力）如何化解生命歷程的壓力事件（郭靜晃，2015）。特殊嬰幼兒之家庭因其孩子的特質，而衍生出不同的特殊需求，隨著其成長與發展，會帶給家庭不同的壓力，家庭成員之間也常因此需要溝通與協調，才能勝任不同生命週期的職責與任務。

6. 溝通分析理論（transactional analysis, TA）則強調認知與行為的反思，協助父母了解父母與子女互動的行為及其背後隱含的意涵，以提供改善親子互動與溝通的方式，並進一步協助子女在環境中建立良好的自我狀況，也就能超越舊有的互動方式，選擇良好適當的親子互動與溝通模式（郭靜晃，2015）。

綜而言之，將這些理論運用在親職教育方案的規劃與設計時，重要的是要運用於日常生活中，改變父母的認知，學習正確的互動與溝通方式，增進親子關係。

（二）親職教育方案

以下介紹幾項比較著名與富有成效的親職教育方案。

1.父母效能訓練

「父母效能訓練」（Parent Effectiveness Training, PET）的主要代表人物為 Thomas Gordon（1918-2002），其理論源於 Carl Rogers 個人中心諮商理論的哲學，強調父母的效能，相信父母有能力在親子關係中建立尊重與

信心的民主氛圍，不僅能自我引導、解決親子問題，也能解決人際關係中的衝突，過著美好的生活（Gordon, 1967, 2000）。Gordon 認為，親子關係的問題就是溝通的問題，父母對於親子關係有錯誤的認知，而採取不當的溝通方式時，就會妨礙親子之間良性與建設性的關係發展（何華國，2009）。

Gordon 採用教育模式，主要教導父母要注重並關心孩子心理上的感受。父母管教子女雖具有權威，可明訂規範，但應非以強勢的方式來影響子女，而是要試著經由積極傾聽（active listening）與積極溝通（active communication），來了解子女的想法，同時也要讓子女了解父母的想法與感受，表達關懷的心與適當地表達情緒，多用「我—訊息」（I-message）的方式來做好親子溝通，學習有效改善子女不適當行為的策略（Gordon, 2000）。

「父母效能訓練」依據兩大原則而實施：彈性原則與問題歸屬原則（郭靜晃，2015）。Gordon 認為，大多數的父母過於強調一致性的重要，若是執行不當則效果會適得其反，而產生教養與親子互動的困擾。他認為，父母雙方應該對於孩子大方向的期許取得共識，且視情況而有彈性變通的餘地，讓父母效能彼此相輔相成（郭靜晃，2015）。

「父母效能訓練」通常由領導人帶領 10 到 12 位家長，包括 8 次的聚會，每次 3 個小時。研習重點包括：教導家長接納自己和小孩、學習民主的討論方式，以及與子女建立一個親密而溫暖的親子關係；研習方式包括：演講、閱讀、角色扮演，以及家庭作業（林家興，2007；Shea & Bauer, 1991）。此方案強調親子關係的四個教導面向：（1）教導家長傾聽，以改善他們傾聽孩子心聲的能力；（2）教導家長表達感情，多用「我」，而不用「你」的責備語句；（3）教導家長釐清問題的能力，了解哪些是自己的問題、哪些是孩子的問題；（4）如果是親子雙方面的問題，則教導家長「無漏失問題的解決方法」（no-lose problem solving），以化解可能的衝突（蔡春美、翁麗芳、洪福財，2011）。

2.父母效能系統訓練

　　Alfred Adler（1870-1937）學派的親職教育主張，源於其個體心理學（Individual Psychology），是基於成長模式而非醫療模式，其目的在提供父母適當的知識和訊息，使其學會扮演父母的角色，也使其子女能在良好的家庭環境下完成社會化的歷程（曾端真，2001）。Adler 強調，兒童人格的形成和父母所營造的家庭環境息息相關，成員之間彼此互相影響（Bitter, 2008）。家族成員有基本的歸屬感需求，從平等的親子關係出發，因而在家庭中重要的是建立民主、平等家庭的氛圍，以了解、鼓勵或激發子女適當的行為，而不是行為改變（何華國，2009；Bitter, 2008）。

　　Dinkmeyer 與 Mckay（1976）將 Adler 的想法更進一步發展出一套親職教育方案，亦即「父母效能系統訓練」（Systematic Training for Effective Parenting, STEP）（引自林家興，2007；蔡春美等人，2011）。STEP 是一個高度結構與複雜的教育方案，需要相當的組織與領導技能（Shea & Bauer, 1991），其研習內容包括：積極傾聽、「我—訊息」（I-message），以及一些 Adler 學派的基本概念（林家興，2007）。在此訓練中，家長了解兒童的不適當行為是有目的性的，例如：為了引起注意或報復某人等，家長可以學習使用自然與邏輯的後果來管教孩子的不適當行為，培養孩子正向行為，並學習維持一個合作的家庭環境（林家興，2007）。STEP 的實施方式歷時 8 至 9 週，每週聚會一次，每次 1.5 至 2 個小時（Shea & Bauer, 1991）。

3.行為學派的親職教育方案

　　行為學派是以行為理論為基礎，重視兒童外顯行為的處理與環境變項的安排，這類親職教育方案主要是在訓練家長使用行為改變技術與應用行為分析，來改善兒童的不適當行為（林家興，2007；Simpson, 1996）。「行為團體訓練」（Behavioral Group Training, BGT）是以家長行為訓練的

原理延伸到家長團體，團體領導人帶領6到12位家長，課程約8到10週，使用演講、模仿、角色扮演、家長訓練手冊、討論，以及指派家庭作業等方式的訓練技巧。此方案被廣泛地運用在行為問題與特殊孩子的家長上，指導家長行為分析的原理與實務，以改善對子女行為及學習困難等的管理（蔡春美等人，2011）。值得一提的是，以Aitchison為代表的「自信親職方案」（Confident Parenting Program），團體領導者有系統地教導家長使用特定的行為改變技術，包含：如何口頭稱讚孩子的良好行為、如何訂定家庭規則、如何了解孩子的行為、如何使用暫停的方法來管教孩子的不適當行為，以及如何獎勵孩子等，家長能學習到如何觀察與記錄孩子行為的變化，來改善親子間的溝通互動，以增進對孩子行為的了解與管教（林家興，2007；郭靜晃，2015）。

4. Ginott 的親職教育理論

Haim Ginott（1922-1973）在 1950、1960 年代提倡比較樂觀的親職教育，不同於心理分析理論將父母視為患者或以父母的治療為主之觀點，而是針對子女的問題，以孩子為中心（child-centered）的輔導和教育（何華國，2009；曾瑞真，2001）。Ginott 強調，應先依據父母的需要與個別差異進行評估，才能提供適當的技巧；主要的概念是父母必須了解、重視與接納子女的感受，並要有能力正確地反映出來。父母必須坦承面對自己的情緒，以正確的方式讓子女知道；親子的互動是雙方的接觸，不必壓抑感受，但亦不能出現傷害對方的行為（曾端真，2001）。

Ginott（1965: 20-21）指出，親子溝通的悲劇不是在於缺乏愛，而是缺乏尊重；重要的是尊重彼此的自尊，父母在勸告或教導子女之前，應該先了解子女的需求。對於孩子不適當的行為，不應批評其人格缺點，而應針對問題點提供建設性的批評（constructive criticism）。父母經由與子女談話的溝通而建立良好關係，應常鼓勵、讚美、同理孩子，增進親子之間的情感，才能預防問題的發生。Ginott 人文策略的親職教育模式，是針對子女

問題的性質與嚴重程度而發展的親職教育團體活動，提供不同層次的協助策略，如團體心理治療（group psychotherapy）、父母團體諮商（group parent counseling），以及團體輔導與親職教育（group guidance and parent education），以協助父母改變人格、管教態度或方法（何華國，2009）。團體心理治療就如同個別心理治療，是要改變當事人的人格結構；父母團體諮商類似於個別諮商，能協助父母增進其個人的適應能力，並與其家人建立良好的互動關係；團體輔導與親職教育則是強調分享經驗，增進兒童中心與問題解決技巧，以協助缺乏親職知能與技巧的父母，學習正確的親職教養技巧（何華國，2009；Orgel, 1980）。

5.溝通分析的親職教育觀

溝通分析（TA）為美國精神科醫師 Eric Berne（1910-1970）在 1960 年代所發展出來的心理輔導概念，其理論是基於「此時此刻」（here-and-now）之社會互動（Dusay & Dusay, 1979）。後來，Babcock 與 Keepers 將其運用在孩子身上，透過家庭中的父母、成人與孩子之「自我陳述」（ego states），來突顯出家庭的溝通，以了解家庭中的溝通哪些是互補、交錯的，甚至是隱而未獲了解的，例如：了解家庭內每位成員的「基本生活地位」（base life positions），以及成員無意識運作的「遊戲」（games）等（蔡春美等人，2011）。

溝通分析的親職教育非常重視幼年的成長經驗對個體的影響，教導父母如何培養健全的子女，其包含兩大目標：第一，如何幫助父母運用溝通分析建設自己，成為一個「我好－你好」的勝利者；第二，如何幫助父母運用溝通分析來教導子女，使子女成為「我好－你好」的勝利者（曾端真，2001）。其中，stroking（筆者在此翻譯為「安撫」）是人際互動溝通中的一個重要過程（何華國，2009）。

6. Glasser 的現實治療模式親職教育

William Glasser（1925-2013）非常重視心理衛生教育，其學派設有「現實治療中心」和「教育工作者訓練中心」，以推廣現實治療法（Reality Therapy）（曾端真，2001）。現實治療理論與方法指出，個體有歸屬、權力、自由與樂趣等四個心理需求，其所提倡的「控制理論」（control theory）將大腦視為一個控制的系統，用於控制、操縱或修正外在世界，以滿足內在的心理需求（曾端真，2001）。

「共融關係方案」（Parent Involvement Program, PIP）是根據 Glasser 的現實治療理論而發展出的親職教育方案。此方案之課程採用家長研討會、小團體與個案諮商等方式進行團體訓練，教導父母自己主要的角色任務、教養原則，以及選擇適當的親子溝通技巧，以協助父母有效掌握親職技巧（郭靜晃，2015）。

7. Satir 的家族治療模式親職教育

家族治療由 Virginia Satir（1916-1988）所創，是 1950 年代興起的一股治療趨勢，其理念主要在於整個家庭系統觀。Satir 認為，個體的問題來自於家庭系統的關係，所以治療的對象是整個家庭（系統），個體改變的大前提是家庭必須先改變（曾瑞真，2001）。Satir（1983）採取有機的、系統的觀點，將家族治療模式之親職教育視為「家庭系統」，認為家庭中個體有問題，乃是因其整個家庭系統或系統中的互動產生問題。

家族治療的對象是整個家庭關係（系統），而家庭之系統又牽涉整個系統、規則、溝通型態等；家族治療之親職教育採取研討會、結構式團體等方式來實施（郭靜晃，2015；Innes, 2002）。

Satir 強調，家人必須培養「一致型」的溝通型態，家庭成員中的每個人均有發言的權利，以協助家庭成員有更多的自尊與自我價值；在尊重家人及尊重自己之下，可以說想說的話，彼此不偽裝、不壓抑，以及具有情

感的真實、真誠與負責的溝通，能傾聽、關注、了解，並使其溝通有意義，承認個體差異，家庭成員才能感受自我存在的價值，並能做自我選擇，且為自己的選擇負責，而達到成長的目標，也才能預防問題行為的產生，達到家庭的平衡（family homeostasis）（曾端真，2001；Banmen, 1986; Innes, 2002）。

上述這些親職教育方案各有其擁護者，提供了不同的理念與實施方式：Gordon 主張「尊重」、「信心」、「積極傾聽」、「積極溝通」；Ginott 和 Gordon 都是從「同理心」出發，強調了解、尊重、重視與接納子女的感受；Adler 認為，人格的形成和父母所營造的家庭環境密切相關，人類有「歸屬感」需求，應建立平等民主的親子關係；行為主義運用「增強」、「行為改變技術」，以培養或修正子女的行為；溝通分析則透過「自我陳述」，重視幼年的成長經驗對個體的影響；Glasser 的「控制理論」注重心理需求，運用大腦控制及行為學習的方法，以達到健全父母的功能；Satir 的家族治療模式以「家庭系統觀」為出發點，親職教育對象是整個家庭關係（系統）。上述幾個親職教育方案，皆重視家長團體的訓練、親子彼此雙向的尊重與溝通，以及與父母合作的重要性。早期療育是以家庭為中心的目標，特殊嬰幼兒父母被視為主動積極的夥伴。早期療育之親職教育也應以家庭為中心（Mahoney et al., 1999; Turnbull et al., 1999），父母能從孩子的發現、篩檢、個別化教育計畫與個別化家庭服務計畫、療育、轉銜之早期療育各個服務流程中，扮演合作者的角色。而上述幾項親職教育方案，則有助於增進父母的能力，使其成為專業人員的夥伴，達到擴權的功能。

一　親子關係的定義與重要性

　　親子關係是個人在一生之中最早經驗的關係，狹義的定義是與父母親的關係，而廣義的定義可包括孩子與祖父、祖母、外公、外婆，甚至是叔伯姑姨、保姆等長輩的關係（蔡春美等人，2011）。個人的行為與人格發展深受親子互動的影響。

　　親子關係對兒童影響深遠，其關係會影響到子女的生理健康、態度行為、價值觀念、未來成就，尤其是在協助幼兒語言發展、人格發展與社會人際互動能力的提升上，扮演著一個重要的角色（蔡春美等人，2011）。特殊幼兒的父母常因孩子的特殊需求與特質所伴隨而來的一些問題而影響親子互動關係，也會影響兒童的學習與發展（Mahoney & Wheeden, 1997; Mahoney, Boyce, Fewell, Spiker, & Wheeden, 1998）。從傳動模式（Transactional Model）的觀點而言，兒童發展的結果既非個體單獨的功能，也非單從經驗的環境所能成事，而是兒童與其家庭和社會環境所提供的經驗持續互動的產物（Sameroff & Fiese, 2000）。

二　特殊幼兒家長的壓力及調適

　　一般而言，家庭中有特殊需求或是身心障礙的孩子，父母的心理歷程上通常會經過震驚、懷疑、否認、憤怒、妥協、許願、失望，到最後的接納階段（何華國，2009；Garguilo, 2015; Heiman, 2002; Jonas, 1996; Schuchardt, 2002; Turnbull, Turnbull, Shank, & Smith, 2011）。對特殊幼兒的父母而言，若是孩子的障礙不明顯，父母常會處於不安、恐慌、矛盾的糾葛情結之中；若是孩子具有明確的障礙，常面臨的是孩子教養過程中相繼帶

來的家庭關係之緊張，對自身親職教養的惶恐不安與力不從心，可能造成其長期的教養、心理與經濟的壓力和負擔，從而影響親子互動的品質（何華國，2009；Bruder, 2001; Guralnick, 2005），尤其是嚴重的行為問題（Nachshen, Woodford, & Minnes, 2003）與重度障礙兒童之父母的壓力（Jonas, 1996）將會更為沉重，而母親通常是主要的壓力承擔者（Sohns, 2000）。中國人愛面子、怕家醜外揚，非常重視他人對自己的看法或想要符應社會的期待，無形中也承受了更多的壓力（柯秋雪，2008）。

教師與相關專業人員應傾聽家長的心聲，給予心理支持，並提供相關的資源與支援，以協助特殊兒童父母調適壓力。相關因應的策略可分為：（1）內在因應策略，如自我調適、宗教與精神的支持；（2）外在因應策略，如運用社會與正式支持（教育、心理、醫療與社會福利等相關資源與支持系統）（Venkatesh Kumar, 2008）。不過，最重要的是特殊兒童父母如何調適自己的壓力，積極走出傷痛，進而能參與相關的家長團體或組織，增能擴權身為父母的能力。特殊兒童家長的調適能力，除了和本身的人格與信念有關外，King 等人（2005）也指出，家庭信念的復原力（resilience）更扮演著重要的角色；Heiman（2002）也強調復原力的重要性，能使父母對孩子的未來有強烈的信念，比較能樂觀地接受目前的情況。

三 特殊嬰幼兒及其父母的親子互動

不論是歐美或是我國的特殊幼兒父母，對於「自己孩子有障礙」這個事實，常有著情感交戰的狀態，為了尋求孩子的教養方式、相關治療以及福利的資源與支援，一路走來披荊斬棘，走得心力交瘁。特殊兒童父母得知自己孩子有障礙時，便會有著相關的親職壓力，而親職壓力對於兒童發展、教養品質與親子關係等，都有著相當程度的影響（邱華慧、郭玲吟，2006）。許多的研究指出，特殊兒童父母與孩子的互動和一般父母與孩子的互動不同，比較是以命令式與沒有反應的方式來進行（Mahoney & Powell,

1988）。林初穗、林淑莉與劉文英（2002）的研究也發現，以「家長為主導」的行為出現之比率（占 63%），高於以「孩子為主導」的行為（占 37%），此一差異也反映出，發展障礙兒童的父母較容易使用命令式或權威式的主導互動模式，此主導互動模式也進而使兒童的回應能力愈差，較無主動表達能力，進而影響其發展。

　　兒童發展深受親子互動的品質、家庭提供兒童之經驗，以及提供兒童健康與安全之影響（Guralnick, 2001）。Mahoney 等人（1998）的研究發現，早期介入的成效基本上需視親子互動的情況而定，而幼兒發展的成效和父母與孩子反應性的互動有關，因此在早期療育過程中，親子互動扮演著中心的角色。除了上述幾項親職教育方案有助於改善與提升親子之間的互動關係，早期療育中之關係取向的實務（relationship-based practices）也受到重視。目前，早期療育的實務不僅強調幼兒與父母及其他主要照顧者的關係影響其發展，也反映出早期療育專業人員與父母關係的重要性；早期療育中的關係取向之實務能協助父母提升教養技巧，促進親子關係的發展（Edelman, 2004）。親師密切的合作也有助於親子之間的互動關係，增進早期療育的成效。

第三節
早期療育的親師溝通與合作

■ 一 相關專業人員與特殊兒童家長角色合作模式的演變
　　　——父母擴權角色的注入

　　親師良好的溝通與合作，有助於父母積極地參與早期療育，增進幼兒的學習與發展。不過，專業人員與父母的溝通與合作並非一開始就是平等

與順暢的；父母和專業人員合作關係的發展，是從一開始的敵對關係，經歷以專業人員為中心的工作關係，到目前強調父母擴權與以家庭為中心之夥伴關係（Garguilo, 2015; Turnbull et al., 2011）。父母擴權以及父母和專業人員的夥伴關係，與父母角色和功能的演變息息相關（Garguilo, 2015），如圖 10-1 所示。

　　早期的優生學運動（1880～1950 年代）雖然肯定父母是障礙兒童的資源，但也隱含著責難父母的觀點，智能障礙、自閉症、氣喘、學習障礙及情緒障礙兒童常被歸咎是父母所造成的，尤其是自閉症兒童父母甚至被冠上「冰箱父母」的稱號（Turnbull et al., 2011）。隨著家長團體的成立，父

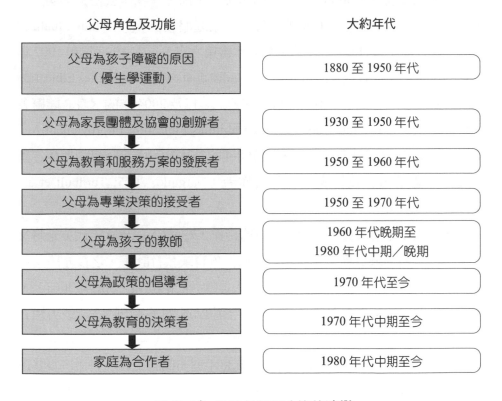

圖 10-1 ▶ 父母角色和功能的演變

資料來源：Garguilo（2015）。

母為協會與組織的創辦者，繼而為教育與服務方案的發展者，以及被動接受專業決策與諮詢的接受者。1960 年代開始，盛行父母應負責教導兒童，扮演教師的角色。

從 1970 年代到現在，專業人員以正向擴權的角度看待特殊兒童父母。父母擴權的角色以及與專業人員夥伴合作之發展，和美國國家立法與政策的推行有密切關聯。美國立法保障家長參與教育的機會，進而在實務工作中推動與落實。1975 年的《全體殘障兒童教育法》（The Education for All Handicapped Children Act，《94-142 公法》），奠定了父母參與子女教育決策權利的基礎。1986 年的《全體殘障兒童教育法修正案》（The Education for All Handicapped Children Act Amendments，即《99-457 公法》）明訂，專業人員、教師應與家庭發展「個別化家庭服務計畫」（Individualized Family Service Plan, IFSP，詳情請參見本書第六章）。在 1990 年和 1997 年修正的《身心障礙者教育法修正案》（Individuals with Disabilities Education Act Amendments，簡稱《IDEA 修正案》），以及 2004 年的《身心障礙者教育促進法》（The Individuals with Disabilities Education Improvement Act, IDEIA，簡稱《IDEA 2004》，即《108-446 公法》）中，父母的角色逐漸轉為政策倡導者、教育決定者與合作者（Garguilo, 2015; Turnbull et al., 2011）。

在德國，專業人員、教師和父母的合作，一開始（1960 年代）是將父母視為門外漢，只由專業人員和教師執行療育或教育計畫，之後才將父母納入療育或教育計畫之中，而成為專業人員的共同治療師（Speck, 2003），積極參與孩子的早療服務，並持續地將治療師或教師授予的技能或方法在日常生活中實踐。德國學者 Weiss（1999）稱此模式為「修補模式」（re-paraturmodell）。此模式帶給父母（尤其是主要照顧的母親）對自己身為母親（父親）與治療師的角色扮演產生衝突，甚至影響親子之間的互動關係。1980 年代，思維開始轉變，強調家庭系統中親子之間自然的互動。1980 年

代晚期的生態理論，則強調和父母的合作關係，其擴權的概念漸受到重視（例如：Speck, 2003; Thurmair & Naggl, 2010; Weiss, Neuhäuser, & Sohns, 2004）。《社會法典》（第九冊）（SGB IX）強調父母參與個別化療育計畫的重要性，並賦予父母對教育安置的共同決定權。

在國內，《特殊教育法》於 1997 年修法，將父母的權利與義務納入法源之中。《特殊教育法》（2019）歷經多次的修訂，已勾勒出對父母擴權清晰的藍圖，明訂特殊教育諮詢會應遴選家長代表，參與諮詢、規劃及推動特殊教育相關事宜（第 5 條）；家長代表參與特殊教育學生鑑定及就學輔導會，身心障礙學生鑑定及安置工作召開會議時，應通知有關之學生家長列席，該家長並得邀請相關專業人員列席（第 6 條）；家長應參與擬訂個別化教育計畫，必要時家長得邀請相關人員陪同參與（第 28 條）；高級中等以下各教育階段學校應成立特殊教育推行委員會，並應有身心障礙學生家長代表（第 45 條）；《特殊教育法》授權各級主管機關訂定之法規，應邀請同級教師組織及家長團體參與訂定之（第 49 條）。

二 以家庭為中心的合作

早期療育的核心理念是「以家庭為中心」（family-centered）的服務（柯秋雪，2006; Dunst, 2004; Feldman, 2004）。「以家庭為中心」的概念早在 1960 年代，就被視為是服務傳遞的一種描述（Bruder, 2000），其概念架構來自家庭系統和生態的觀點，承認家庭在發展障礙幼兒的照顧和發展中的中心及主動角色，能經由支持和強化家庭的能力，提升與促進兒童正向發展的結果（Dunst, 2002）。「以家庭為中心」的理念，目前已被認定是早期療育最佳實務之基礎（Mahoney & Wheeden, 1997）。

早期療育專業人員及教師與家庭應建立合作關係，提供早期療育相關的資訊、支持鼓勵家庭成員、與家庭合作，並承認與尊重家庭和文化的多樣性（Bagdi, 1997）。何華國（2009）以及 Espe-Sherwindt（2008）指出，

「以家庭為中心」的合作包含下列幾項核心要素：

1. 承認家庭在孩子生命中的地位是恆定的，而服務體系的教師（專業人員）是變動的。

2. 促進父母與教師（專業人員）的合作夥伴關係。

3. 尊重不同種族、文化與社經地位背景的家庭。

4. 了解家庭的優勢、個別化與不同因應問題的調適策略。

5. 持續以支持的方式，和家長分享不帶偏見的資訊。

6. 鼓勵家庭與家庭之間的支持與互聯網絡。

7. 考量兒童與家庭的發展需求，建構相關服務的支援系統。

8. 廣泛性的服務方案應能提供家庭情緒與經濟的支持，以滿足其需求。

9. 確保服務系統的靈活性與便利性，並能反映家庭的需求。

❤ 專 欄

「以家庭為中心」的親師合作：幼兒園教師該怎麼做？

視家庭為一整體，「以家庭為中心」的早期療育服務已成為歐美主要國家倡導的方向（柯秋雪，2006，2009）。Bruder（2000）指出，「以家庭為中心」的早期療育概念有三個主要價值：（1）強調家庭的優勢而非不足；（2）提升家庭選擇與掌控所需資源；（3）發展專業人員和家長的合作關係。

在「以家庭為中心」的思維下，幼兒園教師除了考量家庭和幼兒之需求外，應了解其既有的能力與資源，與父母及相關團隊成員共同討論與合作，增進父母教導的能力，才能達到「以家庭為中心」的親師合作。

三 教師與父母有效的合作

教師與父母的合作對於兒童的發展與學習是非常重要的，不過親師合作並非總是順暢的，可能的障礙包括：時間的限制、親師之間的不聯絡與不信任、家庭成員因為害怕與不確定性而對合作產生遲疑、家庭成員工作時間固定、貧窮、照顧孩子、交通問題，以及語言和文化的障礙等（Mathis, 2003）。英國特殊教育協會（National Association for Special Educational Needs）強調，親師有效的夥伴關係，應認知不同父母的個別性，尊重其權利，將之視為平等合作的夥伴，進行清楚與有效的溝通，並能了解其責任與相關支援的需求，以增能擴權父母（Wall, 2011）。綜合一些學者專家的建議（郭靜晃，2015；Galinsky, 1988; Wall, 2011），以下提出教師與父母有效合作的具體策略：

1. 了解自己與父母的期待：和父母合作時，要先了解自己與父母的期待是否一致、是否合乎實際情況。

2. 了解父母的觀點，尊重差異性：能和父母站在同一陣線，並可反問自己：「如果此情況發生在我身上，我的感覺如何？」教師必須接納父母與自己不同文化或不同觀點的差異。

3. 了解父母的發展：透過父母的成長與發展歷程，教師可對父母有更多了解。

4. 反思自己的態度與使用的語彙：教師須尊重父母，必須向父母陳述事實的情況，而非帶有自己價值觀的語彙。

5. 為自己的角色設定合宜的限制：與父母合作確立自己的角色，例如：成為提供教養孩子的資訊與策略者、情緒支持者、角色示範者、轉介者，以及合作者等角色。

6. 尋求支援：與父母關係緊張或有衝突時，可以尋求支援自己的資源，例如：向其他教師與學校行政人員請求協助。

7. 了解不同父母的個別需求與優勢能力：教師需了解不同父母的需求，提供相關資訊及支援，並能肯定父母的優勢能力，鼓勵其參與學校事務與教導自己的孩子。

8. 提供不同的專業知識與技能，擴權父母：教師和父母應建立合作聯盟，強化父母的專業知識與技能，以增強父母的能力。

　　親師合作需要教師與父母發展信任的關係，彼此分擔解決問題、責任、自願參與合作的過程（Bryant, Smith, & Bryant, 2008; Simpson, 1996）。有效的親師合作需要教師與家長彼此信任、承擔義務、工作、欣賞，以及溝通（Bagdi, 1997; Shea & Bauer, 1991）。教師具有積極傾聽的技巧非常重要（Garguilo, 2015; Simpson, 1996），溝通與衝突解決的技巧，能有效提升彼此之間的合作夥伴關係（Bryant et al., 2008）。與父母溝通的方式可透過非正式的意見交換、觀察、面對面的訪談、電話訪談、寫便條、家庭訪問、聯絡簿、簡訊、e-mail、父母或家庭支持團體、座談會等多元方式來進行。

　　Whitbread、Bruder、Fleming 與 Park（2007）發現，有效的合作是一起訓練父母與學校人員，因為一起訓練會對學生有較正向的態度與期待，而這些和學生的成功有關聯。親師合作除了有助於正面影響兒童的學業成就，並提升其在學校成功的機會外，也可協助父母履行對自己子女社會與倫理的義務，改善家庭環境的教育價值，增進父母的自我價值與自我滿意感，父母可由親職教育中學習指導、行為管理與溝通的技巧；而教師也能從中獲益，了解兒童個人史、目前的問題與家庭環境，與父母合作可獲得父母對於學校目標的支持等（Shea & Bauer, 1991）。

　　親師合作是雙方與雙向的合作，因此可考量教師與父母一起接受相關的訓練合作。「以學生為中心」的思維，能提升彼此的理解與溝通，增進彼此有效的合作；「以家庭為中心」的思維能避免先入為主的預設立場，強調家庭的優勢與擴權，也會注意來自不同文化背景的家庭（Bryant et al.,

2008; Shea & Bauer, 1991; Simpson, 1996）。Turnbull、Turbiville 與 Turnbull
（2000）早已經指出，集體擴權（collective empowerment）為 21 世紀早期
家庭與專業人員合作的新模式；教師為主要的專業成員之一，與家庭之間
的集體擴權不是一蹴可幾的，而是慢慢發展的過程；教師與父母在做決定
時，應彼此分享動機與知識及技巧，建立一個可以形成夥伴關係以及信賴
聯盟的環境。

 專 欄

幼兒園教師與父母發展集體擴權的合作關係

「擴權」為一種發展過程，特殊兒童的父母可以用自己的力量掙脫生
活中所受到的束縛，追求自己所要的；然而，擴權的成功與否和生活環
境、個人特質以及時間等有關，重要的是專業人員與父母需建立信賴聯
盟，形成集體的擴權（Turnbull et al., 2011）。就特殊兒童的父母而言，擴
權的意涵展現在不同層面之中，在個別的層面上，例如：自我效能、自尊
與勝任感；在政治社會互動的層面上，集體的行動能力，例如：組成家長
團體等，除了提供個人各方面的支持（如教養、心理、資訊等）外，亦推
動政策的修正或改革；而在人際關係層面上，對內和家人、對外則和專業
人員形成夥伴關係，互相尊重與合作（柯秋雪，2008）。

幼兒園教師除了提升幼兒的學習與發展及其父母的教養能力外，在與
父母合作的同時，也需不斷持續進行專業知能進修，並發展園內教師專業
學習的社群，與相關服務的專業團隊成員及父母建立互信關係，透過密切
的討論，才能與父母形成集體的擴權，達到親師生三贏的局面。

　　目前，不論是學前特殊教育或是早期療育的相關專業人員，都已認知到家庭的重要性，皆強調「以家庭為中心」的服務，除了顧及家庭的需求，父母親職的功能也受到重視。特殊幼兒的服務模式，無論是個別療育、小組教學、家長諮詢等，都強調家長的參與，因為親職教育的提供是幫助父母擴權不可或缺的要素。更重要的是，親職教育要落實到生活中的實踐，才能回饋到孩子與父母身上，增進特殊幼兒父母與孩子互動，以提升其教養技能，促進特殊幼兒發展與學習的進步。幼兒發展與學習的進步有賴於專業人員與父母的合作，特殊幼兒進入幼兒園之後，親師溝通非常重要，而教師則扮演著關鍵性的角色。

問題與討論

1. 早期療育親職教育的意義為何？其發展沿革為何？

2. 親職教育的理論基礎為何？其特色為何？

3. 特殊嬰幼兒及其父母親子互動的情形為何？請比較兩個親職教育方案對於親子關係的影響？

4. 何謂「以家庭為中心」的親師合作？幼兒園教師如何重視家庭的優勢與擴權，並有效地與父母合作？

參考文獻

【中文部分】

何華國（2009）。**特殊兒童親職教育**。台北市：五南。

周月清（1998）。**身心障礙者福利與家庭社會工作：理論、實務與研究**。台北市：
　　五南。

周念縈（譯）（2005）。**人類發展學：兒童發展**（原作者：J. W. Vander Zanden）。
　　台北市：麥格羅希爾。（原著出版年：2000）

林初穗、林淑莉、劉文英（2002）。發展遲緩兒童親子互動行為初探研究。「**第三
　　屆全國早療相關服務發表大會暨國際研討會**」發表之論文（頁 47-51）。花蓮
　　市：中華民國發展遲緩兒童早期療育協會。

林家興（2007）。親職教育團體對親子關係與兒童行為問題的影響。**教育心理學
　　報**，**39**（1），91-109。

邱華慧、郭玲吟（2006）。特殊兒童家長親職壓力之探討。「**第七屆全國早療相關
　　服務論文發表大會暨國際研討會**」發表之論文（頁 102-104）。花蓮市：中華
　　民國發展遲緩兒童早期療育協會。

柯秋雪（2006）。談德國以家庭為中心的早期療育服務：以烏茲堡早期療育中心為
　　例。載於中華民國特殊教育學會（主編），**中華民國特殊教育學會九十五年度
　　年刊**（頁 103-109）。台北市：中華民國特殊教育學會。

柯秋雪（2008）。與孩子同行：特殊需求幼兒家長的親職實踐。載於呂金燮、吳毓
　　瑩、吳麗君、林偉文、柯秋雪、徐式寬……閻鴻中（著），**華人教養之道：若
　　水**。台北市：心理。

柯秋雪（2009）。早期療育到宅服務實施之研究：以台北縣為例。**特殊教育研究學
　　刊**，**34**（3），1-24。

特殊教育法（2019 年 4 月 24 日修正公布）。

教育部（2012）。**親職教育**。取自「重編國語辭典修訂本」網站，http://dict.revised.
　　moe.edu.tw/index.html

郭靜晃（2015）。**親職教育：理論與實務**（第三版）。台北市：揚智。

曾端真（2001）。**親職教育模式與方案**。台北市：天馬文化。

萬育維、王文娟（譯）（2002）。**身心障礙家庭：建構專業與家庭的信賴聯盟**（原

作者：A. P. Turnbull & H. R. Turnbull）。台北市：洪葉文化。（原著出版年：2000）

蔡春美、翁麗芳、洪福財（2011）。**親職關係與親職教育**（第三版）。台北市：心理。

蔡淑桂（2003）。發展遲緩幼兒之家長親職教育需求調整與方案成效之研究。**康寧學報**，**5**，147-183。

謝佳容、楊承芳、周雨樺、郭淑芬、徐育愷（譯）（2007）。**人類發展學**（原作者：F. P. Rice）。台北市：五南。（原著出版年：2001）

蘇建文（1995）。緒論。載於蘇建文、林美珍、程小危、林惠雅、幸曼玲、陳李綢……陳淑美（著），**發展心理學**（第二版）（頁 1-38）。台北市：心理。

【英文部分】

Anderlik, L. (2006, July 22, 23). *Eltern sind das erste und beste Vorbild des kindliches Charakter*（家長是兒童特質最好典範）。發表於「第二屆國際親子論壇：親子論文發表大會」演講，宜蘭縣。

Badinter, E. (1992). *Die mutterliebe. Geschichte eines gefühls vom 17. Jahrhundert bis heute*. München, Germany: Piper.

Bagdi, A. (1997, November 7-10). *Parent-professional partnerships in family focused intervention*. Paper presented at the annual conference of the 59th National Council on Family Relations, Arlington, VA.

Banmen, J. (1986). Virginia Satir's family therapy model. *Individual Psychology, 42*(4), 480-492.

Bitter, J. R. (2008). *Theory and practice of family therapy and counseling*. Belmont, CA: Thomson Brooks/Cole.

Bridgemohan, B., Van Wyk, N., & Van Staden, C. (2005). Home-school communication in the early childhood development phase. *Education, 126*(1), 60-77.

Bruder, M. B. (2000). Family-centered early intervention: Clarifying our values for the new millennium. *Topics in Early Childhood Special Education, 20*(2), 105-115.

Bruder, M. B. (2001). Infants and toddlers: Outcomes and ecology. In M. J. Guralnick (Ed.), *Early childhood inclusion: Focus on change* (pp. 203-228). Baltimore, MD:

Paul H. Brookes.

Bryant, D. P., Smith, D. D., & Bryant, B. R. (2008). *Teaching students with special needs in inclusive classrooms*. Boston, MA: Pearson.

Dinnebeil, L. A. (1999). Defining parent education in early intervention. *Topics in Early Childhood Special Education, 19*(3), 161-164.

Dunst, C. J. (2002). Family-centered practices: Birth through high-school. *Journal of Special Education, 36*(3), 139-147.

Dunst, C. J. (2004). Revisiting, rethinking early intervention. In M. A. Feldman (Ed.), *Early intervention: The essential readings* (pp. 262-283). Malden, MA: Blackwell.

Dusay, J. M., & Dusay, K. M. (1979). Transactional analysis. In R. J. Corsini (Ed.), *Current psychotherapies*. Itasca, IL: F. E. Peacock.

Edelman, L. (2004). A relationship-based approach to early intervention. *Resources and Connections, 3*(2), 2-10.

Espe-Sherwindt, M. (2008). Family-centred practice: Collaboration, competency and evidence. *Support for Learning, 23*(3), 136-143.

Feldman, M. A. (2004). Future directions. In M. A. Feldman (Ed.), *Early intervention: The essential readings* (pp. 339-346). Malden, MA: Blackwell.

Galinsky, E. (1988). Parents and teacher-caregivers: Sources of tension, sources of support. *Young Children, 43*(3), 4-12.

Garguilo, R. M. (2015). *Special education in contemporary society: An introduction to exceptionality* (5th ed.). Thousand Oaks, CA: Sage.

Ginott, H. (1965). *Between parent and child*. New York, NY: Macmillan.

Gordon, T. (1967). *A theory of parent effectiveness*. Pasadena, CA: Parent Effectiveness Training.

Gordon, T. (2000). *Parent effectiveness training: The proven program for raising responsible children*. New York, NY: Random House.

Guralnick, M. J. (2001). Connections between developmental science and intervention science. *Zero-to-Three, 21*(5), 24-29.

Guralnick, M. J. (Ed.) (2005). *The developmental systems approach to early intervention*. Baltimore, MD: Paul H. Brookes.

Hacking, I. (1999). *The social construction of what?* Cambridge, MA: Harvard University Press.

Heiman, T. (2002). Parents of children with disabilities: Resilience, coping, and future expectations. *Journal of Developmental and Physical Disabilities, 14*(2), 159-171.

Innes, M. (2002). Satir's therapeutically oriented educational process: A critical appreciation. *Contemporary Family Therapy, 24*(1), 35-56.

Jonas, M. (1996). *Trauer und autonomie bei müttern schwerstbehinderter kinder: Ein feministischer beitrag* (5th ed.). Mainz, Germany: Matthias-Grünewald-Verlag.

Kaiser, A., Mahoney, G., Girolametto, L., MacDonald, J., Robinson, C., Safford, P., & Spiker, D. (1999). Rejoinder: Toward a contemporary vision of parent education. *Topics in Early Childhood Special Education, 19*(3), 173-176.

Kelly, J. F., & Barnard, K. E. (1999). Parent education within a relationship-focused model. *Topics in Early Childhood Special Education, 19*(3), 151-157.

King, G. A., Zwaigenbaum, L., King, S., Baxter, D., Rosenbaum, P., & Bates, A. (2005). A qualitative investigation of changes in the belief system of families of children with autism or Down syndrome. *Child: Care, Health & Development, 32*(3), 353-369.

Mahoney, G., & Powell, A. (1988). Modifying parent-child interaction: Enhancing the development of handicapped children. *Journal of Special Education, 22*(1), 82-96.

Mahoney, G., & Wheeden, C. A. (1997). Parent-child interaction: The foundation for family-centered early intervention practice: A response to Baird and Peterson. *Topics in Early Childhood Special Education, 17*(2), 165-184.

Mahoney, G., Boyce, G., Fewell, R. R., Spiker, D., & Wheeden, C. A. (1998). The relationship of parent-child interaction to the effectiveness of early intervention services for at-risk children and children with disabilities. *Topics in Early Childhood Special Education, 18*(1), 5-17.

Mahoney, G., Kaiser, A., Girolametto, L., MacDonald, J., Robinson, C., Safford, P., & Spiker, D. (1999). Parent education in early intervention: A call for a renewed focus. *Topics in Early Childhood Special Education, 19*(3), 131-140.

Mathis, K. (2003). Positive involvement in parent-teacher collaborative models. *Academic Exchange Quarterly, 7*(3), 162-165.

Mintz, S. (2007). *Back to the history of private life. Mothers and fathers in America: Looking backward, looking forward*. Retrieved from http://www.digital-history.uh.edu/historyonline/mothersfathers.cfm

Minuchin, S. (1974). *Families and family therapy*. Cambridge, MA: Harvard University Press.

Nachshen, J. S., Woodford, L., & Minnes, P. (2003). The family stress and coping interview for families of individuals with developmental disabilities: A life span perspective on family adjustment. *Journal of Intellectual Disability Research, 47*(4/5), 285-290.

Orgel, A. R. (1980). Haim Ginott's approach to parent education. In M. J. Fine (Ed.), *Handbook on parent education* (pp. 75-100). New York, NY: Academic Press.

Papoušek, M., & Papoušek, H. (1999a). Intuitive elterliche früherziehung in der vorsprachlichen kommunikation. In T. Hellbrügge (Ed.), *Kindliche sozialisation und sozialentwicklung* (pp. 113-123). Lübeck, Germany: Hansisches Verlagskontor.

Papoušek, M., & Papoušek, H. (1999b). Kritische belastungen der intuitiven elterlichen früherziehung. In T. Hellbrügge (Ed.), *Kindliche sozialisation und sozialentwicklung* (pp. 124-135). Lübeck, Germany: Hansisches Verlagskontor.

Pleck, E. H., & Pleck, J. H. (1997). Fatherhood ideals in the United States: Historical dimensions. In M. E. Lamb (Ed.), *The role of the father in child development* (pp. 33-48). New York, NY: John Wiley & Sons.

Reedy, C. K. (2007). *A child enrolled is a family enrolled: Early child care directors' conceptualizations of parent education and actual practices*. Dissertation of Arcadia University, Glenside, PA.

Sameroff, A. J., & Fiese, B. H. (2000). Transactional regulation: The developmental ecology of early intervention. In J. P. Shonkoff & S. J., Meisels (Eds.), *Handbook of early childhood intervention* (pp. 135-159). New York, NY: Cambridge University Press.

Satir, V. (1983). *Conjoint family therapy*. Palo Alto, CA: Science and Behavior Books.

Schuchardt, E. (2002). *Warum gerade ich ...?: Leben lernen in krisen-leiden und glaube; fazit aus lebensgeschichten eines jahrhunderts*. Göttingen, Germany: Vandenhoeck & Ruprecht.

Shea, T., & Bauer, A. (1991). *Parents and teachers of exceptional children: A handbook for involvement*. Boston, MA: Allyn & Bacon.

Simpson, R. L. (1996). *Working with parents and families of exceptional children and youth: Techniques for successful conferencing and collaboration* (3rd ed.). Austin, TX: Pro-Ed.

Sohns, A. (2000). *Frühförderung entwicklungsauffälliger kinder in Deutschland*. Weinheim/Basel: Beltz.

Speck, O. (2003). *System heilpädagogik: Eine ökologische reflexive grundlegung* (5th ed.). München/Basel, Germany: E. Reinhardt.

Thurmair, M., & Naggl, M. (2010). *Praxis der frühförderung: Einführung in ein interdisziplinäres arbeitsfeld* (4th ed.). München/Basel, Germany: E. Reinhardt.

Turnbull, A. P., Blue-Banning, M., Turbiville, V., & Park, J. (1999). From parent education to partnership education: A call for a transformed focus. *Topics in Early Childhood Special Education, 19*(3), 164-171.

Turnbull, A. P., Turbiville, V., & Turnbull, H. R. (2000). Evolution of family-professional partnership models: Collective empowerment as the model for the early 21st century. In S. J. Meisels & J. P. Shonkoff (Eds.), *Handbook of early intervention* (pp. 630-650). New York, NY: Cambridge University Press.

Turnbull, R., Turnbull, A., Shank, M., & Smith, S. J. (2011). *Exceptional lives: Special education in today's schools* (6th ed.). Englewood Cliff, NJ: Prentice-Hall.

Venkatesh Kumar, G. (2008). Stress and coping strategies of the parent of mentally challenged. *Journal of the Indian Academy of Applied Psychology, 34*(2), 35-40.

Wall, K. (2011). *Special needs and early years: A practitioner's guide*. London, UK: Sage.

Weiss, H. (1999). Frühförderung als protektive maßnahme: Resilienz im kleinkindalter. In G. Opp, M. Finger & A. Freytag (Eds.), *Was kinder stärkt: Erziehung zwischen risiko und resilienz* (pp. 121-141). München/Basel, Germany: E. Reinhardt.

Weiss, H., Neuhäuser, G., & Sohns, A. (2004). *Soziale arbeit in der frühförderung und sozialpädiatrie*. München/Basel, Germany: E. Reinhardt.

Whitbread, K., Bruder, M., Fleming, G., & Park, H. (2007). Collaboration in special education. *Teaching Exceptional Children, 39*(4), 6-14.

第十一章

轉銜服務

林秀錦

　　再過半年，小宇就要上小學了，小宇媽媽有許多不安：擔心他能力不足會跟不上；擔心他被編到資源班，被別人嘲笑；擔心他的語言表達能力不好，其他同學會有異樣的眼光；擔心他上課時不能遵守規矩，會被老師責備；擔心其他同學橫衝直撞，走路不穩的小宇會有安全問題；擔心他到現在都還不太會握筆，要怎麼學習……

　　除了擔心外，小宇媽媽還有滿腹的疑問：為什麼特殊生還要申請鑑定才能上小學？已經有醫院發展遲緩證明文件，為什麼還要再鑑定一次？讓小宇貼上特殊生的標籤好嗎？特殊生上小學到底要經過哪些程序？家長可以做些什麼事？小宇會不會被編到特教班？誰來決定？是怎麼決定的？特教班和資源班有什麼不同？如果小宇被編到特教班，家長可以說「不」嗎？媽媽想申請緩讀，但緩讀會比較好嗎？聽說申請緩讀需要家長去報告，要報告什麼？跟誰報告？什麼時候去報告？

　　小宇媽媽想知道未來到底會發生什麼事，好及早做準備，而不只是被動地等候通知，不知所措地焦慮著……

轉銜的定義與法源基礎

一 轉銜的定義

　　小宇媽媽的心聲，反映出許多特殊幼兒家長的焦慮和壓力。事實上，一個人從出生到死亡都會經歷無數多次的人生轉折，舉凡上學、轉學、畢業、就業、結婚、生子、搬家、親人離世等，這些生命中的關鍵事件或喜或悲，都會對個體產生影響。對特殊幼兒來說，初次到保姆家、到醫院做復健或社福機構上課、到幼兒園上學、到國小上一年級等，都是生命的轉折點。這些改變帶來機會和挑戰，同時也帶給幼兒和家長許多壓力（Rous, Myers, & Stricklin, 2007）。若幼兒和家長能在轉折過程中得到正向的經驗，或許將更有信心面對未來更多的人生轉折。

　　學者將上述這些環境或情境的轉換，稱之為「轉銜」（transition）。根據《韋氏字典》的解釋，轉銜是：「一種過渡、一種轉變、由一種型態轉換到另一種型態，或由一種階段轉換至另一個階段的過程」（Bruder, 2010）。在早期療育領域中，學者們則認同，轉銜是「幼兒由一個服務系統移轉到另一個服務系統的歷程」（Diamond, Spiegel-McGill, & Hanrahan, 1988; Fowler, Donegan, Lueke, Hadden, & Phillips, 2000; Rice & O'Brien, 1990; Wolery, 1989）。

　　轉銜可分為「垂直轉銜」和「水平轉銜」兩種類型（Wolery, 1989）。「垂直轉銜」是指，幼兒隨著年齡增長而轉換不同的服務機構，例如：2歲起從家庭進入社福機構接受療育、3歲後從社福機構進入幼兒園、6歲則從幼兒園進入小學等；「水平轉銜」則是指，同一時期在不同環境間的水平轉換，或是在學習情境中不同活動之間的銜接，例如：5歲的小宇白天在幼

兒園上學，放學後到醫院或診所做治療；或者是，在幼兒園從角落活動轉換到團體討論、從收拾活動轉換到點心時間等。由於「年齡」始終是評估幼兒發展的關鍵，也是轉銜的轉捩點，因此，特殊幼兒轉銜的法令政策、研究或實務方面，對「垂直轉銜」的關注始終比「水平轉銜」更多（Bruder, 2010）。

二 特殊幼兒轉銜服務的相關法令

最早關注特殊幼兒轉銜服務的人是一群早期療育實務工作者。他們注意到特殊孩子進入新環境的適應困難、家長和孩子在轉換新環境期間產生的焦慮與壓力，以及社福體系與學前教育體系之間服務的斷層等，於是這些實務工作者採取一些具體措施協助幼兒和家庭順利銜接到新環境，這些務實的做法對於後來的轉銜服務政策也產生深遠的影響。

（一）美國的轉銜服務相關法令

美國的特殊幼兒轉銜服務法令從 1986 年至今近四十年。在轉銜法令或政策制定之前，有些「啟蒙方案」（Head Start Program）的人員為了協助該中心的畢業幼童適應新的學習環境，憑著經驗累積了許多轉銜實務，逐漸發展出一些轉銜方案（Kagan & Neuman, 1998）。後來，學者們透過演講或文章呼籲特殊幼兒轉銜的重要性，政府官方也開始關注這個議題，提供經費補助各項轉銜工作，包括：從醫院到居家照顧的轉銜、從早期療育方案到學前教育的轉銜，以及從學前教育到小學的轉銜等；有些州也逐漸發展出有特色的特殊幼兒轉銜方案（例如：Vermont 州補助的「TEEM 轉銜方案」，以及 Kentucky 州補助的「STEPs 轉銜方案」等），這些轉銜服務的內容和做法，便成為後來轉銜法令的基礎（Rosenkoetter, Whaley, Hains, & Pierce, 2001）。

1986 年，美國聯邦政府通過《全體殘障兒童教育法修正案》（The Education for All Handicapped Children Act Amendments，即《99-457 公法》），

首度將特殊幼兒的轉銜服務列入公法中。法令中指出，當特殊幼兒屆滿 3 歲，即將從早期療育方案轉換到學前教育方案之際，轉銜小組必須為幼兒及其家庭提供轉銜服務，並將轉銜服務的具體步驟列入幼兒的「個別化家庭服務計畫」（Individualized Family Service Plan, IFSP）中。

《99-457 公法》通過之後，每一年數千名特殊幼兒的轉銜工作，對行政人員帶來很大的挑戰，因此 1991 年的《身心障礙者教育法修正案》（Individuals with Disabilities Education Act Amendments，簡稱 IDEA 修正案，即《102-119 公法》）將轉銜相關辦法修訂得更明確，希望為 0 至 5 歲的特殊幼兒建構一個完整、周延且無縫接軌的服務系統（Rosenkoetter, 1992）。後來，1997 年的《身心障礙者教育法修正案》（IDEA 修正案，即《105-17 公法》）、2004 年的《身心障礙者教育促進法》（The Individuals with Disabilities Education Improvement Act，簡稱 IDEA 2004），以及 2011 年美國聯邦政府公告《身心障礙者教育促進法》Part C 修正條文（Department of Education, 2011）也都延續先前法令所強調的轉銜重點。

從歷年來的公法修訂內容，可以看出美國對特殊幼兒轉銜服務的法令重點如下：

1. 各州應擬定書面的「轉銜政策及轉銜流程」：透過書面的轉銜政策及轉銜流程，保障特殊幼兒在 0 至 2 歲的早期療育服務得以延續。此書面文件的內容必須包括三個方面：（1）轉銜服務的具體做法必須納入幼兒的「個別化家庭服務計畫」（IFSP）；（2）必須敘述如何讓家庭參與轉銜計畫；（3）在幼兒屆滿 3 歲前 90 天（2 歲 9 個月之前），早療主管機構（lead agency）在徵求家長同意後，要召集地區的教育機構和家長開會，討論孩子未來可能就讀的學前教育方案，並擬定轉銜計畫。

2. 家長參與轉銜：早期療育機構和學前教育機構必須將家長納入轉銜服務之中，清楚描述家長參與轉銜的方式。幼兒的評量和介入要以

家庭為主，在考量家庭資源、優先順序和所關心的議題後，再決定幼兒和家庭所需要的支援和服務，以提升家庭能力。家庭有決策的角色，家長有權接受或拒絕早期療育或學前特殊教育服務，也有權決定孩子的資料是否可以移轉；如果家長願意參與轉銜，就必須將家長納入轉銜計畫。由此可見，家庭已經是一個主控的參與者角色（Rosenkoetter, 1992）。

3. 跨機構協調：機構間要訂定「跨機構協議書」，釐清轉銜服務工作的內容和分工、轉銜經費如何分攤、如何解決問題，以及如何進行有意義的合作和協調等。各州要成立「跨機構協調委員會」，負責督導和協助特殊幼兒轉銜的相關問題；主管機關有責任解決機構間和機構內辦理轉銜服務所遭遇到的困難。

4. 人員訓練：各州應該為相關人員提供轉銜知能的專業訓練，讓相關人員有能力整合資源實施轉銜服務。

5. 轉銜安置：特殊幼兒的轉銜要盡可能安置到自然融合的環境中。

（二）台灣特殊幼兒的轉銜服務相關法令

和美國一樣，國內特殊幼兒的轉銜服務也是由早療機構或是發展中心開始關注的。為了協助特殊幼兒適應小學，有些早療機構會將幼兒資料交給家長，再由家長轉交給小學老師；有些早療機構則為家長辦理入學說明會、與家長討論評估新環境、建議家長參觀小學、追蹤服務等（吳伊雯，2001）。

受到美國法令以及身心障礙者生涯轉銜概念（Mallory, 1996; Repetto & Correa, 1996）的影響，國內相關行政部門逐漸關注特殊幼兒的轉銜服務。1997年內政部發布的《身心障礙者保護法》（2007年更名為《身心障礙者權益保障法》）明文規定為使身心障礙者不同生涯福利需求得以銜接，各級政府相關部門應該為身心障礙者制定「生涯轉銜計畫」，提供身心障礙者整體性及持續性的服務。自此，特殊幼兒的轉銜服務正式有法令的根據。

由於特殊幼兒的生涯轉銜涉及社福體系（0 至 2 歲）與教育體系（2 歲以上），因此除了衛生福利部（以下簡稱衛福部）訂定法令關注其轉銜服務需求之外，教育部於 2009 年修訂《特殊教育法》，也明文規定各級學校應提供轉銜輔導與服務，使各教育階段身心障礙學生服務需求得以銜接。經過歷年來法令以及相關辦法的增修，特殊幼兒轉銜服務的政策日漸完備。歸納《身心障礙者權益保障法》（2015）、《身心障礙者生涯轉銜計畫實施辦法》（2013）、《特殊教育法》（2019）以及《各教育階段身心障礙學生轉銜輔導及服務辦法》（2010），國內特殊幼兒轉銜服務的法令重點列舉如下。

1.兼顧各階段生涯轉銜的服務

相關辦法規定，當特殊幼兒因病住院治療時，醫院應提供出院準備計畫，以便銜接居家照顧。出院準備計畫內容應包括：居家照護建議、復健治療建議、社區醫療資源轉介服務、居家環境改善建議、輔具評估及使用建議、轉銜服務、生活重建服務建議、心理諮商服務建議及其他出院相關事宜。若特殊幼兒轉換不同社福機構就讀時，轉出單位應邀請轉入單位、家長及相關人員召開轉銜會議確定轉銜服務計畫，辦理轉銜服務並且進行轉銜通報。當特殊幼兒就讀幼兒園面臨跨教育階段轉銜，幼兒園則應根據《特殊教育法》，在「個別化教育計畫」中載明轉銜輔導及服務內容，提供整體性與持續性的轉銜服務。

2.強調以團隊方式擬定轉銜服務計畫

衛福部規定，特殊幼兒轉銜之際，轉出單位要主動邀請轉入單位、家長及相關人員，召開轉銜會議確定「轉銜服務計畫」。教育部也規定，幼兒園要以團隊合作方式，將大班特殊幼兒轉銜服務內容列入「個別化教育計畫」中；參與擬定「個別化教育計畫」之人員，應包括：學校行政人員、特殊教育及相關教師、學生家長及相關專業人員等。由此可見，政府相當

重視以團隊方式擬定特殊幼兒的轉銜服務計畫，而且不論是「轉銜服務計畫」或是「個別化教育計畫」，均強調應邀請家長共同參與。

3.明定轉銜服務計畫的內容

　　關於轉銜服務計畫的內容，衛福部和教育部均有明確規範，唯，所規範的內容並不完全相同。衛福部規定的「轉銜服務計畫」包括：基本資料、轉銜原因、各階段專業服務資料、家庭輔導計畫、個案身心狀況及需求評估、個案能力分析、未來服務建議方案、轉銜服務準備事項、受理轉銜單位、其他特殊記載事項等項目；至於教育部規範「個別化教育計畫」中的轉銜服務內容則包括：升學輔導、生活、心理輔導、福利服務，以及其他相關專業服務等項目。

4.重視跨機構的溝通

　　法令指出，當特殊幼兒轉換不同機構或從幼兒園轉銜到國小，轉出單位應該邀請擬轉入單位、幼兒家長及相關人員召開轉銜會議。幼兒入小學後的個別化教育計畫會議，也應視需要邀請轉出單位相關人員參加。

5.重視轉銜通報，明確訂定各單位的責任

　　不論是衛福部或是教育部的辦法，都相當強調轉銜通報工作。規定轉出單位必須將幼兒的相關資料透過轉銜通報窗口移送到轉入單位。衛福部和教育部對於轉銜通報的內容和期程略有不同。衛福部規定在轉銜會議後14日內完成轉銜通報，教育部則規定在特殊幼兒安置確定後14天內完成通報工作。轉出單位除了進行轉銜通報外，對於未入學的學生應進行追蹤輔導；至於轉入單位，應視需要邀請轉出單位相關人員參與個別化教育計畫會議。

　　比較國內外的法令可以看出，國內外的轉銜法令都關心跨單位合作擬定轉銜計畫、轉銜通報資料移轉、機構間協調以及家長參與；不過，美國

公法對於家長參與的規範比國內法令更加詳盡，除了明訂家庭參與轉銜時，應考量家庭的需求及尊重家庭參與的意願之外，也規定要在幼兒的「個別化家庭服務計畫」（IFSP）中詳述如何讓家長參與轉銜，提升家長決策能力的方法與步驟。至於國內的相關辦法雖鼓勵家長參與，但是關於家庭需求、家庭參與的策略，或是尊重家庭參與意願等，卻尚未有相關法令規範。

第二節
轉銜服務的理論框架

　　轉銜服務目的在協助特殊幼兒適應新環境。目前有兩種不同的理論觀點詮釋特殊幼兒的轉銜，一為「兒童準備度」觀點，關注幼兒做足準備適應新環境，一為「生態—發展」觀點，著眼環境做好準備協助幼兒適應。

一 「兒童準備度」觀點

　　過去，有些學者秉持著瓜熟蒂落的「成熟論」觀點，認為當時機成熟時，幼兒的能力自然就會展現出來。特殊幼兒轉銜到新環境能否適應，受制於幼兒本身生理、心理的成熟度所影響，外力無法改變。另一些學者則從經驗主義或社會建構主義看待此問題，認為經驗或環境有助於提升幼兒發展，因此，事先了解新環境對幼兒的期待和要求，及早培養新環境所需要的準備能力，幼兒就能夠適應新環境（Meisels, 1999）。以上兩種「兒童準備度」的論點，認為當孩子發展成熟或是具備新環境所需的基本能力時，就可以適應新環境，因此，轉銜服務的重點工作，就是強調幼兒的「準備能力」。

　　許多學者批評「兒童準備度」的觀點，他們認為，將適應的責任歸咎於「兒童是否做好準備」，過於窄化「準備度」的意涵。適應新環境，不

僅與幼兒的能力特質有關，也與新環境的調整有關，「準備度」應該是兒童與環境之間雙向互動的相對概念；因此，不能只期望「兒童準備好」，更重要的是「新環境要做好準備」，以迎接新成員加入（Carlton & Winsler, 1999; Meisels, 1999; Rimm-Kaufman & Pianta, 2000）。

二 「生態─發展」觀點

Ramey 與 Ramey（1999）從生態的觀點詮釋轉銜，他們認為幼兒適應與否，不單純只是「幼兒」與「新環境」二者的雙向互動而已，幼兒和家庭所處的生態環境（包括：目前接受服務的早療機構、新環境、社會福利制度，以及社區支持等），都會影響幼兒的轉銜適應。生態環境為家庭和幼兒提供的支持品質愈好，幼兒和家庭獲得愈好的身心健康、安全感、正向自我概念、正向動機和價值觀等，愈能促進幼兒適應新環境。幼兒進入幼兒園或小學，轉銜適應受到家庭、學校、同儕、社區的彼此交互影響，是持續改變的歷程，因此，「全美教育目標委員會」（The National Education Goal Panel）就重新詮釋「學校準備度」（school readiness）的概念，認為應從兒童、學校以及社區等三方面來著手（Mehaffie & Fraser, 2007）。

另外，許多學者採用 Bronfenbrenner 的生態系統理論詮釋特殊幼兒轉銜入學（林秀錦，2010；林秀錦、王天苗，2011；Diamond et al., 1988）。生態系統理論將幼兒生長的環境視為一個鳥巢，由內而外分別是微系統、中系統、外系統，以及大系統。微系統是幼兒直接接觸的環境，包括：家庭、學校、同儕等；中系統則是不同微系統之間的相互關係，例如：親師關係等；外系統是指幼兒的重要他人所處之其他環境，例如：父母的職場、朋友圈、支持系統等；大系統則是指整個大環境的文化價值、習俗、法令制度等；最後，時間系統指的是環境事件與生活方式隨時間移轉而變化，例如：搬家、畢業、入學、父母分居等。這些系統將幼兒層層包覆，直接或間接影響幼兒的發展（Bronfenbrenner, 1979, 1986）。

當特殊幼兒從早療機構轉銜上小學，代表著幼兒即將脫離原有的微系統，進入新的微系統環境。在此之際，各個系統都直接或間接地影響幼兒的轉銜適應（如圖 11-1 所示），例如：幼兒園老師和家長教導孩子友伴相處的策略（微系統），可以幫助孩子在新學校中建立人際關係；幼兒園老師與小學老師相互溝通（中系統）、家長和小學老師的正向互動（中系統），可以縮短小學老師摸索的時間，支持孩子學習；家長參與轉銜說明會（外系統），了解孩子的就學流程和權益，有助於為孩子爭取教育機會；社會文化肯定融合教育的價值（大系統），特殊幼兒就更容易在普通班適應。這些系統隨著時間推移產生動態性改變，家長和幼兒園老師的親密信賴關係逐漸終止，而家長和小學老師的關係也慢慢展開，這些改變都影響

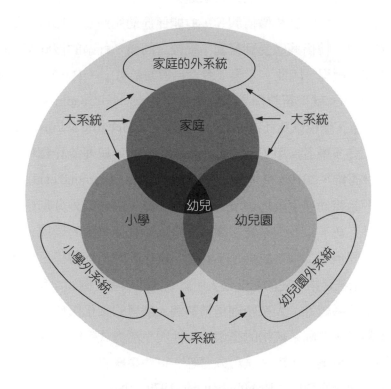

圖 11-1 ▶ 幼小轉銜的「生態—發展」理論觀點
資料來源：取自林秀錦、王天苗（2011）。

著幼兒的成長發展。因此,孩子的轉銜是鑲嵌在一個持續變化發展的生態系統中,系統內每一個環節彼此交織纏繞,隨著時間流轉進行交互作用,影響幼兒入學後的適應。

第三節
轉銜服務的內涵與策略

綜合轉銜的理論、法令、國內外轉銜服務的實務做法,以及學者的建議等,特殊幼兒的轉銜服務,可從跨機構的協調、家庭參與,以及幼兒轉銜輔導等三方面著手。本節以「上小學」為例分別敘述這三方面的具體策略,本章附錄並提供幼小轉銜服務流程,可作為幼兒園或早療機構規劃轉銜服務工作的參考。

一 跨機構的協調

從「生態—發展」的理論觀點來看,家庭、學前教育方案和社區是學齡前幼兒主要的生活環境,每一個環境都是一個微系統,這些微系統彼此之間也互有關聯,在家中或學前教育方案(微系統)的經驗和學習,可能會影響孩子在新環境(微系統)的行為表現。新環境未曾與先前的微系統有任何關係,因此,建立新環境與既有微系統之間的聯繫,就成為轉銜的重點。

為了促進幼兒順利銜接,新環境與既有環境中人員之相互溝通,便顯得非常重要(Diamond et al., 1988)。尤其是,在特殊幼兒的服務系統中,主管早期療育和學前教育的行政主管機關並不相同,有的歸教育系統,有的歸衛生醫療系統,有的則歸社會福利系統,這些系統分別有不同的法律

規範、經費來源和管理機制，以致於在辦理特殊幼兒轉銜時，跨機構的聯繫經常出現困難。此外，早療機構、學前單位和學校系統各有其不同的哲學觀，晉用的人員也不同。在早療機構中，可能會有治療師提供直接治療或諮詢；而在學校系統，則多數是由班級老師及特教老師提供服務。這些人員有著不同的專業訓練背景，為特殊幼兒及其家庭所提供的服務方式、頻率、地點、內容等，也都可能不同。面對這些差異，不同人員之間的溝通是很重要的（Fowler et al., 2000; Fowler & Ostrosky, 1994; Kagan & Neuman, 1998）。

機構間的溝通和合作是轉銜成功的重要關鍵（吳伊雯，2001；Wischnowski, Fowler, & McCollum, 2000）。透過擬定跨機構協議書、人員的合作與溝通，以及非正式的溝通等，有助於達成機構間的合作。

（一）擬定跨機構協議書

跨機構協議書是為了讓機構與機構間順利完成幼兒轉銜工作，雙方所訂定的責任分配、經費分擔，以及問題解決策略之契約書（Hadden, Fowler, Fink, & Wischnowski, 1995）。雖然有人曾質疑，跨機構協議書是否有助於轉銜工作（Rice & O'Brien, 1990），Fowler 等人（2000）也指出，跨機構協議書對幼兒轉銜的幫助有限；但是仍有研究肯定跨機構協議書有助於轉銜，可以促進專業人員和家庭專業知識的成長，同時也可以改善家庭和機構間的關係（Fowler et al., 2000; Wischnowski et al., 2000）。

（二）人員的合作與溝通

為促進跨機構人員的溝通與合作，可以安排機會讓雙方人員互動，例如：為雙方人員辦理在職訓練、讓不同機構的人員互訪、定期舉辦交流會議等，分享訊息或討論轉銜個案，雙方人員也可以發展共同的轉銜政策和流程（Southeastern Regional Vision for Education, 1997）。

（三）非正式的溝通

要達成機構間的協調很重要，然而在實務上卻仍然相當困難。因此，許多學者提議以非正式的溝通策略促進雙方合作。這些學者們相信，只靠跨機構協議書的規範仍然不足，機構間要經常性地、非正式地接觸，才是最有效的溝通管道（Fowler et al., 2000; Hanson et al., 2000; Summers et al., 2001）。

值得注意的是，隨著最少限制環境與融合教育的倡導，學前幼兒的安置須以自然環境為考量，同時普通教育機構應該責無旁貸地參與特殊幼兒的轉銜事宜，事前規劃，改善硬體設備或軟體教學，迎接新生到來，這是在機構間協調時特別要注意的事項（Fowler et al., 2000; Noonan & Ratokalau, 1991）。

二 家長參與

Wolery（1989）指出，在家庭系統中的每一個成員都有其角色與功能，系統中的成員發生改變，勢必會影響其整個家庭系統。當家庭面對特殊幼兒上小學階段時，必須調整家庭作息，結束現階段與療育人員之間的親密情感，與新學校的人員建立新關係、了解新學校的生態和期待，以幫助孩子適應新環境，這些都讓家庭系統處於不平衡的狀態，帶給家庭其他成員許多壓力。當家長缺乏機會參與幼兒轉銜時，他們通常會焦慮，並容易產生不必要的誤會（Hamblin-Wilson & Thurman, 1990）。

提供家長訊息、讓家長參訪想就讀的環境、選擇想安置的場所，讓他們參與決定、參與轉銜計畫，並提供後續追蹤支持等，這些支持家庭的策略能讓家長在轉銜過程中得到正向的感受，有助於減輕家長的壓力（林秀錦、王天苗，2011；Bruder, 2010; Fowler, Schwartz, & Atwater, 1991）。家長得到支持並減緩壓力後，他們能教導孩子新環境所需的技能，給予孩子

情緒支持，幫助孩子適應環境（Rice & O'Brien, 1990）。家庭參與轉銜過程中所得到的說明和支持愈多，他們對轉銜的滿意度就會愈高（Hamblin-Wilson & Thurman, 1990; Hanline & Halvorsen, 1989; Haymes, Fowler, & Cooper, 1994; Spiegel-McGill, Reed, Konig, & McGowan, 1990）；參與的程度提高，轉銜過程中的態度、知識和行為也會更具專業（Noonan & Ratokalau, 1991）。而且，因為有主動參與的經驗，家長對於孩子未來要面對的各階段生涯轉銜，會更有信心與能力（Fowler, Chandler, Johnson, & Stella, 1988; Fowler et al., 1991; Lazzari & Kilgo, 1989）。

至於如何增進家庭參與呢？許多學者提出下列幾項策略。

（一）了解家庭的轉銜需求及生態

當特殊幼兒即將進入小學，家庭會有許多需求。這些需求包括：

1. 訊息的需求：家長希望知道未來可能就讀的學校生態、未來的老師態度、轉介鑑定安置的程序、「個別化教育計畫」（IEP）的擬定程序、未來相關服務的訊息、各種相關服務的申請條件、家長和孩子的權益，以及家長和專家在轉銜過程中的角色等（吳伊雯，2001；Hanline, 1988; McDonald, Kysela, Siebert, McDonald, & Chambers, 1989; Wolery, 1989）。

2. 參與的需求：研究指出，許多家長希望參與轉銜過程，能扮演主動的角色，能監控服務的品質，能參與幼兒鑑定安置的決策過程，成為轉銜規劃小組的成員，還希望能多拜訪一些學校，幫孩子選擇最合適的安置環境（林巾凱，2003；Bentley-Williams & Butterfield, 1996; Hanline, 1988; Hanline & Halvorsen, 1989; Hanson et al., 2000; McDonald et al., 1989）。

3. 諮詢的需求：家長希望有專人可供諮詢，可以和有轉銜經驗的家長溝通（Hanline, 1988; Hanline & Halvorsen, 1989）。

4. 心理支持的需求：家長希望有一些社會性的支持，渴望有專家或親友能為他們鼓勵打氣（吳伊雯，2001；Hanson et al., 2000）。

5. 持續支持的需求：家長希望孩子入學之後，還能獲得後續追蹤的支持；有些家長更希望這樣的支持能一直持續（吳伊雯，2001；Hanline & Halvorsen, 1989; McDonald et al., 1989）。

　　另外，國內的「特殊教育長期追蹤資料庫」（無日期a）調查5歲特殊幼兒的家長在孩子要上小學時，家長希望得到哪些項目的幫助？約半數的家長希望有人告訴他們：「如何幫助孩子或教孩子」以及「如何和學校老師溝通」；此外，家長還希望知道「特教相關資訊」、「有關孩子的狀況」，以及希望有人協助「安排需要的復健治療或輔具」。

　　了解家庭的需求外，更要關心家庭需求的個別性。在不同的文化背景、種族和地區裡，家長對於轉銜的需求是不同的；因此，了解家庭的個別需求，是轉銜工作實施前的重要工作。

（二）尊重家長的參與意願及參與程度

　　每一個家庭都有其不同的經濟基礎、住家安全、家事工作量、夫妻關係，以及社區文化等，這些因素影響著家庭的生態，同時也影響著家庭參與轉銜的程度及參與品質（Rice & O'Brien, 1990）。換言之，並不是每個家庭都有能力、也都有意願參與轉銜，他們也不一定要用同一種方式參與轉銜。事實上，家長在轉銜過程中，要肩負著許多不同的角色，他們可能是孩子的老師、是提供資訊的人、是捍衛幼兒權利的守護者，或是轉銜的協調者（Wolery, 1989）；因此，除了協助家長擁有轉銜知識及能力外，更要尊重家庭所選擇的角色，在提供轉銜支持時，留意每一個家庭的個別生態與個別需求，彈性地因應家庭的需求、能力和意願，尊重家庭在轉銜過程中的參與度（林秀錦、王天苗，2011；鄭麗月，2010；Bentley-Williams & Butterfield, 1996）。

（三）協助家庭參與轉銜

為了協助家庭順利參與轉銜，其策略包括下列幾項：

1. 提供訊息：可以提供一些適合家長閱讀的轉銜手冊、為家長辦理轉銜座談會、提供未來可能選擇就讀的學校或機構之簡介或影片、讓家長有參與團體討論的機會、參訪未來可能就讀的學校或機構，或是與其他有經驗的家長聊天等，這些都是可以取得訊息的管道（Hanline & Knowlton, 1988; Wolery, 1989）。要特別留意的是，家長有可能初次接觸許多陌生的特殊教育專有名詞，轉銜服務人員需要敏銳覺察家長的需求，適時提供解釋與說明（Brandes, Ormsbee, & Haring, 2007）。

2. 提升家長轉銜能力：包括提升家長教導幼兒的能力、做決策的能力、參與「個別化教育計畫」的能力、溝通策略，以及教室觀察技巧等（Lazzari & Kilgo, 1989; Wolery, 1989）。例如：要讓家長學習如何在家教孩子，可以由機構人員先示範教導，家長看過之後練習，然後由機構人員給予回饋；而教導家長做決策和參與「個別化教育計畫」時，則可以透過角色扮演和教學讓家長觀摩學習。

3. 認識未來的學校：讓家長有機會認識一些未來可能選擇就讀的學校，包括：給家長相關資料、安排家長拜訪未來想就讀的學校、由新學校拜訪家庭或者與目前的機構聯繫等（Hanson et al., 2000; Wolery, 1989）。

4. 給予家長心理支持：如經常性地和其他家長聚會，讓家長有機會與專業人員聯繫；經常性地檢核轉銜的進度；或是透過家人、親友和鄰居提供心理支持（Hanline & Halvorsen, 1989; Wolery, 1989）。

三 幼兒轉銜輔導

當特殊幼兒從幼兒園畢業、入小學，環境的轉換打亂幼兒之前所熟悉

的人際關係、生活作息和行為規範，在面對新學校、新教室、新老師和新同儕時，必須重新學習新的規範，適應新的老師，建立新的社會人際關係等，這些都可能引起特殊幼兒的不安與緊張（Conn-Powers, Ross-Allen, & Holburn, 1990; Johnson, Gallagher, Cook, & Wong, 1995; Kolberg, Gustafson, & Ekblad, 1999）。幼兒在現階段的環境中適應良好，並不代表他能夠適應下一個環境（Carta, Atwater, Schwartz, & Miller, 1990），因此，為幼兒適應新環境做準備，就成為轉銜的重要工作。

　　為孩子做轉銜準備，現階段的老師可以參考幾個策略，包括：比較目前的教學環境與未來的學校環境之差異、教導新環境所需要的準備能力、調整教學型態，及提供心理支持等，說明如下。

（一）比較目前的教學環境與新環境之差異

　　為了讓幼兒能夠適應新環境的學習和生活，現階段的老師應該先釐清目前與下一階段的學習環境之差異（Ager & Shapiro, 1995; Fowler & Ostrosky, 1994; Salisbury & Vincent, 1990），比較兩邊環境的教育目標、哲學觀、教室環境、教師風格、人員態度、對幼兒的期待，以及家長參與等方面的異同。值得注意的是，當幼兒從較隔離的安置場所轉換到較融合的普通教育場所，或是從幼兒園進入小學時，可能意味著班級人數的增加、較多的時間進行團體活動，或是較多以老師為主導的教學，而較少有個人自由探索的時間，比較沒有機會選擇想做的活動。老師也會比較期待幼兒遵從指示、遵守教室作息，並參與團體活動（Fowler & Ostrosky, 1994）。

（二）教導新環境所需要的準備能力

　　許多學者都強調，要教導新環境所需要的準備能力，以幫助特殊幼兒適應新環境的生活與學習，特別是針對特殊幼兒就讀小學普通班時所需的準備能力，更是受到重視。

幼兒上小學需要具備哪些準備能力？國外的調查研究指出，學校老師最在乎的並不是傳統的學業能力，而是社會能力和適當的教室行為，例如：聽講、遵從指令、跟隨老師的教學、獨立學習、參與大團體、社會互動，以及溝通和自理等能力（Ager & Shapiro, 1995; Carta et al., 1990; Foulks & Morrow, 1989; Hains, Fowler, Schwartz, Kottwitz, & Rosenkoetter, 1989; Kilgo, 1990）。

　　1991 年，「全美教育目標委員會」（The National Education Goal Panel）指出，幼兒準備上學所需具備的五種關鍵能力，分別是：（1）健康的身體和動作發展：包括孩子有健康的身體，以及適當的粗大動作和精細動作技能；（2）社會和情緒發展：社會發展包括能與人輪流、能參與遊戲；情緒發展包括理解他人感覺、表達自己的感覺；（3）喜歡學習：孩子喜歡學習且會用方法學習，有好奇心、求知欲、對學習有熱忱、熱情、重視文化價值；（4）語言發展：包括口語（如傾聽、說、語彙）和早期讀寫能力，例如：能將語音與字母連結、了解基本的故事架構；（5）認知和常識：包括形狀、數量、區辨人事物的異同（Mehaffie & Fraser, 2007）。

　　在國內方面，林秀錦與王天苗（2004）曾調查小學低年級普通班老師對於小一幼兒入學的期待，調查發現，老師們勾選最重要的入學能力，並不是注音符號或是簡單的加減法等學業能力，而是一些包括：如廁、進食、表達需求、衛生習慣、穿著、遵守團體規範、注意安全、認識環境、保護自己，以及知道自己的基本資料等準備能力（如表 11-1 所示）。

　　Wolery（1989）指出，教導特殊幼兒準備能力時，必須兼顧學習、保留和類化，以確保孩子所學到的準備能力可以適用在不同情境、不同對象和不同時間，因此，應該特別安排許多跨不同情境、讓幼兒不斷地熟練所學習的技能。此外，由於在小學環境中，老師所提供的支持和回饋並不多，學前階段的老師在教導準備能力時，所給予的支持與回饋也要隨時調整；當幼兒學習新的技能時，要經常性地給予回饋與支持，但若是複習已經習得的技能

表 11-1 ▶ 幼兒入小學的準備能力

領域	項目	重要性排序
自理	會自己上廁所（如擦屁股、使用蹲式馬桶）	1
自理	會自己吃飯（如用筷子或湯匙吃飯）	1
溝通	會用動作或語言表達需求（如想喝水、上廁所等）	1
自理	有良好的衛生習慣（如飯前、廁後洗手等）	2
自理	會自己穿脫衣褲和鞋襪	2
團體適應	會遵守基本的團體規範（如遊戲規則、秩序、排隊、輪流等）	2
自理	遊戲、行走、坐車或使用文具時，會注意安全	3
團體適應	能知道自己的學校、班級和座位	3
自理	不讓別人亂碰自己的身體	4
課業學習	會說出自己的基本資料（如姓名和電話等）	4
自理	能和父母分離，自己在教室上課，不哭泣	5
自理	會自己梳洗乾淨（如梳頭、洗手臉、刷牙、擦擤鼻涕等）	5
溝通能力	聽得懂別人說的話或指令	5
團體適應	不會隨便拿別人的東西	5
課業學習	能遵從指令	5
課業學習	會聽鐘聲上下課	6

資料來源：林秀錦、王天苗（2004）。

時，老師所給的回饋和支持就要逐漸減少（Fowler & Ostrosky, 1994）。

　　值得注意的是，了解未來環境所需要的能力，是幫助幼兒邁入新環境做準備。然而，當孩子尚未習得這些能力，不應作為緩讀或拒絕孩子入學的根據（Fowler & Ostrosky, 1994）。

專 欄

孩子還沒有準備好，應該緩讀嗎？

　　國內的「特殊教育長期追蹤資料庫」（無日期 b）調查 5 歲特殊幼兒的家長，其中 6.4% 的家長表示會申請緩讀。緩讀的理由依序是：（1）孩子的能力不夠；（2）希望緩讀一年後孩子能就讀普通班；（3）專家（老師、醫師或治療師）的建議；（4）對小學特殊教育沒有信心；（5）擔心小學老師不能接納孩子。從調查結果可以發現，在家長申請緩讀的理由中，前三者均是認為孩子還沒有準備好，希望再有一年時間可以提升孩子的能力；後兩者則似乎反映出家長對小學環境沒有信心。

　　從國內外的研究發現，緩讀並沒有太大的成效，緩讀與直升小學的孩子在各方面的表現並沒有差異；緩讀可能會有短期效果，但是長期來看並沒有助益。從社會互動的理論來看，孩子與同年齡的兒童一起學習，可以學習同儕的行為規範，有助於能力提升。此外，緩讀對孩子的心理可能會有負面影響，看到同伴都上小學了，會覺得為什麼自己還要讀幼兒園？

　　是孩子還沒準備好嗎？還是，家長還沒準備好讓孩子上小學？或者是，小學還沒準備好讓孩子進小學？

　　事實上，特殊孩子能不能適應小學生活，重點不在於他的能力，而是老師！老師能接納調整，孩子就能適應！環境要能為孩子做調整，小學要能做好準備，迎接每位個別差異的學生。緩讀與否並不是重點，更重要的是，小學、家長、幼兒園應該一起合作，積極營造一個準備好的環境，讓每一個孩子都可以順利上小學。

註：上述統計資料引用自「特殊教育長期追蹤資料庫」（SNELS）的資料，
　　謹此致謝補助 SNELS 計畫之行政院國家科學委員會。

（三）調整教學型態

當幼兒面臨轉換環境之際，新環境與現有環境的療育人員應相互協調，為幼兒營造「連續性」的經驗。說明如下。

1.調整目前環境的教學型態

為了讓特殊幼兒能夠熟悉新環境的作息，有人建議幼兒園或機構調整教學型態，例如：模擬未來上課的情景等，讓幼兒能及早適應新環境（吳伊雯，2001；Wolery, 1989）。

以上小學來說，目前國內許多學前機構或是幼兒園都會在每年五、六月期間，安排模擬小學的活動，例如：將教室安排成小學教室的型態排排坐，由小朋友練習寫名字、寫數字、抄聯絡簿、整理書包等；某些早療機構也會安排「轉銜準備班」，提前讓特殊幼兒熟悉小學環境的結構和作息。不過，對此有人持反對意見，認為學前教育有其目標和宗旨，不應成為國小準備班（林秀錦、王天苗，2011；Fowler & Ostrosky, 1994）

2.調整新環境的教學型態

國外研究統計，大約有 10 至 30% 以上的幼兒並沒有準備好入學所需要的能力（Mehaffie & Fraser, 2007），孩子需要有機會發展這些能力。所謂「連續性」，應該要考量幼兒的既有學習經驗，由新環境的教學型態接續幼兒先前所接受的教學型態（Fowler & Ostrosky, 1994）。因此，新環境的人員更應該調整對孩子的期待，在孩子表現不純熟的能力時，給予適度的支持和回饋，並且調整新環境的作息和教室安排，協助孩子逐步適應（Salisbury & Vincent, 1990），例如：允許小一新生下課時吃餅乾、在教室地板躺著午睡、教室周圍安排角落、進行主題活動等。

（四）提供心理支持

1.認識新環境

　　學前老師可以帶幼兒及家長參觀新環境的教室、認識新老師，也可以與幼兒聊聊新環境的不同，或邀請新環境的大哥哥或大姊姊來拜訪幼兒（Southeastern Regional Vision for Education, 1997; Vail & Scott, 1994）。由於有些特殊幼兒適應能力較弱，建議小一老師在暑假或開學準備週，邀請幼兒及家長到教室座談，讓幼兒有機會認識新環境，及早建立師生關係。

2.鼓勵幼兒討論情緒

　　為了降低特殊幼兒入學的壓力，學前老師和小學老師可以鼓勵幼兒問問題並抒發害怕的情緒，也可以陪同幼兒閱讀一些有關轉變環境的故事書、和幼兒討論長大和改變的狀態，或是比較小時候的照片和現在的模樣，讓幼兒明瞭改變是自然正常的事情（Fowler & Ostrosky, 1994）。

 專欄

國內特殊幼兒入小學轉銜服務實況

　　國內「特殊教育長期追蹤資料庫」（無日期 c）調查 5 歲組學前教師為特殊幼兒所做的轉銜服務工作，發現學前教師提供的轉銜服務，最多的是「加強孩子入學準備能力」，約占 78%，其次依序為「提供家長相關資訊」（74.2%）、「進行轉銜通報」（66.1%）、「和家長討論孩子上小學的情形」（65.6%）、「移轉孩子資料給國小」（59.8%）、「召開轉銜會議」（56.4%），以及「IEP 設計轉銜目標」（55.3%）等，另外，約有四成的老師會「與國小相關人員聯繫」、「安排家長和孩子參觀國小」。

從這些資料可以發現，國內的幼小轉銜服務現況為：（1）加強幼兒入學準備能力為國內轉銜最常見的工作；（2）資料移轉和轉銜通報的比例只有六成至六成六；（3）幼小溝通的情形並不普遍。

事實上，協助特殊幼兒順利銜接入小學，應加強的是跨機構的溝通。建議學前教師主動搭起與小學老師銜接的橋梁，並透過正式會議或非正式的管道，讓小學老師及早認識特殊幼兒，了解特殊幼兒的能力現況，以便能在其開學之前做好準備，迎接特殊幼兒上小學。

註：上述統計資料引用自「特殊教育長期追蹤資料庫」（SNELS）的資料，謹此致謝補助 SNELS 計畫之行政院國家科學委員會。

第四節 結語

轉銜是一個動態的歷程，孩子本身的特質以及同儕、家庭、學校和社區之間的所有生態系統，彼此間構成了相互關係，這些相互關係的品質對於孩子的發展，扮演著重要的關鍵因素。如果這些關係是經常性的接觸，彼此合作、共同支持孩子的發展，轉銜就會有正向的成果，但這些關係若是不夠緊密，孩子轉銜就將會面臨危機。

國內自轉銜法令訂定至今二十餘年，跨機構合作仍侷限於文件資料移轉、轉銜通報等形式，跨機構人員的溝通尚不普遍，許多家長參與的情形也僅是被動等候通知，出席相關會議。要提供完整、體貼的轉銜服務，仍有努力的空間。

問題與討論

1. 請回想在你人生的轉銜階段（如上大學、轉學或搬家）時，你的遭遇和心情為何？

2. 如果你班上有位特殊幼兒，因為搬家的緣故必須離開幼兒園、到外縣市的幼兒園就讀，你會做些什麼事來幫助他？

3. 目前國內在特殊幼兒的轉銜過程中，家長參與的現況如何？

4. 早期療育機構與普通幼兒園有哪些差異？這些差異對幼兒會產生哪些影響？

參考文獻

【中文部分】

各教育階段身心障礙學生轉銜輔導及服務辦法（2010 月 7 月 15 日）。

吳伊雯（2001）。發展遲緩兒童家庭轉銜服務需求分析之研究：以台北市為例（未出版之碩士論文）。私立東吳大學，台北市。

身心障礙者生涯轉銜計畫實施辦法（2013 年 3 月 18 日）。

身心障礙者權益保障法（2015 年 12 月 16 日）。

林巾凱（2003）。台灣地區腦性麻痺兒童學前轉銜需求、轉銜服務與國小生活適應關係之研究（未出版之碩士論文）。國立彰化師範大學，彰化市。

林秀錦（2010）。特殊幼兒上小學：轉銜的理論與實務。國民教育，**50**（5），41-50。

林秀錦、王天苗（2004）。幼兒入學準備能力之研究。**特殊教育研究學刊**，**26**，89-108。

林秀錦、王天苗（2011）。特殊幼兒轉銜服務的協同行動研究。**特殊教育研究學刊**，**36**（2），1-26。

特殊教育法（2019 年 4 月 24 日）。

特殊教育長期追蹤資料庫（無日期a）。**96 學年度調查資料統計結果：第三部分、**

身心障礙兒童受教情形：九、入小學之轉銜需求與服務「五歲障礙兒童入小學，家長所需的協助情形？」。取自 http://snels.cycu.edu.tw/lev4.asp?year-SN=96&lev3no=1&lev2no=9&lev1no=3

特殊教育長期追蹤資料庫（無日期b）。**96 學年度調查資料統計結果：第三部分、身心障礙兒童受教情形：九、入小學之轉銜需求與服務「五歲障礙兒童申請緩讀的需要情形為何？」**。取自 http://snels.cycu.edu.tw/lev4.asp?yearSN=96&lev3no=2&lev2no=9&lev1no=3

特殊教育長期追蹤資料庫（無日期c）。**96 學年度調查資料統計結果：第三部分、身心障礙兒童受教情形：九、入小學之轉銜需求與服務「教師會為五歲障礙兒童入小學做哪些準備？」**。取自 http://snels.cycu.edu.tw/lev4.asp?yearSN=96&lev3no=3&lev2no=9&lev1no=3

鄭麗月（2010）。學前特殊需求兒童轉銜服務與融合教育的議題。國民教育，**50**（5），11-18。

【英文部分】

Ager, C. L., & Shapiro, E. S. (1995). Template matching as a strategy for assessment of and intervention for preschool students with disabilities. *Topics in Early Childhood Special Education, 15*(2), 187-218.

Bentley-Williams, R., & Butterfield, N. (1996). Transition from early intervention to school: A family focused view of the issue involved. *Australian Journal of Special Education, 20*(2), 17-28.

Brandes, J. A., Ormsbee, C. K., & Haring, K. A. (2007). From early intervention to early childhood programs: Timeline for early successful transition. *Intervention in School and Clinic, 42*(4), 204-211.

Bronfenbrenner, U. (1979). *The ecology of human development: Experiments by nature and design* (pp. 3-13). Cambridge, MA: Harvard University Press.

Bronfenbrenner, U. (1986). Ecology of the family as a context for human development: Research perspectives. *Developmental Psychology, 22*(6), 723-742.

Bruder, M. B. (2010). Transition for children with disabilities. In S. L. Kagan & K. Tarrant (Eds.), *Transition for young children: Creating connections across early childhood systems* (pp. 67-92). Baltimore, MD: Paul H. Brookes.

Carlton, M. P., & Winsler, A. (1999). School readiness: The need for a paradigm shift. *School Psychology Review, 28*(3), 338-352.

Carta, J. J., Atwater, J. B., Schwartz, I. S., & Miller, P. A. (1990). Applications of ecobehavioral analysis to the study of transitions across early education settings. *Education and Treatment of Children, 13*(4), 298-315.

Conn-Powers, M. C., Ross-Allen, J., & Holburn, S. (1990). Transition of young children into the elementary education mainstream. *Topics in Early Childhood Special Education, 9*(4), 91-105.

Department of Education. (2011). 34 CFR Parts 300 and 303 early intervention program for infants and toddlers with disabilities. *Federal Register, 76*(188), 60140-60308. Retrieved from https://sites.ed.gov/idea/final-regulations/

Diamond, K. E., Spiegel-McGill, P., & Hanrahan, P. (1988). Planning for school transition: An ecological-developmental approach. *Journal of Division for Early Childhood, 12* (3), 245-252.

Foulks, B., & Morrow, R. D. (1989). Academic survival skills for the young child at risk for school failure. *Journal of Educational Research, 82*(3), 158-165.

Fowler, S. A., & Ostrosky, M. (1994). Transitions to and from preschool in early childhood special education. In P. Safford, B. Sqodek & O. Saracho (Eds.), *Early childhood special education: Yearbook in childhood education* (Vol. 5) (pp. 142-164). New York, NY: Teachers College Press.

Fowler, S. A., Chandler, L. L., Johnson, T. E., & Stella, M. E. (1988). Individualized family involvement in school transitions: Gathering information and choosing the next program. *Journal of the Division of Early Childhood, 12*(3), 208-216.

Fowler, S. A., Donegan, M., Lueke, B., Hadden, D. S., & Phillips, B. (2000). Evaluating community collaboration in writing integratency agreements on age 3 transition. *Exceptional Children, 67*(1), 35-50.

Fowler, S. A., Schwartz, I., & Atwater, J. (1991). Perspectives on the transition from preschool to kindergarten for children with disabilities and their families. *Exceptional Children, 58*(2), 136-145.

Hadden, S., Fowler, S. A., Fink, D. B., & Wischnowski, M. W. (1995). *Writing and inter-agency agreement on transition: A practical guide*. Champaign, IL: University of Illinois. Retrieved from http://facts.crc.uiuc.edu/facts5/fact5.html

Hains, A. H., Fowler, S. A., Schwartz, I. S., Kottwitz, E., & Rosenkoetter, S. (1989). A comparison of preschool and kindergarten teacher expectations for school readiness. *Early Childhood Research Quarterly, 4*, 75-88.

Hamblin-Wilson, C., & Thurman, S. K. (1990). The transition from early intervention to kindergarten: Parental satisfaction and involvement. *Journal of Early Intervention, 14*(1), 55-61.

Hanline, M. F. (1988). Making the transition to preschool: Identification of parent needs. *Journal of the Division for Early Childhood, 12*(2), 98-107.

Hanline, M. F., & Halvorsen, A. (1989). Parent perceptions of the integration transition process: Overcoming artificial barriers. *Exceptional Children, 55*(6), 487-492.

Hanline, M. F., & Knowlton, A. (1988). A collaborative model for providing support to parents during their child's transition from infant intervention to preschool special education public school programs. *Journal of the Division for Early Childhood, 12*(2), 116-125.

Hanson, M. J., Beckman, P. J., Horn, E., Marquart, J., Sandall, S. R., & Brennan, E. (2000). Entering preschool: Family and professional experiences in this transition process. *Journal of Early Intervention, 23*(4), 279-293.

Haymes, L. K., Fowler, S. A., & Cooper, A. Y. (1994). Assessing the transition and adjustment of preschoolers with special needs to an integrated program. *Journal of Early Intervention, 18*(2), 184-198.

Johnson, L. I., Gallagher, R. J., Cook, M., & Wong, P. (1995). Critical skills for kindergarten: Perceptions from kindergarten teachers. *Journal of Early Intervention, 19*(4), 315-349.

Kagan, S. L., & Neuman, M. J. (1998). Lessons from three decades of transition research. *Elementary School Journal, 98*(4), 365-379.

Kilgo, J. (1990). Early transition. *DEC Communicator, 17*(1), 4.

Kolberg, J., Gustafson, K., & Ekblad, A. (1999). *Early childhood special education for children with disabilities, ages three through five: Transition.* Bismarck, ND: North Dakota State Department of Public Institution. (ERIC Document Reproduction Service No. ED443225)

Lazzari, A. M., & Kilgo, J. L. (1989). Practical methods for supporting parents in early transitions. *Teaching Exceptional Children, 22*(1), 40-43.

Mallory, B. L. (1996). The role of social policy in life-cycle transitions. *Exceptional Children, 62*(3), 213-223.

McDonald, L., Kysela, G. M., Siebert, P., McDonald, S., & Chambers, J. (1989). Parent perspectives: Transition to preschool. *Teaching Exceptional Children, 22*(1), 4-8.

Mehaffie, K. E., & Fraser, J. (2007). School readiness: Definition, best practices, assessment, and cost. In C. J. Groark, K. E. Mehaffie, R. B. McCall & M. T. Greenberg (Eds.), *Evidence-based practices and programs for early childhood care and education* (pp. 1-24). CA: Corwin Press.

Meisels, S. J. (1999). Assessing readiness. In R. C. Pianta & M. J. Cox (Eds.), *The transition to kindergarten* (pp. 39-66). Baltimore, MD: Paul H. Brookes.

Noonan, M. J., & Ratokalau, N. B. (1991). Project profile-PPT: The preschool preparation and transition project. *Journal of Early Intervention, 15*(4), 390-398.

Ramey, C. T., & Ramey, S. L. (1999). Beginning school for children at risk. In R. C. Pianta & M. J. Cox (Eds.), *The transition to kindergarten* (pp. 217-251). Baltimore, MD: Paul H. Brookes.

Repetto, J. B., & Correa, V. I. (1996). Expanding views on transition. *Exceptional Children, 62*(6), 551-563.

Rice, M. L., & O'Brien, M. (1990). Transition: Time of change and accommodation. *Topics in Early Childhood Special Education, 9*(4), 1-14.

Rimm-Kaufman, S. E., & Pianta, R. C. (2000). An ecological perspective on the transition to kindergarten: A theoretical framework to guide empirical research. *Journal of Applied Developmental Psychology, 21*(5), 491-511.

Rosenkoetter, S. E. (1992). Guidelines from recent legislation to structure transition planning. *Infants and Young Children, 5*(1), 21-27.

Rosenkoetter, S. E., Whaley, K. T., Hains, A. H., & Pierce, L. (2001). The evolution of transition policy for young children with special needs and their families: Past, present, and future. *Topics in Early Childhood Special Education, 21*(1), 3-15.

Rous, B., Myers, C. T., & Stricklin, S. B. (2007). Strategies for supporting transitions of young children with special needs and their families. *Journal of Early Intervention, 30*(1), 1-18.

Salisbury, C. L., & Vincent, L. J. (1990). Criterion of the next environment and best practices: Mainstreaming and integration 10 years later. *Topics in Early Childhood Special Education, 10*(2), 78-89.

Southeastern Regional Vision for Education. (1997). *Terrific transitions: Ensuring continuity of services for children and their family.* FL: Tallahassee. (ERIC Document Reproduction Service No. ED 421230)

Spiegel-McGill, P., Reed, D. J., Konig, C. S., & McGowan, P. A. (1990). Parent education: Easing the transition to preschool. *Topics in Early Childhood Special Education, 9* (4), 66-77.

Summers, J. A., Steeples, T., Lisa-Naig, C. P., McBride, S., Wall, S., Liebow, H. et al. (2001). Policy and management supports for effective service integration in early Head Start and Part C programs. *Topics in Early Childhood Special Education, 21*(1), 16-30.

Vail, C. O., & Scott, K. S. (1994). Transition from preschool to kindergarten for children with special needs: Issues for early childhood educators. *Dimensions of Early Childhood, 22*(3), 21-25.

Wischnowski, M. W., Fowler, S. A., & McCollum, J. A. (2000). Supports and barriers to writing an interagency agreement on the preschool transition. *Journal of Early Intervention, 23*(4), 294-307.

Wolery, M. (1989). Transition in early childhood special education: Issues and procedures. *Focus on Exceptional Children, 22*(2), 1-16.

附錄　幼小轉銜服務的內容及流程

內容及時程	說明	負責單位或人員
9～10月 調查幼兒園大班特殊幼兒家長的轉銜需求	1. 調查次年9月即將就讀其他幼兒園或小學的特殊幼兒。 2. 了解特殊幼兒家長的轉銜需求。	幼兒園老師
9～10月 將轉銜服務的內容和步驟納入「個別化教育計畫」（IEP）	1. 彙整家長所需的轉銜服務，納入IEP。 2. 考量將小學準備能力納入IEP年度目標，融入幼兒園教學。	IEP團隊
12～1月 提供家長轉銜的相關訊息	1. 說明下年度特殊幼兒上小學的鑑定安置作業流程。 2. 舉辦「入小學家長座談會」，邀請小學特教老師或鑑定老師到幼兒園與家長座談。	幼兒園老師 小學特教老師
12～1月 安排家長參訪可能就讀的小學，評估合適性	1. 聯絡可能就讀的學校，鼓勵家長參觀，與新學校溝通幼兒的能力需求，討論就讀該環境的合適性。 2. 與家長討論適合幼兒就讀的環境。	幼兒園老師
12～1月 申請特殊生鑑定安置	幼兒園老師協助家長提出鑑定安置之申請。	幼兒園老師
1月 檢討轉銜服務內容	1. 檢討IEP，評估學期目標執行的成果，討論修正。 2. 了解家長還有哪些轉銜需求，並共同討論解決策略。	IEP團隊
2～3月 檢討轉銜服務的內容和步驟，納入IEP	1. 討論轉銜服務的內容和步驟，視需要調整並納入IEP。 2. 考量將小學準備能力納入IEP年度目標，融入幼兒園教學。	IEP團隊

（續下頁）

內容及時程	說明	負責單位或人員
3～5 月 主動參與鑑定歷程， 並鼓勵家長參與	1. 幼兒園老師與鑑定老師討論特殊幼兒的能力現況，並邀請鑑定老師入園觀察幼兒上課情形。 2. 家長與鑑定老師討論孩子的能力與在家表現。鑑定老師所實施的相關測驗，家長有權請鑑定老師說明，也可以與其討論測驗結果的有效性。 3. 老師、家長和鑑定老師討論適合幼兒安置的環境以及所需的特殊教育服務。	幼兒園老師 家長
5 月 主動參與安置會議	1. 幼兒園老師視需要陪同家長出席安置會議。 2. 在安置會議上，家長可以表達意見，共同討論孩子上小學的安置與特殊服務的合適性。	幼兒園老師 家長
5 月 資料移交	資料移交，完成轉銜通報工作。	幼兒園老師
5～6 月 幼兒入學前的支持輔導	1. 帶特殊幼兒參觀新學校，認識新老師。 2. 特殊幼兒上小學的心理輔導。 3. 邀請去年畢業的學長姊回園分享小學生活。	幼兒園老師
6 月 畢業前的轉銜會議， 幼小親師溝通	1. 幼兒園老師召集轉銜會議，邀請家長、小學特教組長、特教老師和未來的小一老師出席。 2. 安排小一老師入班觀察特殊幼兒的上課情形。	幼兒園老師
6 月底 IEP 期末檢討	檢討 IEP，評估學期目標執行的成果，彙整幼兒學習成果。	IEP 團隊

（續下頁）

內容及時程	說明	負責單位或人員
7～8 月 幼小親師溝通 小學親師溝通 幼兒的支持輔導	1. 幼兒園老師主動與小一級任老師連絡，分享特殊幼兒的能力特質、需要的調整，以及有效的策略等。 2. 家長與小一級任老師聯絡，利用暑假期間拜訪新老師，參觀新教室。 3. 家長調整家庭作息，養成早睡早起的習慣。 4. 家長帶幼兒到新學校玩，認識新環境。	幼兒園老師 家長
9～10 月 小一入學後的輔導與 追蹤	1. 小學召開特殊生的「個別化教育計畫」會議或「轉銜輔導會議」，邀請幼兒園老師參與。 2. 小學老師根據特殊幼兒的需求調整教學或是環境。 3. 幼兒園老師關懷特殊幼兒上小學的適應情形。	小學老師 幼兒園老師

*各縣市鑑定安置作業時程不同，第一欄所列的月份可依各縣市作業時程彈性調整。

國家圖書館出版品預行編目（CIP）資料

早期療育 / 盧明等著. -- 二版. -- 新北市：心理，2020.09

面；　公分. --（障礙教育系列；63165）

ISBN 978-986-191-918-8（平裝）

1.早期療育

529.6　　　　　　　　　　　　　　　　109010881

障礙教育系列 63165

早期療育【第二版】

〜〜

作　　　者：盧明、柯秋雪、曾淑賢、林秀錦

執行編輯：陳文玲

總 編 輯：林敬堯

發 行 人：洪有義

出 版 者：心理出版社股份有限公司

地　　　址：231 新北市新店區光明街 288 號 7 樓

電　　　話：(02) 29150566

傳　　　真：(02) 29152928

郵撥帳號：19293172　心理出版社股份有限公司

網　　　址：http://www.psy.com.tw

電子信箱：psychoco@ms15.hinet.net

駐美代表：Lisa Wu（lisawu99@optonline.net）

排 版 者：辰皓國際出版製作有限公司

印 刷 者：辰皓國際出版製作有限公司

初版一刷：2013 年 1 月

二版一刷：2020 年 9 月

I S B N：978-986-191-918-8

定　　　價：新台幣 400 元

〜〜